国家2011计划“司法文明协同创新研究”相关成果
2009年度国家社会科学基金重大招标项目“中国特色社会主义司法制度研究”（09QZD026）相关成果
武汉大学优势特色学科支持计划“国家治理与宪法行政法”相关成果

全国法律硕士专业学位教育综合改革试点规划教材
司法文明系列

外国司法制度

主　编　江国华
参　编　吴　展　杨　成　朱道坤
　　　　周海源　张　倩　胡玉桃
　　　　黄厚铭　韩玉亭　彭　超

WUHAN UNIVERSITY PRESS
武汉大学出版社

图书在版编目(CIP)数据

外国司法制度/江国华主编．—武汉：武汉大学出版社，2017.5(2018.9重印)
全国法律硕士专业学位教育综合改革试点规划教材．司法文明系列
ISBN 978-7-307-18905-8

Ⅰ.外…　Ⅱ.江…　Ⅲ.司法制度—国外—研究—教材　Ⅳ.D916

中国版本图书馆CIP数据核字(2016)第301569号

责任编辑:钱　静　　责任校对:汪欣怡　　版式设计:马　佳

出版发行：**武汉大学出版社**　(430072　武昌　珞珈山)
(电子邮件：cbs22@whu.edu.cn　网址：www.wdp.whu.edu.cn)
印刷：北京虎彩文化传播有限公司
开本:720×1000　1/16　　印张:17.75　　字数:318千字　　插页:1
版次:2017年5月第1版　　2018年9月第2次印刷
ISBN 978-7-307-18905-8　　定价:38.00元

序

2011年，我国启动“2011计划”。所谓“2011计划”，其正式名称叫做“高等学校创新能力提升计划”，目的是为了激励或推动我国科学研究领域创新能力的提升。这是我国继“985”、“211”工程之后，又一次体现国家意志的行动计划。计划的核心内容是鼓励高等学校、科研院所、以“国家急需、世界一流”为原则和目标，强强联合，协同创新，大大提升我国的科研创新能力。

法学界在张文显先生的积极推动和策划下，由中国政法大学牵头，武汉大学和吉林大学协同，联合申报了“司法文明协同创新中心”并获得国家批准。获批后的“司法文明协同创新中心”组建了十个学术创新团队，其中一个团队由武汉大学法学院的江国华教授为首席科学家，侧重“司法规范运作”方面的研究。

两年多来，江国华教授和他的团队围绕“司法的规范运作”做了大量的研究工作，并提出了“司法法学”的学科建设设想。在他的设想中，“司法法学”作为一门综合性学科，一则旨在打破法学教育与司法实务之间的壁垒，实现二者的紧密衔接；二则致力于弥合法学相关二级学科之间的知识割裂，实现相关学科的整合。为此，他设置了司法学、司法法学、司法伦理、司法人权、司法行政、司法实务和外国司法制度及司法文明史（上、下）等研究方向。

他的设想得到了司法文明协同创新中心和武汉大学法学院的支持，并被纳入武汉大学“全国法律硕士专业学位教育综合改革试点规划教材”体系之中。其中“司法伦理”和“司法行政”被纳入“政法干警”研究生的必修课程，已经开始讲授，反响很好。

2013年年底，江国华教授将整套规划的目录和司法学及司法法学的两本书的初稿打印给我。看完之后，我认为这套书契合了“司法文明协同创新”的宗旨，建议将其作为武汉大学“司法文明法律硕士研究生”的规划教材。

现在这套书终于可以出版了。作为江国华教授的长辈和同事，我由衷地感到高兴。我的高兴不仅在于这套书的最终出版，更在于江国华教授为人和为学的品质。

是为序。

王树义

2015 年 1 月 29 日于珞珈山

目　录

第一章　英国司法制度 …… 1
第一节　英国司法体制的历史发展 …… 1
一、英国司法体制改革的历程 …… 1
二、19 世纪的司法改革 …… 7
三、世纪之交的司法改革 …… 8
第二节　英国民事诉讼制度的发展 …… 12
一、19 世纪的改革 …… 12
二、20 世纪 90 年代之后的改革 …… 13
三、《民事诉讼规则》 …… 15
第三节　英国刑事诉讼制度的发展 …… 17
一、人权保障规则的修正 …… 17
二、基于诉讼经济的改革 …… 19
第四节　英国行政裁判所的发展 …… 21
一、裁判所的司法属性 …… 21
二、裁判所的系统化和规范化 …… 22
三、裁判所与法院的衔接 …… 24

第二章　美国司法制度 …… 26
第一节　美国司法制度概述 …… 26
一、美国司法制度的历史概况 …… 26
二、美国司法制度的发展现状 …… 26
第二节　美国的审判制度 …… 28
一、法院的概况 …… 28
二、法院的组织体系 …… 29
三、法院的管辖权 …… 32
四、法官制度 …… 33

第三节　美国的检察制度 …………………………………… 36
一、检察制度的演变概况 …………………………………… 36
二、检察机关的组织体系 …………………………………… 37
三、检察官的遴选制度 …………………………………… 40
第四节　美国的律师制度 …………………………………… 42
一、律师管理体制 …………………………………… 43
二、律师协会 …………………………………… 44
三、律师资格考试及执业 …………………………………… 44
四、律师惩戒 …………………………………… 45
第五节　美国刑事诉讼的基本程序 …………………………………… 46
一、审前程序 …………………………………… 46
二、审判程序 …………………………………… 49
三、审后程序 …………………………………… 50
第六节　美国民事诉讼的基本程序 …………………………………… 51
一、审前程序 …………………………………… 51
二、审判程序 …………………………………… 53
三、简易程序 …………………………………… 53

第三章　法国司法制度 …………………………………… 56
第一节　法国司法制度概述 …………………………………… 56
一、法律渊源 …………………………………… 56
二、基本原则 …………………………………… 61
三、总体构造 …………………………………… 64
第二节　法国的审判制度 …………………………………… 65
一、民事初级法院 …………………………………… 66
二、刑事初级法院 …………………………………… 69
三、上诉法院 …………………………………… 71
四、最高法院 …………………………………… 72
第三节　法国的检察制度 …………………………………… 74
一、法国检察机关的设置 …………………………………… 74
二、法国检察机关的主要职能 …………………………………… 76
第四节　法国的行政法院制度 …………………………………… 80
一、法国行政法院产生的历史背景 …………………………………… 81

二、行政法院的组织制度 …… 82
三、行政法院的职能运行 …… 85

第四章 德国司法制度 …… 87
第一节 德国司法制度概述 …… 87
一、法院组织体系 …… 87
二、法官制度 …… 91
三、检察机关组织体系 …… 93
四、检察官制度 …… 96
五、律师制度 …… 97
第二节 德国宪法诉讼制度 …… 100
一、宪法法院的组成与地位 …… 100
二、宪法法院的职权 …… 103
三、宪法诉讼的类型 …… 104
第三节 德国民事诉讼制度 …… 111
一、民事诉讼概述 …… 111
二、民事诉讼程序 …… 115
三、民事特别程序 …… 125
第四节 德国刑事诉讼制度 …… 131
一、刑事诉讼概述 …… 131
二、刑事诉讼程序 …… 136
三、刑事诉讼特别程序 …… 143
第五节 德国行政诉讼制度 …… 146
一、德国行政诉讼概述 …… 146
二、德国行政诉讼之种类 …… 150
三、德国行政诉讼程序 …… 152
第六节 德国其他专门诉讼制度 …… 156
一、德国财税诉讼制度 …… 156
二、德国劳动诉讼制度 …… 160
三、德国社会诉讼制度 …… 164

第五章 澳大利亚司法制度 …… 166
第一节 澳大利亚司法制度概述 …… 166

一、司法主权…………………………………………………………… 166
二、司法独立…………………………………………………………… 167
第二节　澳大利亚的审判制度…………………………………………… 167
一、法院组织体系……………………………………………………… 168
二、人员配置…………………………………………………………… 170
三、法院的管辖权……………………………………………………… 171
四、司法审查权………………………………………………………… 177
第三节　澳大利亚的检察制度…………………………………………… 187
一、检察院组织体系…………………………………………………… 187
二、检察院职权………………………………………………………… 189
第四节　澳大利亚司法程序……………………………………………… 189
一、刑事审判程序……………………………………………………… 189
二、行政审判程序……………………………………………………… 190
三、司法问责程序……………………………………………………… 192

第六章　日本司法制度……………………………………………… 193
第一节　日本司法制度之沿革…………………………………………… 193
一、奠基阶段…………………………………………………………… 194
二、完善阶段…………………………………………………………… 194
第二节　日本的审判制度………………………………………………… 196
一、审判原则…………………………………………………………… 197
二、裁判所组织体系…………………………………………………… 199
三、裁判官……………………………………………………………… 201
四、裁判员……………………………………………………………… 203
五、审判方式…………………………………………………………… 204
第三节　日本的检察制度………………………………………………… 205
一、检察原则…………………………………………………………… 206
二、检察机关的组织体系……………………………………………… 207
三、检察厅的职权……………………………………………………… 208
四、检察厅职员设置…………………………………………………… 210
五、检察官……………………………………………………………… 211
第四节　日本司法制度变革之趋势……………………………………… 214

一、战后日本司法的问题……214
二、日本司法制度的革新……216

第七章　韩国司法制度……220
第一节　韩国的审判制度……220
一、法院组织体系……221
二、普通法院的审判职权……223
三、宪法法院的职权……224
第二节　韩国的检察制度……226
一、检察机关的性质及组织体系……226
二、检察职权……228
三、检察制度的特色……229
第三节　韩国司法制度的改革……230
一、司法考试制度的“渐进式”改革……230
二、司法的日常化……232

第八章　巴西司法制度……233
第一节　巴西的审判制度……233
一、法院组织体系……233
二、法官制度……236
第二节　巴西的检察制度……237
一、检察机关的组织架构……238
二、检察机关的职权……239
三、检察官制度……242

第九章　南非司法制度……244
第一节　南非司法制度的源与流……244
第二节　南非法院体系与审判制度……247
一、法院体系……247
二、审判制度……256
第三节　南非国家检察总局和检察制度……258
第四节　南非司法服务委员会……259

第五节　南非律师制度…………………………………………………………… 260
第六节　南非法律援助制度…………………………………………………… 262

参考文献……………………………………………………………………………… 265

第一章 英国司法制度

第一节 英国司法体制的历史发展

一、英国司法体制改革的历程

英国司法制度的形成和发展，经历了长期的历史过程，并形成了相当复杂的面貌。在较长的历史时期内，英国法院的依附性表现为对其他优位政治力量的依附——在诺曼征服之前的封建制下，法院依附于领主，而在诺曼征服之后的封建制下，法院则在政治地位上成为国王的臣仆。① 到19世纪，随着英国资本主义经济的发展，传统司法制度越来越不能适应英国的现实情况，遂顺势发生了急剧的变化。但即便司法体制已然发生了现代化改变，英国的司法传统，仍然顽强地遗留下诸多陈迹。经历长期发展之后，英国（英格兰）司法权逐渐呈现出两个基本特征：一是集中，也就是在全国范围内通过判例形成了普通法，而原先的庄园法则不再发挥作用；二是独立，也就是法院相对独立于国王和立法机关，获得独立审理案件的地位。这二者在当前已属法治国家应有之义，但在它们发端之时，却算得上这个国家法治发展的重要成就。

（一）司法权集中

1. 中央权力扩张

英国普通法传统的形成，一般认为发生于诺曼征服（1066年）之后。诺曼底公爵威廉以征服者的姿态在英国建立起了一套有别于传统的封建制度，与此同时进行的是司法权向中央的集中。英国此时的封建制度并非传统的逐级分封制，而是正在雏形状态中的盎格鲁撒克逊王国的国家体制和成熟的诺曼封建

---

① 江国华、朱道坤：《世纪之交的英国司法改革研究》，载《东方法学》2010年第2期。

制度在军事征服基础上融合的产物，军事征服的制度确立方式使得英国封建王权自一开始就远比西欧诸国王权强大。① 为了维护并扩张中央集权，诺曼底公爵威廉放弃了逐级分封制，而采用了一种新的封建样态，利用土地清查等手段，加强了中央对地方领主的控制。

土地清查对司法制度产生了深远影响——诺曼征服之前的司法权主要掌握在领主手中，经过诺曼征服之后一系列的改革措施，领主裁判权瓦解，这就产生了司法权收纳为一种国家权力的契机。在传统的逐级分封制中，国王将土地分给领主，领主则进一步将土地分封给次级土地保有人，这种逐级分封带来了整个社会关系的层级化，社会在逐级分封的过程中被型构成一个垂直分布的树状关系结构。土地作为一种财富，更代表着一种权力，在传统的分封建制理念之下，领主有权设立封建法庭，对其下位的土地保有人或租佃人行使管辖权，这种领主管辖权（Seignorial Jurisdiction）的存在，客观上破坏了一个国家的法律统一。② 诺曼征服之后，诺曼底公爵威廉考虑到中央集权的需要，命令进行土地清查。结果就使得每一块土地（包括教会土地）都被当成从国王那里得到的封土，逐级分封制也在英国瓦解。③ 逐级分封制的瓦解，使得英国的封建化呈现出一种完善的趋势，因为它连教会的土地都纳入了封建制的领域之内；同时它也给封建制的瓦解提供了契机，因为国王此时享有了更大的权力。此消彼长之下，英国贵族阶层也就丧失了控制王权之下法院的可能，也就为英国普通法体系的形成提供了契机。

2. 普通法的形成

普通法指的是自 11 世纪初在欧洲大陆的诺曼人攻入英格兰后，法官通过判例的形式将欧洲大陆适用的法律运用到英格兰，以抵消和消除当地政治势力和传统习惯的影响。由于法院在适用欧洲大陆的法律时宣称是在适用“普遍的理性”，因此被称为普通法。④ 在 13 世纪以后，普通法在英国取得了主宰地位。普通法具有如下四个方面基本特征：（1）具有广泛适用性的全国性法律，而不仅仅适用于某一地区；（2）由习惯和判例组成，而不同于制定法；（3）世俗法律，而不同于教会法；（4）是英国法的主体，而不同于后来作为补充

① 马克垚主编：《中西封建社会比较研究》，学林出版社 1997 年版，第 342 页。
② 周威：《英格兰的早期治理》，北京大学出版社 2008 年版，第 19 页。
③ 周威：《英格兰的早期治理》，北京大学出版社 2008 年版，第 22 页。
④ 李龙：《法理学》，武汉大学出版社 2011 年版，第 92 页。

的衡平法。① 普通法的产生，使英国走出了混乱无序的局面，实现了法律的统一。

3. 令状制度的产生

在12—13世纪，亨利二世利用撒克逊关于"国王安宁"(King's Peace) 的概念，把所有的刑事案件都收归王室法院管辖，也扩大了王室法院对民事案件的审判权；同时，统治者成功地借用和改造令状这一习惯，使令状由行政手段转变为司法程序，王室法院的司法管辖权通过令状的颁行得以扩张，王室法院的判决由此也逐渐代替了地方法院的判决或习惯法，在此基础上全国统一适用的普通法发展起来了。"令状制度的产生和发展就是司法管辖审判权中央集权化的过程，其中国王和贵族对案件管辖权的争夺起了推动作用。令状产生初期，国王利用对诉讼程序的明确规定来扩张王室法院对特定案件的管辖，使当事人避免了因法律体系混乱而遭受领主贵族们武断甚至是非法的审判。国王通过颁布解决冲突的程序方面的命令来树立自己的法律权威。"②

4. 巡回审判的发展

在司法权向中央集中的同时，威廉、亨利二世等开始了巡回审判制度，它对英国普通法体系的产生贡献良多。在传统样态下的逐级分封制之下，不可能建立起一个统一的司法体制，英国在诺曼征服之前也是如此，各类诉讼皆由古老的郡法院和百户法院以及后来出现的领主法院和教会法院管辖，而除教会法院之外，这些法院的审判依据主要是各地的习惯法。司法权的分散对于中央集权的建立是非常不利的，因此，威廉在宣布要保留这些机构并尊重其审判权的同时，要求这些机构以国王的名义进行审判，从而巧妙地将它们纳入国王的审判机构中，并有效地防止其扩大权力。与此同时，威廉又引入诺曼底的管理机制，建立由僧俗贵族及高级官吏组成的御前会议。最初，御前会议的功能是国王的咨询机关，同时还行使着立法、司法、行政职能。后来，它的司法职能受到重视，逐渐从中分离出一系列专门机构，分别行使皇家司法权。包括"棋盘法院"、"民事诉讼高等法院"、"王座法院"等，并逐渐开始在各地巡回审判。③ 之后的亨利二世（1154—1189年在位）采取了一系列司法改革措施，使得巡回审判成为一项定期的和永久性制度，更促进了普通法的形成，在这个过程中，特别委任巡回法庭取代了总巡法庭成为制度主体，并一直延续到了

① 程汉大：《英国法制史》，齐鲁书社2001年版，第47~48页。

② 项焱、张烁：《英国法治的基石——令状制度》，载《法学评论》2004年第1期。

③ 何勤华主编：《外国法制史》（第三版），法律出版社2005年版，第139页。

1971年，成为英国普通法司法制度中的重要部分。①

5. 陪审制的形成

在12世纪，陪审制正式形成。这一制度产生主要有两个原因：一是避免巡回审判的困境。巡回法庭的主要任务是解决土地及继承纠纷，然而，巡回法庭往往并不了解当地的情况。为了避免这个问题，在该类诉讼中，12位有自由身份和法定资格的男性公民组成一个小组，这12人在宣誓后，对于谁是土地的真正的所有者或者继承人等问题发表各自的观点。这就是现代民事陪审制度的原型。二是为了取代神明裁判和限制王室权力。从蒙昧时代开始，刑事审判就有神明裁判的因素，为了取代这种神明裁判，亨利二世在1166年的克拉伦敦法令中，创设了与后来大陪审团制度类似的陪审制度，由具有法定资格的男性公民组成的团体在宣誓后决定嫌疑人是否有罪。由国王与贵族们共同制定的1215年自由大宪章第39条则进一步规定，未经同辈组成的陪审团判决，不得判处刑罚，这在根本上达到了限制国王权力的作用。

6. 衡平法的产生

到了14世纪左右，衡平法（Equity）也逐渐发展起来，按照英国法律传统，国王是“公正”、“公平”的源泉，行使最高审判权，因此，凡依据普通法得不到保护的当事人，就按照自古形成的习惯直接向国王请求裁决。国王最初总是亲自审理这些案件，最后因不堪重负而将这些案件转交给大法官。大法官在审理这些案件时，不受普通法诉讼形式的限制，不实行陪审，也不适用普通法判例，而是根据“公正”、“公平”的原则，衡平法因此而得名。到了15世纪，大法官及其助手正式形成了衡平法院，即大法官法院，并进而逐渐发展出来一套完整的衡平法律体系。② 17世纪以后，衡平法判例逐渐形成一个独立于普通法判例的体系。1893年的司法改革使其成为了英国各类法院均可适用的法律制度。③

---

① 所谓总巡制度，是指1166年经由《克拉伦登敕令》创设的巡回审理制度，根据该制度，王室法官得巡回王国审理刑事案件，其后，国王不断授予总巡法庭以新的职能，几乎所有被认为与王室利益有关的事项都可以被纳入总巡回法庭的管辖之下，及至1176年，《北安普顿敕令》将王国划分为若干巡回区，早期巡回法庭开始制度化地发展起来。特别巡审制度，则是指那些每次出巡都有专门的书面委任令限定其具体管辖案件或案件类型的法庭，与全能的、非专业化的总巡法庭相比，特别巡回法庭才是一种纯粹的司法设置。参见周威：《英格兰的早期治理》，北京大学出版社2008年版，第93~104页。

② 何勤华主编：《外国法制史》（第三版），法律出版社2005年版，第139~141页。

③ 李龙：《法理学》，武汉大学出版社2011年版，第92页。

（二）司法权独立

在普通法体系形成之初，英国法院听命于国王；在君主立宪体制确立之后，国王只是形式上的最高权力掌控者，其终审权转而归属于上议院，但上议院在事实上受下议院的约束。因此，这个历史时期的英国司法总体上依附于议会。但是，这并不能作为我们否认英国司法独立传统的依据。不管是早期对国王的依附，抑或是其后对议会的依附，英国法院的依附性都是一种结构性依附，它表现为在英国，并不存在与行政机关、立法机关鼎力而居的“自足”的司法机关体系，但在功能上，司法权却是独立的，它既不依附于行政权，也不依附于立法权——英国司法的这种功能性独立之传统既得益于其普通法体系的高度技术性，亦为推动其普通法体系技术性日臻成熟的重要因素。在这个意义上说，英国历史上的司法独立，既是功能意义上的，亦为技术意义上的。①

1. 英国司法的技术性

英国法是如此复杂并且具有技术性，以至于不经系统训练和长期实践，根本无法理解。在这个意义上，英国司法独立的传统主要因缘于普通法体系的高度技术性，而不是任何依附关系或者权力监督关系。

封建社会的主要问题，一般都与土地的问题密切相关。实际上，至少到18世纪，英国法律主要关注的问题还是土地。在长期发展的过程中，英国土地法变得过于复杂，以至于没有人能够真正理解它，甚至那些使用它的律师和法官也不能做到对它的真正理解。“它成为一系列复杂的语言形式，充满了规避、虚构、欺诈和有意的模棱两可并且被设计成具有如此复杂以至于没有人能够看透它以扰乱土地持有人的意图。”“因而总体上的英国法律，尤其是它的核心内容——土地法，成为了高度复杂和有着谜一样的奇怪语言和形式的法律，当普通法上的问题出现时，只有从事法律事务的人员才能理解它。”②

2. 法律职业共同体的封闭性

英国法的复杂性和用语上的诡谲甚至莫名其妙，造成了对研习者的严重困扰，③ 它是法律人的法律，而排斥了法律执业者之外任何人的介入。英国的法

---

① 江国华、朱道坤：《世纪之交的英国司法改革研究》，载《东方法学》2010年第2期。

② ［美］马丁·夏皮罗：《法院：比较法上和政治学上的分析》，张生、李彤译，中国政法大学出版社2005年版，第131页。

③ 笔者在撰写这篇文章正文的过程中也时常体会到英国法术语的混乱，可见，即便是现代英国法也存在这样的问题。

律执业者借助于普通法的复杂性，并且通过法律知识作坊式的私相授受，使得法律执业群体成为一个类似行会的自治组织。诚如马丁·夏皮罗所说："复杂的普通法、普通法律师协会和普通法法院组成的这一实体，位于我们早些时候已经看到的被评论家们称之为司法独立的核心，这一实体在18世纪进入了最紧密团结和最有抵抗性的状态。除了律师，没有人能理解法律，而律师们结成了联系紧密的协会，这一协会通过学徒式的方式培养新成员。从协会中选任法官并由他们来领导协会。面对这种现实，议会主权理论的发展已经变得没有多大意义可言。"①

随着亨利二世司法改革措施的推行，社会开始需要大量的法律职业人才。与此同时，英格兰法律职业阶层崇高的社会地位和丰厚的经济收入吸引越来越多的年轻人加入其中。为了便于学习法律业务，一些法律学徒开始聚集在威斯敏斯特区（英国三大中央法庭所在地）附近，寄宿于某一客栈或旅馆，自发组织起来聘请职业律师前来授课，开展有关法律知识的学习和训练；律师公会就是在这样的情势之下产生的。在14世纪中期到15世纪初期，英格兰先后出现了很多律师公会，但仅有四所流传发展成为著名的律师公会，其中包括林肯公会、格雷公会、内殿公会和中殿公会。另外，英格兰还有大约9所预备律师公会依附于这四大律师公会。② 法律职业共同体由此形成，并形成一股自治的力量，抵制了外来的干涉。

3. 柯克爵士的"实践理性"

在这个过程中的一个重要人物是柯克爵士，他不仅对普通法理论作出了极为卓越的贡献，而且他在"星期日会议"上对司法独立问题的忠诚捍卫，更成为人们津津乐道的法律史事件。在17世纪，原本专司宗教事务的教会法院，已经将管辖范围扩张到世俗的刑事案件，并与英国的世俗法院之间发生冲突。1612年11月10日，应坎特布雷大主教奏请，詹姆士一世国王召见了英格兰的法官。在这次会议上坎特布雷大主教继续鼓吹王权至上，并认为，法官是国王的代表，在国王认为有必要时，把本由自己决断的案件授权给法官们处理。

这次会议上，国王宣称："朕以为法律以理性为本，朕和其他人与法官一样有理性。"柯克回应道："陛下所言极是，上帝恩赐陛下以丰富的知识和非

---

① ［美］马丁·夏皮罗：《法院：比较法上和政治学上的分析》，张生、李彤译，中国政法大学出版社2005年版，第144页。

② 尹超：《英国学徒制法律教育与普通法传统的存续》，载《环球法律评论》2010年第2期。

凡的天资，但微臣认为陛下对英王国的法律并不熟悉，而这些涉及臣民的生命、继承权、财产等的案件并不是按天赋理性（Natura Reason）来决断的，而是按人为理性（Artificial Reason）和法律判决的。法律是一门艺术，它需要经长期的学习和实践方能掌握，在未达到这一水平前，任何人都不能从事案件的审判工作。”柯克援引布莱克斯通的名言：“国王不应服从任何人，但应服从上帝和法律。”①

显然，柯克爵士所谓的“实践理性”，就是一种技术性，就是依靠法律的复杂性排除外界干预。英国司法传统的维持，在很大程度上是因为法律的复杂性，以及依靠法律职业阶层的力量而从职能上的专门化转变成自治状态。②英国法中间大量的复杂概念和除了法律人谁也看不懂的术语，使得法律人本身成为一个自治团体，他们像行会一样维持着自身的技术秘密，用艰涩的语言树立起法律职业共同体的堡垒，以抵御外界压力。

二、19世纪的司法改革

到了19世纪，英国的司法制度越来越不能适应资本主义经济和政治发展的需要，19世纪便成了英国法“改革的世纪”。

1. 审理机构的改革

爱德华三世（1327—1377年在位）在位之时，国会即被分为上下两院，国会权威持续增长，15世纪早期，两院所行使的职权都达到前所未见的程度。其中上议院是贵族院，其成员是贵族和神职人员等。在工业革命之前，土地仍是最大的财富，贵族与土地相联系，上议院远较平民院更具权势。从18世纪中叶开始，英格兰率先进入工业革命，社会形态发生了剧烈变化。最初的上议院越来越不能适应社会对司法机构的要求。

1812年，上议院创设了一个上诉委员会（the Appeal Committee），审理初步的程序问题以及请求发布上诉指令的诉愿，这个委员会成为上议院的固定机构。此外，上议院划分出专门的时间段处理司法事务，而且这一时间段不断地

---

① ［美］罗斯科·庞德：《普通法的精神》，唐前宏、廖湘文、高雪原译，法律出版社2000年版，第41~45页。

② 需要注意到，虽然这一因素是司法独立的主要因素，但并非全部，王室特权在历史上的被削夺，也促进了法院脱离国王的控制——这形成了一种理念上的惯性。参见［美］马丁·夏皮罗：《法院：比较法上和政治学上的分析》，张生、李彤译，中国政法大学出版社2005年版，第144-145页。

延长。19 世纪 20 年代，建立了通过投票选举上议院成员参加审理的轮班制度（the System of Rota）以解决日益增加的上诉案件。1835 年，专业的贵族法官开始审理案件。此前，上议院审理案件的方式是大法官主持，来自下级法院的法官作为助手，由非专业的上议院贵族投票作出判决。1835 年，上院成员中的法律专业人员达到了 7 人，可以组成一个合议庭审判案件。1844 年审理丹尼尔·康内尔（Daniel Connell）案时，由 1 名大法官、3 名前大法官、1 名前爱尔兰大法官和前高等法院首席法官（Lord Chief Justice）组成合议庭进行了审判，此外还有 12 名来自下级法院的法官辅助审判，非法律专业的上议院成员在上诉审理中不得投票已经成为一种惯例。①

2. 《上诉管辖法》

而上议院司法职能的巩固，则得因于 1876 年《上诉管辖法》（*Appellate Jurisdiction Act* 1876），该法规定了上议院常任上诉法官（Lords of Appeal in Ordinary），又称法律贵族（Law Lords）的任命规则，以此保障上议院司法职能的实现。根据该法，法律贵族享有和上议院其他议员的同样的地位，可以对上议院讨论的问题提供意见，但是不得因自身的这些意见而影响到案件审理。②

3. 衡平法与普通法的融合

从 14 世纪末衡平法创设之后，英国就一直存在着法律体系不一致与程序复杂的问题，二者在原则、规则上有很大的差异。在 19 世纪以前，普通法和衡平法的案件必须由不同法庭处理。同一件案件，在普通法法庭败诉后，原告可以将案件申请用衡平法由衡平法的法庭审理。这种不便是非常明显的，而且容易造成法律的冲突。1873—1875 年，英国通过司法制度改革合并普通法和衡平法的法庭，同一法庭可同时应用普通法和衡平法。

三、世纪之交的司法改革

（一）上议院的转型

在变革之前，上议院是英国最高法院。上议院院长作为大法官，是上议院的最高司法长官，并设有 12 名上诉法院常任高级法官（Lords of Appeal in

① 王婧：《论 14 世纪至 19 世纪英国上议院司法权的变迁》，载《政治与法律》2011 年第 2 期。

② 武增、蔡定剑：《英国上议院作为司法机关的组织和职能》，载《人大研究》2004 年第 6 期。

Ordinary)。① 上议院的初审管辖权极为有限，通常只对爵位继承争议案件和侵犯上议院自身议会特权的案件行使初审管辖权。一般说来，它只是作为英格兰、威尔士及北爱尔兰民事和刑事案件的最终上诉机关，并对苏格兰的民事案件享有终审权。② 在20世纪，或者更早的时期内，下议院的改革者们对于上议院的改革，都是一直削夺其权力，以便将一个议院转化为一个专门化的法院。但到了21世纪的第一个十年，它开始朝着相反的方向——民主化发展。

1998年《人权法》（*Human Rights Act* 1998）的通过，在司法体制上拉开了工党重新执政以来司法改革的大幕，同时也正式开启了将上议院进行民主化改革的大幕。1999年《上议院法》（*House of Lords Act* 1999）的通过，更是明确地表明，这种改革将走向一个新的方向。这部法律对英国上议院进行了一次根本性的变革。该法第1条明确规定：任何人都不能基于世袭的贵族地位成为上议院议员。③ 这一部法律对上议院的民主化起到了巨大作用，但它还是保留了部分贵族在上议院的席位，按照1999年法律规定，在2002年下届议会选举前，750名世袭贵族议员将被取消在上院的参政权和投票权，92名世袭议员将在过渡期内保留议席并参政。即便如此，它还是从根本上抽离了贵族制度对上议院的影响，但是可预期的是，这些席位在未来的若干年内，会随着这些议员的渐次退休或死亡而成为民选席位。

倘若上议院成为一个民主组织，那么，它也就必然有相应的契机来履行更加重要的宪法职责，这似乎已经成为上议院的一个基本走向——确切地说，它向着一个真正的议会迈进。与政治上的逐渐显赫相对应的是，上议院将不再能够继续以一个司法机构的面目出现了。到了2007年3月7日，英国下议院通过了一项议案，建议对已经有六百年历史的上议院进行历史性改革。根据这项决议，未来上议院的议员将不再是世袭或任命而改由选举产生。下议院当天以337票对224票表决通过了上述议案。英国广播公司（BBC）报道，这次下议院议员一共有九项选择，其中有一项是80%的上议院成员通过选举产生，其余成员世袭。这项选择也获议员38票的多数通过。这次投票之前，下议院议员也曾就上议院成员构成表决过，但所有选项都没有获得通过。不过，这次议

① 最初上议院只有2名高级法官，到1999年增加到12名。

② 齐树洁：《英国司法制度》（第二版），厦门大学出版社2007年版，第90页。

③ *House of Lords Act* 1999, para. 1.

员的投票结果将只用于政府信息咨询参考，而不成为法律。①

在改革过程中，上议院议长职能的变更成为一个首当其冲的议题。“上议院议长（Lord Chancellor，又称上议院大法官）位于英国司法系统的顶端，他是政府官员，通常还是内阁阁员、负有重要职责的政党成员，也是上议院议员。”② 然而，2005 年《宪法改革法》终止了这一职位的司法职能，以及与司法职能相关的那些权力，上议院议长这一职位仍然存在，然而，它不再是司法部门的首脑。③ 而在此之前的 2003 年 6 月 12 日，为了对上议院进行改革，布莱尔就撤销了上议院议长作为大法官的职位，之后在内阁中废除上议院大臣司（Lord Chancellor's Department），成立宪法事务部（Department for Constitutional Affairs），并由福尔克纳勋爵取代欧文勋爵成为宪法事务部大臣和上议院议长，欧文勋爵宣布退休，成为英国最后一任上议院大法官。④

2006 年 7 月 4 日，英国上议院第一次经选举产生了其议长，原工党政府卫生大臣，现为上院议员的女男爵海琳·海曼成为英国历史上第一位选举产生的上院议长，但她没有因为获选上议院议长而同时成为上议院大法官，原任议长福尔克纳勋爵成为最后一任经由任命产生的上议院议长。⑤

2005 年《宪法改革法》中关于上议院议长职能最主要的规定是，上议院议长有维护司法独立之职责。按照该法第 3 条“继续保障司法独立”之规定，“（1）对与司法决定或司法行政问题负责的上议院议长和其他内阁成员等，都必须保障独立的司法继续独立行使……（5）上议院议长和其他内阁成员不得通过任何对司法的特别措施影响特定案件的审理；（6）上议院议长必须注意到：（a）维护司法独立之需要；（b）司法所需要之支持，以确保他们良好地行使其职权；（c）有与司法和司法行政相关的公共利益之需要，并使得这些公共利益良好地在相关决策中加以反映”。这一规定是为了消弭在传统中上议院作为最高法院所造成的长久的影响力，避免其影响到司法公正的实现，但它也保留了上议院作为一个司法行政部门的职能，并促使其在司法独立的基本框

① 《英国议会制重大改革，上议院选举取代世袭》，http：//www.stnn.cc/euro_asia/200703/t20070308_484048.html，2009-5-6。

② Robert Maddex, *Constitutions of the World*, London : Routledge, 1995, p. 298.

③ *Constitutional Reform Act* 2005, para. 10.

④ 胡健：《论英国大法官制度的历史流变》，http：//flwh.znufe.edu.cn/article_show.asp? id=3344，2009-5-15。

⑤ 《英国首位选举产生的上议院议长》，http：//news.sina.com.cn/o/2006-07-06/09119386031s.shtml，2009-5-15。

架下发挥作用。

同时，在司法规则的制定过程中，上议院议长也起到了决定性作用，根据2005年《宪法改革法》附则“明细1”、“明细2”之规定，经上议院议长的准许，高等法院院长可以制定委任性规则（Designated Rules）和指导意见（Designated Directions）。且上议院议长对规则有否决权，如果上议院议长不同意高等法院院长或者其授权者制定的规则，必须书面说明反对该规则的理由。一项委任性规则，经由高等法院院长或其授权者制定，并由上议院议长同意，自上议院议长签署时生效。此外，根据2007年《裁判所、法院和执行法》第7条之规定，上议院议长在裁判所的设置问题上有决定权，还可以任命裁判所的主管人员。

（三）最高法院的成立

英国司法改革的具体制度包括很多内容，其中，英国最高法院的建构最为引人注目。英国最高法院的设置，其方式不同于美国联邦最高法院，具体而言，主要是其政治独立被其组织体系严重削减，这实际上也符合英国司法权体系的传统安排。在英国传统中，无论司法独立的意义是什么，它当然不能意指政治独立。英国宪法理论一直贯彻一个完全的、绝对的和统一的主权理论，没有人会认为法官免受主权的影响。①

英国最高法院的主要职责，是审理来自英格兰、威尔士及北爱尔兰三个司法管辖地区的所有上诉案件。最高法院尤其关注对一般大众具有重要影响的司法案件，一如昔日的上议院受理上诉委员会，商业纠纷、家庭问题、涉及公共机构的司法复核、以至于涉及1998年《人权法》等各类型的上诉案，都可由最高法院审理。另外，最高法院亦可审理刑事上诉案件，不过在苏格兰地区由于英国的历史遗留问题，刑事案件最高只可上诉至苏格兰的高等法院，由于不设上诉权的关系，苏格兰高等法院是当地的最高刑事法院。这说明英国最高法院的最高审判权的管辖范围并不是全国性的，这也同样表明了英国最高法院审判权的特殊性。

英国最高法院亦可就“权力下放事务”（Devolution Issues，由《1998年苏格兰法》、《1998年北爱尔兰法》及《2006年威尔士政府法》所界定）作出裁决。这类型的诉讼，都与北爱尔兰行政院及北爱尔兰议会苏格兰政府及苏格兰

① ［美］马丁·夏皮罗：《法院：比较法上和政治学上的分析》，张生、李彤译，中国政法大学出版社2005年版，第91页。

议会或威尔士议会政府及威尔士国民议会三个地方政权的权力有关。在最高法院成立以前，这类案件一概由枢密院司法委员会审理，而过往的案件，主要涉及《欧洲人权公约》、各条《权力下放法》以及1998年《人权法》。

第二节 英国民事诉讼制度的发展

英国民事诉讼法的发展，大体经历了四个阶段：（1）古代法时期，也就是盎格鲁撒克逊人建立英吉利国家，到1066年诺曼征服之前的时期；（2）普通法时期，1066年诺曼征服之后，到12世纪基本形成普通法体系；（3）19世纪英国法改革；（4）从20世纪90年代开始的改革。① 经过前两个阶段，英国法保留了大量的古代法风貌，大量繁冗复杂的制度安排充斥着英国民事诉讼制度全过程，甚至直到19世纪初，英国法院还在运用宣誓裁判法。在这时候，古老的法律制度与现实脱节了，英国的民事司法制度面临着极大的危机，对其进行有效的改革已经成为了法律界的共识。

一、19世纪的改革

第一场改革发生于19世纪，1828年2月7日，亨利·伯洛格哈姆（Henry Brougham）在英国众议院作了“关于我国法律现状的演讲”（A Speech on the Present State of the Law of the Country），这场长达6个小时的演讲，提出了大量改革建议和措施，被视为英国19世纪一系列司法制度改革的发端。

经过改革，英国先后制定了大量的法律对民事诉讼制度进行修正，其中意义较大的修正包括：（1）1833年《民事诉讼程序法》（*Civil Procedure Act*）废除了宣誓裁判法这一古老审判方式，同时授权法官有权制定程序规则，从而推动了新的辩护制度和辩护程序的建立。（2）1846年的《郡法院法》（*County Court Act*），在全国范围内设立“郡法院”，新设的郡法院计有500个，分布在59个巡回审判区内，它起到了便利当事人诉讼，并且缩短案件审理周期、提高诉讼效率的良好作用。（3）1873年《司法法》（*Judicature Act*），该法于1875年实施，合并了相互独立的普通法法院和衡平法院，并成立了由高等法院和上诉法院组成的最高法院。（4）1876年《上诉管辖法》明确规定了上议院的终审权，并规定了司法委员会和法律贵族制度，提高了上议院审理案件的

① 毛玲：《英国民事诉讼的演进与发展》，中国政法大学出版社2005年版，前言，第5页。

能力。(5) 1883 年《最高法院规则》，规定只有诽谤、诬告、恶意中伤、非法拘禁、通奸和违反婚约等案件才交由陪审团审理，这就直接导致陪审团使用的减少，导致民事陪审制度彻底衰落。①

经过这一系列的改革，英国司法体系纠正或缓解了如下两个方面不利于司法现代化的问题：(1) 原有的法院体系繁杂、职能冲突的现象得到一定缓解，改革之前，仅中央一级的高等法院就有 10 所之多，地方法庭更是数不胜数；同时，普通法法院、衡平法院、宗教法院和海事法院之间互不隶属，各自为政，但在职权上往往存在交叉，造成了当事人选择法院和推进诉讼程序方面的严重困难，其中衡平法院和普通法法院之间的职能交叉尤为严重。改革之后，成立了一套相对统一的最高法院系统，并明确了上议院的最高审判权。(2) 原有的形式主义严重、诉讼程序复杂不便的问题得到一定缓解，在改革之前，英国司法体系的形式主义严重，法院甚至遵循着数百年前的诉讼程序，特别是令状制度，严重阻碍了当事人权利高效、便捷地实现。改革之后，令状制度实际上被废止了，为当事人更好地行使权利创造了基础。

二、20 世纪 90 年代之后的改革

尽管 19 世纪的改革使英国民事诉讼制度在一定程度上具有现代化的形式，但英国法根深蒂固的形式主义特征，仍在实践中造成了极为严重的诉累。1906 年，罗斯科·庞德在《大众对司法裁判不满之缘由》一文中，对普通法诉讼制度进行无情的鞭挞，轻蔑地称其为“司法竞技理论（the Sporting Theory of Justice）”，即“法官理所当然地作为裁判员……而当事人在他们所比赛的项目中以其自有的方式进行搏击，法官不进行干预”。提出法官独立寻求客观真实和正义之义务。② 这是对英国民事诉讼的根本形式——当事人主义的抗辩诉讼进行的反思。在这样的思想引导下，人们逐渐意识到纯粹的当事人主义诉讼模式并非十全十美。第一，诉讼过程形式主义严重，造成诉讼案件长期拖延不决，效率低下；第二，诉讼活动过分专业化，以至于当事人必须依靠律师进行诉讼活动，使得当事人的诉讼费用极度高昂；第三，诉讼结果依赖律师的水平，利用程序的能力差异，造成了诉讼结果的不

① 参见毛玲：《英国民事诉讼的演进与发展》，中国政法大学出版社 2005 年版，第 271~298 页。

② 参见徐昕：《英国民事诉讼与民事司法改革》，中国政法大学出版社 2002 年版，第 425 页。

确定性。与此同时，随着社会发展，诉讼案件激增成为一个世界性问题。各国法院都在想方设法与诉累作斗争，英国却保持了古老的诉讼程序。这样的诉讼程序严重跟不上社会需求，直到 1994 年，英国高等法院民事案件的审理期限平均为 163 周，其他地区高等法院的审理期限平均为 189 周。① 这种极为拖沓的诉讼，理所当然引发了公众对于英国民事诉讼制度的不满。根本性的改革势在必行。

1994 年 3 月，英国最高法院大法官兼上议院议长迈凯（Mackay）爵士任命伍尔夫爵士对英国民事诉讼进行全面审视，此后，伍尔夫爵士先后于 1995 年、1996 年出版了《正义之路》（也有学者译为《接近司法》，*Access to Justice*）中期报告和正式报告。报告指出，英国司法制度存在如下问题：（1）过于昂贵，诉讼费用经常超出诉讼标的额；（2）得出结论的效率过低；（3）过分不公：权贵当事人与资源不足的当事人之间存在不平等；（4）不确定性过强：诉讼会耗资多少、持续多久难以预测，造成了对未知的恐惧；（5）对大量当事人而言难以理解；（6）组织过程过于碎片化，因为没人能够对民事诉讼的组织过程负有总责任；（7）对抗性过强，案件由当事人推动，法院或法院规则经常为当事人忽略，且未能由法院实施。针对这些问题，伍尔夫勋爵提出建议，要求建立一套更加妥当的体系：（1）更加公正；（2）对不同的当事人更加平等；（3）诉讼成本较为适当；（4）合理期限内审结案件；（5）利于参与人理解；（6）回应参与人的需求；（7）根据案件性质不同，尽可能保证案件结论的确定性；（8）通过科学配置资源、严密组织使其更加有效。

1999 年 4 月 26 日，英国的《民事诉讼规则》（*Civil Procedure Rules*）正式生效。这一规则呼应了民事诉讼制度改革需求，是英国民事诉讼制度改革的最新成果。该规则是由以《民事诉讼规则》为主体的一整套法律文件所组成的，主要包括：英国最高法院大法官《民事诉讼规则》序言、《民事诉讼规则》、《诉讼指引》、《术语解释》、《附表》、《议定书》和《诉讼格式》。

作为主体的《民事诉讼规则》共包括 51 章，分别为：第 1 章优先目标、第 2 章本规则的适用和解释、第 3 章法院的案件管理权、第 4 章格式、第 5 章法院文书、第 6 章文书的送达、第 7 章如何提起诉讼——诉状格式、第 8 章诉

① 伍尔夫咨询小组：《接近司法》正式报告。转引自徐昕：《英国民事诉讼与民事司法改革》，中国政法大学出版社 2002 年版，第 427 页。

讼可选择的程序、第 9 章对诉讼情节答辩的一般规定、第 10 章送达的承认、第 11 章法院管辖权的争议、第 12 章缺席判决、第 13 章撤销或者变更缺席判决、第 14 章自认、第 15 章抗辩和答辩、第 16 章当事人陈述、第 17 章当事人陈述的修正、第 18 章进一步的信息、第 19 章当事人的增加和更换、第 20 章反诉和其他诉讼请求的增加、第 21 章儿童和病人、第 22 章事实声明、第 23 章关于申请法院命令的一般规定、第 24 章简易判决、第 25 章中期救济、第 26 章案件管理——初步阶段、第 27 章小额索赔诉讼、第 28 章快捷审理制、第 29 章多轨审理制、第 30 章转让、第 31 章书证的发现和查阅、第 32 章证据、第 33 章有关证据的其他规则、第 34 章笔录证言与证人出庭作证、第 35 章专家证人和技术顾问、第 36 章和解请求与向法院付款、第 37 章向法院付款的其他规定、第 38 章诉讼中止、第 39 章关于听审的其他规定、第 40 章判决和裁定、第 41 章临时救济、第 42 章律师的更换、第 43 章关于诉讼费用范围的规则和界定、第 44 章关于诉讼费用的一般规定、第 45 章固定诉讼费用、第 46 章捷审理制案件的诉讼费用、第 47 章对诉讼费用和缺席规定的详细评估程序、第 48 章特别案件的诉讼费用、第 49 章专家程序、第 50 章附表的适用、第 51 章过渡性安排。①

三、《民事诉讼规则》

《民事诉讼规则》是我们研究英国民事诉讼改革的主要依据。它产生了如下几个方面影响：

（一）对先例原则的影响

《民事诉讼规则》第 1.1（1）条规定："本规则是一个新的诉讼规则法典，其超越一切的目标是使法院能够公正地审理案件。"这一规定对先例原则造成了较为深刻的影响。有学者指出："过去的判例，即便是 1999 年 4 月以后的先例，将不再是那么严苛。当然，判例还会一如既往地被报告，被律师和法官研读。但是，《民事诉讼规则》被不断赋予了首要目的，更为重要的是，《民事诉讼规则》背后的精神［《民事诉讼规则》第 1.2（b）部分，即所谓'超越一切的目标'］影响会更大。从这个角度来说，先例原则正在被修正。过去的判例，即便是很明显具有约束力的判例，也会变成指南性质的准则。法

① 参见徐昕译：《英国民事诉讼规则》，中国法制出版社 2001 年版。

官在审理案件中，首先要考虑的是《民事诉讼规则》中的规定，而不是过去法官就此问题是怎么说的。”①

（二）对当事人主义诉讼模式的影响

英国传统的“程序高于实体”的思想得以修正，这主要体现在如下几个方面：(1) 弱化当事人和律师在案件中的支配地位；(2) 强化法官的案件管理，使其在诉讼中享有更多的过程控制权；(3) 推动当事人主义诉讼文化的变革。

当事人和律师对案件过程的支配地位弱化，与法官案件管理职能的产生，本身存在一个此消彼长的关系。法官在多个方面对案件进行管理，具体包括：(1) 案件管理权，包括限定开庭、交叉盘问的时间，在庭前进行司法干预，对小额索赔诉讼、快捷审理制、多轨审理制进行选择等；(2) 对证据的主导，弱化了言词证据原则，建立证人证言交流制度，并对专家证据进行限制，从而提高了诉讼效率。这种情况的出现，使得当事人主义诉讼文化得到一定程度的消解。

（三）对替代性纠纷解决机制的影响

新规则引进了二部诉讼前议定书（Pre-action Protocols），包括人身伤害（Personal Injury）纠纷解决议定书、医疗事故（Clinical Dispute）纠纷解决议定书及其诉讼指引。诉前议定书规定了诉讼前行为，使当事人对案件进行充分准备，使法院更早介入纠纷，促使当事人达成和解，或者尽可能加速纠纷的解决，未遵守诉前议定书的当事人将受到法院的惩罚。截至目前，英国已经制定了 13 项诉讼前议定书：

名　称	通过时间
人身伤害（Personal Injury）纠纷解决议定书	1999 年 4 月 26 日
医疗事故（Clinical Disputes）纠纷解决议定书	1999 年 4 月 26 日

① J. Jacob, *Civil Litigation Practice and Procedure in a Shifting Culture*, 2001, p. 13. 转引自迈克尔·赞德：《英国法：议会立法、法条解释、先例原则及法律改革》，江辉译，中国法制出版社 2014 年版，第 423~424 页。

续表

名　称	通过时间
建筑工程（Construction and Engineering）纠纷解决议定书	2000年10月2日
诽谤（Defamation）纠纷解决议定书	2000年10月2日
业务过失（Professional Negligence）纠纷解决议定书	2001年7月16日
司法复核（Judicial Review）纠纷解决议定书	2002年3月4日
疾病和病痛（Disease and Illness）纠纷解决议定书	2003年12月8日
房屋修缮（Housing Disrepair）纠纷解决议定书	2003年12月8日
拖欠租金（Possession Claims Based on Rent Arrears）纠纷解决议定书	2006年10月2日
拖欠按揭等（Possession Claims Based on Mortgage Arrears，etc.）纠纷解决议定书	2008年11月19日
商业财产的损害的修缮［Dilapidations（Commercial Property）］纠纷解决议定书	2012年1月1日
交通事故造成的低价值损害赔偿（Low Value Personal Injury Claims in Road Traffic Accidents）纠纷解决议定书	2013年7月31日
基于雇主责任或公共责任进行的低价值损害赔偿［Low Value Personal Injury（Employers' Liability and Public Liability）Claims］纠纷解决议定书	2013年7月31日

第三节　英国刑事诉讼制度的发展

与民事诉讼制度一样，英国的刑事诉讼制度同样面临着程序繁杂、效率低下的问题。到20世纪，这一套体系已经不能应对日益复杂的社会治安形势。到21世纪，恐怖主义开始出现，严重威胁世界的和平与安宁。但是传统的刑事诉讼制度越发难以有效应对恐怖主义。自20世纪80年代以来，英国议会就通过了一系列法律，试图对刑事诉讼制度进行一定改革。其改革的目的就是要达到司法效率与公正的平衡。

一、人权保障规则的修正

20世纪80年代以来，英国的刑事司法环境发生了较为剧烈的变化，其中突出的问题是犯罪率的提升，特别是北爱尔兰的恐怖主义势力抬头。同时刑事罚金经常得不到偿付；缓刑考验停止了；1/6 的检察官职位空缺；刑事司法系统部门本位主义严重；反社会行为威胁着社会安全，但是没有受到抑制。① 在这个背景下，改革的主要措施集中于平衡诉讼中人权保障与遏制犯罪之间的关系问题。具体来讲，包括限制沉默权、提高被害人在诉讼中的地位等。

（一）限制沉默权

沉默权（Right to Silence）又被称为不被强迫自证其罪的特权（Privilege against Self-incrimination），在传统的英国司法理论中，沉默权有两项基本含义：第一，被告人不得被强迫提供证据或作出供述；第二，被告人不得因不作供述而获得不利对待。这一项权利是英国刑事司法制度当中最为人津津乐道之处，但随着治安局势恶化、尤其是恐怖主义案件频发的实际，这一制度显然存在一定缺陷。早在 1973 年，针对北爱尔兰恐怖主义势力抬头，英国就颁布了北爱尔兰《紧急措施法》，取消了陪审团对谋杀、爆炸和武装抢劫等案件的审判。到 1987 年，英国颁布《刑事司法法》，对沉默权进行部分限制。该法规定，在严重欺诈案件调查中，接受讯问的嫌疑人如果在没有合理理由的情况下拒绝回答提问或说谎，本身就构成犯罪，并可能被处以短期监禁的刑罚。1988 年，英国针对北爱尔兰的恐怖主义活动，颁布了仅适用于该地区的刑事证据法令，再次对沉默权进行限制。

1994 年 11 月的《刑事审判与公共秩序法》对沉默权规则作出了较大的改革。该法第 34 条规定了被告人在受到讯问或指控时没有提供特定事实的法律后果；第 35 条规定了被告人在法庭审判过程中保持沉默的法律后果；第 36 条规定被告人对特定情况下的物品、材料、痕迹不得拒绝解释，如在被告人被逮捕时，身边、衣物、住处、被捕地等发现的材料，被告人应当进行解释；第 37 条规定被告人出现在特定地点，并被认为有嫌疑时，应当进行解释。

（二）提高被害人在诉讼中的地位

刑事司法体制的价值取向方面，由以保护被告人、犯罪嫌疑人的合法权益为中心转向以保护被害人、证人的合法权益为中心。

最初，英国的刑事案件多由被害人及其亲属提起，然而，随着对刑事案件

① 金鑫：《英国刑事司法政策改革对我国构建和谐社会的启示》，载《法商研究》2006 年第 5 期。

社会属性的认识加深，刑事案件的原告逐渐转变为检察官。特别是在1985年《犯罪起诉法》设立了皇家检控署之后，更是开始由统一的司法体制代表社会控诉犯罪。犯罪嫌疑人是否起诉，由国家决定，受害人意见的重要性越来越小。近些年来，有学者提出要考虑受害人个人陈述和证据。对这一主张，支持者和反对者各执己见，有学者认为这是对司法传统的回归，也更有利于保障受害人权益，但也有学者认为，这是基于复仇原则的法律体制的复辟。2002年，英国政府发布白皮书《所有人的正义》（*Justice for All*）强调政府改革要实现所有人的公正，不仅要实现被告人、被害人、证人的公正，甚至还要实现全社会的公正，表示出政府在这一问题上的态度。关于这一争论至今仍在延续，但显而易见，被害人地位的提升，已成为英国刑事司法程序的一个重要趋势。只是被害人地位提升的程度和方式，尚须进一步观察。

二、基于诉讼经济的改革

英国法的繁复，在刑事诉讼程序中表现得极为明显。英国的陪审团制度、证人开庭制度等也因此受到严重质疑，很多学者认为这些制度是对诉讼资源极大的浪费。

（一）陪审团制度改革

有关陪审团的法律，主要是1974年《陪审团法》和1988年《刑事司法法》。根据这两部法律，除司法官员、参与司法管理的其他人、神职人员、精神病人、受5年以上监禁刑的犯人等，其他任何年龄在18岁到70岁之间，并在13岁之后在英国连续居住5年以上的人，在登记为议会或地方政府选举人之后，都能够参加陪审团服务。

英国于1948年废除了大陪审团制度，现在仅有小陪审团对重罪进行陪审。随着时代发展，陪审团制度这一古老制度的活力也产生了削弱。2003年，英国2003年《刑事司法法》第7编改革了陪审团的案件管辖范围，第43条规定，控方对严重或复杂的欺诈案件，可以申请由法官直接审理，法庭必须确认，该案件审理的长度或复杂程度（或者二者兼有）对陪审团而言负担过重，以至于必须慎重地考虑是否需要运用陪审团审理，若出现此类情况，可以在首席大法官或其授权的法官批准之下，自由裁量不由陪审团审理。该法第44条、第46条分别规定，当存在陪审团被干扰的危险时，不由陪审团审理；当陪审团被干扰而被解散时，不由陪审团进行继续审理。这里所谓的陪审团被干扰，指的是针对陪审团或某个陪审员进行或试图进行伤害、威胁、恐吓、贿赂等，还包括不恰当地接触陪审员的亲友或对陪审员的财产进行威胁等。

显而易见的是，陪审团不审理重大复杂的欺诈案件，主要是为了实现诉讼经济；而陪审团被干扰或可能被干扰时，由法官进行审理，则是为了避免陪审团审理所造成的问题。这一改革同样遭到了一些人的强烈反对。正如托克维尔所讲，陪审团实际上是一种民主制度。有些学者主张，在法院审判的过程中，由陪审团进行审理在很大程度上避免了法官权力的滥用，体现了社会价值观，剥夺陪审团的审判权，不利于实现社会参与和社会监督。

同时陪审团的改革还涉及陪审团成员的组成，历史上基于“有财产的男人不易腐败，并可受罚金处罚”的理论，陪审团的成员主要集中在拥有财政的男性上，将不符合上述途径的公民排除在陪审团的成员之外，这样无法体现陪审团的多数代表性，也是英国陪审制度被广为诟病的一个地方。1919 年增加了女性，1972 年取消了财产限制，1972 年把年龄的上限从 60 岁提高到 65 岁，1988 年又提高到 70 岁。英国当前的《刑事司法议案》对于陪审团成员的范围作出了全新的规定，提议每个拥有选举权的公民都可以成为陪审团的成员，公众不能因为其职业不合适做或者免责做陪审员，改革后的陪审员资格将是所有在 18 周岁至 70 周岁之间的注册选民，且在英国连续居住 5 年以上，但精神病人、有犯罪记录的人和全职军人除外。①

（二）证据制度改革

由控辩双方主导进行的交叉询问是英国的对抗式审判程序的核心环节。在司法改革之前，为确保交叉询问程序的公平实施，英国法律要求证人一般必须亲自出庭作证，控辩双方均负有向法庭提出本方证据、传唤本方证人的义务。然而，对于证人而言，被咄咄逼人的检察官、律师直接质问的过程显然不是个愉快的经历，有时候甚至非常痛苦。据一项调查，40%的证人对自己在法庭上的经历感到不快，并决定今后不再出庭作证。② 在以往的法律中，控诉方始终负有传唤自己一方证人出庭作证的义务，证人不出庭作证只限于几项法定情形，如证人的书面证言可能会被宣读，控诉方采取各种办法都无法使该证人出庭作证，或该证人不可信赖。而在法庭开庭后，如果证人没有到庭，法官有权

① 张亚辉：《英国陪审团的没落——小议英国司法改革中的陪审制度改革》，载《山东公安专科学校学报》2004 年第 11 期。

② 李晓明：《英国 21 世纪的刑事司法改革——兼论对我国的借鉴与启示》，载《中国法学》2005 年第 4 期。

决定休庭。这就极大地损害了诉讼效率的实现。1996 年开始，如果在预审中提出的证据经双方当事人同意，可以在诉讼中作为证据宣读。换言之，证人作证，是采取书面证明或出庭作证的方式进行，可以经控辩双方协商决定。

2003 年《刑事司法法》则更多地体现了司法便利的原则，并采取了新的技术手段改善现有的证人出庭制度。具体来讲，该法第 137 条规定，经法庭授权，能够采纳一份询问证人的录像带作为证据。该法第 8 编更是规定法庭有权通过实时视听传输系统听取法庭外的证言。只要能够提高法庭审判的效率，证人就可以通过这一系统作证。

第四节　英国行政裁判所的发展

裁判所制度是英国法律中非常重要的一项制度内容。在我国学者的传统认识中，英国的裁判所一般被视为行政组织，实际上，它本身所处理的事项也只有少数是行政争议和传统意义上的行政事务。在语词上，裁判所与法院确有不同，但在实际操作中，裁判所已经越来越倾向于向类似法院的制度体系发展了。自 2001 年开始，裁判所就彻底确定了一条走向独立和体系化的改革路径。

一、裁判所的司法属性

对于行政裁判所的性质，英国学界有两种截然不同的观点：行政界学者认为行政裁判所当属于行政机构的一部分；法学界认为行政裁判所理属于司法机构的一部分。客观地说，两种观点都有其合理之处。行政裁判所是随着行政权的扩张而逐渐发展起来的，在其建立之初对案件的裁决多是依据对政策的考量而非完全凭借法律，其裁决程序具有非正式性和灵活性，不像法院那样具有固定而严格的程序规则，这些表象容易使人们将其判定为非司法机关。①

2001 年，安德鲁·里盖特（Andrew Leggatt）受命于上议院，对裁判所体系进行了一次回顾性的审查，这一次审查开启了新一轮的裁判所体系的整合。次年，安德鲁·里盖特提交了一份报告，名为：《为当事人服务的裁判所制度：一个系统，一套服务》（*Tribunal for Users：One System，One Service*），该报告对裁判所制度的现状进行了剖析，在该报告的第一部分，里盖特即主张建立一套更加独立，更加具有一致性并且更加易于为当事人所用的裁判所制度。同时，主张建立起一个裁判所理事会（Tribunals Board），以建立、协调并统一化

① 冯冬渊：《英国行政裁判所研究》，中国政法大学 2010 年硕士学位论文。

裁判所制度体系。

2007年《裁判所、法院和执行法》(*The Tribunals, Courts and Enforcement Act* 2007)也对裁判所体系进行了梳理，这部法律力图建立起一个和法院一样独立(As Independent as the Courts)的裁判所，这实际上是将裁判所置于一个类似于专门法庭的地位。

需要特别注意的是，2007年《裁判所、法院和执行法》(*The Tribunals, Courts and Enforcement Act* 2007)第2条对2005年《宪法改革法》第3条第7款规定的司法官的内容进行了修改，加入了如下内容："(7A)在这一章节中，'法官'还包括(a)任何根据本法'明细表14'和条款(7B)的规定在职的人员。(b)但需要排除那些根据本章节立法意图不应成为司法官员的人。(7B)那些职位包括：(a)裁判所高级主席(Senior President of Tribunals)；(b)苏格兰劳工裁判所主席[President of Employment Tribunals (Scotland)]；(c)苏格兰劳工裁判所副主席[Vice President of Employment Tribunals (Scotland)](d)苏格兰劳工裁判所理事会主席团成员[Member of a Panel of Chairmen of Employment Tribunals (Scotland)]；(e)劳工裁判所理事会成员(Member of a Panel of Members of Employment Tribunals That Is Not a Panel of Chairmen)。(f)根据1995年《刑事伤害赔偿法》(*Criminal Injuries Compensation Act* 1995)第5章规定任命的裁判官。"

此外，在该法条文中，对裁判所人员都使用了法官(Judge)的称谓，这种宽泛的说法也体现了，在2007年法律中，立法者采取了一种对司法概念的宽泛解读，对那些供职于裁判所体系中的人群进行了一个实质意义上的定位——无论裁判所的性质是什么，他们实际上都是在做法官才应该做的纠纷裁决的行为。这种思路是一种对纠纷解决机制独立性的肯认，也在很大程度上为裁判所的性质定位提供了契机。完全有理由相信，《宪法改革法》和《裁判所、法院和执行法》的颁布为英国裁判所的性质之争画上了一个句号，裁判所属于司法机构自此无人质疑，现在我们甚至可以说"无论从性质上还是技术上，裁判所实际上就是一个法院"。①

二、裁判所的系统化和规范化

相比法院体系而言，裁判所的主要特点在于其组成人员在专业技能上的

① 郑磊、沈开举：《英国行政裁判所的最新改革及其启示》，载《行政法学》2009年第3期。

不同，以及其较为灵活的程序。一方面，裁判所的组成人员包括法律专业人士，也包含如医生、会计师或具备其他的一些相关经验的人员；而为了满足特定群体的需求，一些裁判所也设计了较为灵活简便的程序。现代裁判所制度已经在英国发展了一百多年，但却一直处于非常零散的状态，缺乏有效的整合。①

这一局面在进入新世纪之后发生了明显的转变，裁判所因为其便利性而在纠纷解决机制中成效显著。这样的一个系统，如何趋避利害，即成为英国司法改革中的重要内容。

裁判所的改革是2007年《裁判所、法院和执行法》的重点，为了保障裁判所功效的发挥，这次改革的重心在于塑造一个系统化、规范化的裁判所制度。该法第2条第1款即规定，女王陛下在上议院议长的推荐之下，任命裁判所高级主席。同时，第2条第3款列举了裁判所高级主席的职责，包括：（a）促进裁判所易于为公众接近；（b）促进裁判所的诉讼过程更加（i）公正，（ii）易于有效、快速掌握；（c）确保裁判所成员是其所处理事务方面的专家或者适用相关法律的专家；（d）发展新措施以解决那些可能会被提交裁判所的争端。同时，按照该法第8条之规定，裁判所高级主席还是裁判所的当然代表，在其职权范围内，可以代表任何一审裁判所（First-tier Tribunal）和高级裁判所（Upper Tribunl）。

同时，该法还对一审裁判所和高级裁判所等问题进行了系统的规定，在裁判所制度框架内确立了相应的上诉机制。其第3章还授权上议院议长将裁判所按一定次序转化为一审裁判所、高级裁判所、劳工裁判所等。

2007年法律对裁判所的一审制度、上诉制度的进一步细致规定，勾勒了裁判所制度的基本体系，为裁判所制度的司法化建构提供了基本路径。而对司法审查制度的规定，更是将裁判所的地位进行了进一步的提升。第2章第4节“司法审查”（Judicial Review）的规定，虽然在“司法审查”一词上加了引号，但其具体内容则对高级裁判所审理司法审查案件的问题进行了具体规定。在第19条，更是对1981年《最高法院法》进行了修改，将高级裁判所审理司法审查案件的权限进行了规定——这里没有继续在“司法审查”这个字眼上加引号。标点运用上的含混不清，表明了2007年《裁判所、法院和执行法》在裁判所定位上的故意模糊。因其之故，笔者认为，一个有别于法院体系的独立的纠纷解决机制的确立，在英国已经成为大势所趋。

① Robert Carnwath, *Tribunal Justice: A New Start*, Public Law, 2009, p. 49.

三、裁判所与法院的衔接

裁判所作为一套新兴的纠纷解决体系，对法院体系来说是一种权限上的僭越和重合。在何种情况下，裁判所应当受理案件，而在何种情况下，裁判所应当将案件交给法院进行审理，2001 年报告对这一问题进行了宏观的分析，但没有对此提出更为具体的安排，2007 年法律也没有对此进行说明。

同时，裁判所与法院的衔接，在一些情况下体现为人员构成上的互通，这在一定程度上说明，对于裁判所而言，人员上的优势在于专业知识，但在法律上则需要仰仗法院方才能够获得足够的公信力。

（一）裁判所受理案件的理由

按照安德鲁·里盖特爵士在 2001 年提交的报告，裁判所是否能够对一个案件进行裁决，其条件主要包含如下三个方面：

1. 参与（Participation）。现今最为人们普遍接受的观点认为，裁判所所处理的事项中，当事人的案件如果得到了良好的可预期的信息支持（Good-quality, Imaginatively Presented Information），并且获得裁判所在程序上的帮助，以及实体问题上的咨询服务，他们应当能够有效地准备好他们的案件并且提出申诉。

2. 需要特殊的专业技能（The Need for Special Expertise）。当民事法院在案件事实查明的问题上需要特殊的专业意见之时，他们一般会依靠当事人提供的证据——他们日益趋向于共同提供证据，或者依靠一个法庭指派的陪审官员。裁判所则采纳了一个有别于法院的方式，它允许由一个具备了特定的专业技术和专业资格的专门小组进行决定的作出。由一个更加庞大主体进行决断，其代价显然可能更加昂贵，但这一程序中的当事人会明显感觉到这样一个更加庞大的主体会作出更好的决定。同时，由更多的成员和非法律专业人士组成的专门小组进行案件的处理，使得至少一部分当事人更加易于进行申诉。因此，由裁判所而非法院进行案件审理的第二个原因即在于，专业技术，或者当事人对程序的可接近性（Accessibility）成为相关纠纷解决的主要因素。

3. 行政法上的专业性（Expertise in Administrative Law）。一般说来，裁判所在处理那些复杂的事实和法律问题上更加有效，这些问题关涉对行政部门（Administrative Authorities）或管制机构（Regulatory Authorities）所作决定的考量……裁判所程序，相比法庭救济程序而言，可能更加易于当事人接近。考虑到公民权利的保障问题，我们并不能满足于仅有司法审查的救济资源，因为它对于那些无助的人而言过于昂贵而且艰难。①

（二）人员的沟通

2007年《裁判所、法院和执行法》第6条规定，部分人员可能同时担任一审裁判所和高级裁判所裁判官，包括：英格兰及威尔士上诉法院法官、北爱尔兰上诉法院法官、苏格兰高等民事法院法官、英格兰及威尔士和北爱尔兰高等法院陪席法官（Puisne Judge）、巡回法院法官、苏格兰司法长官、北爱尔兰郡法院法官、英格兰及威尔士和北爱尔兰地方法院法官、治安法官。这样的设置，实际上就将裁判所和法院制度勾连起来，人员上由法院向裁判所的渗透，使得裁判所具有了更多的司法属性。

这些法官对行政裁判所的参与，也使得裁判所的法律属性得以更好地发挥，法官与专业技术人员的配合工作，增强了这一制度的生命力和活力。这也是笔者相信这一套纠纷解决机制会更好发展的原因之一。

① Andrew Leggatt, *Tribunal for Users*: *One System*, *One Service*, paras. 1. 11-13.

第二章　美国司法制度

第一节　美国司法制度概述

一、美国司法制度的历史概况

美国全称美利坚合众国，属于一个移民国家，1776 年建国（以《独立宣言》为标志）。其在历经几百年的风雨发展历程之后逐渐形成了自己的法治特色。纵览其法治化历程，从 1781 年被正式批准的《各州邦联条例》到《1787 年宪法》的颁布，三权分立制衡模式初具雏形。随后国会通过的《第一司法条例》，不仅涉及了对州法院所判决的案件进行司法审查的权限，此外其还进一步明确了最高法院以及下级联邦法院的管辖权限范围，通过该规定将宪法当中所涉及的司法条款进一步的细化。① 如果说《第一司法条例》的意义在于将宪法当中的司法条款具体化，那么 1803 年著名的马伯里诉麦迪逊案件则走得更远，该案件通过司法判例的形式确立了联邦范围内的立法理应接受联邦法院司法审查的先例，从而确立了司法权制衡立法权的美国模式。②

二、美国司法制度的发展现状

就宏观意义上的法律制度体系而言，美国在很大程度上承继了英美法系的法治传统，其属于典型意义上的英美法系国家。就其国家组织架构而言，其是由 50 个州以及华盛顿哥伦比亚特区所共同组成的一个联邦共和立宪制国家。就其国家的权力配置而言，其遵循立法权、行政权、司法权三项权力彼此分立

---

① E. Allan Farnsworth, ed., *An Introduction to the Legal System of the United States*, 1996.

② 宋冰编：《读本：美国与德国的司法制度及司法程序》，中国政法大学出版社 1998 年版，第 28~31 页。

互为制衡的权力配置模式。一般而言，美国的司法制度主要包含了审判相关制度、检察相关制度、律师相关制度、民事诉讼相关制度、刑事诉讼相关制度这几个核心部分。其一，就美国的审判相关制度而言，鉴于其联邦制国家的特性，其组织系统颇为庞杂，纵向上可将其初步划分为联邦法院与州法院这两大审判系统。该两大法院系统依据其纵向的权力配置模式，分别适用不同的宪法和法律条文，在遵循先前同类案件判例的基础上管辖各自权力管辖范围之内的相关案件。需要指出的是，美国其作为普通法系国家的代表，不同于大陆法系国家的法院系统，其不存在所谓的行政法院。当事人一旦遭遇到行政案件，会通过普通法院来予以审理。为切实保障司法机构的独立性和公正性，其法官的审判活动严格受到法律的保障，其非因法律明确规定的情形不得更换。在此基础之上，通过法官专职制、法官高薪制、法官退休制度等一系列的相关制度来切实保障法官在案件审理当中能够依法裁断。其二，就美国的检察相关制度而言，其检察职能部门与司法行政职能部门二者之间并不严格分离。以联邦总检察长为例，其不仅扮演着司法部长的角色，还扮演着总检察长的角色，正是鉴于自身所扮演的多重角色，其不仅负责为美国总统和政府相关部门提供法律咨询意见，而且还监督司法行政管理工作的有序运行。除此之外，在联邦最高法院审理重大案件时，其通常代表政府出庭支持诉讼活动的展开。其三，就美国的律师相关制度而言，其律师管理的相关事务属于州事务，联邦通常而言无权干涉，正是就此意义而言，美国不存在全国统一的律师管理制度。美国的律师制度的显著特点便在于律师群体不属于州司法部的管辖事项，其通常接受州最高法院相关部门的管理。当然美国的法院部门对于律师事务的管理并非采取直接管理的模式，而是借助州律师协会等行业组织，将日常的事务性管理工作委托给其进行管理。州法院部门仅仅关注诸如律师考试准入制度、律师违纪惩戒制度、律师行业规则的批准等一些关涉律师核心权益的关键领域。其四，就美国的民事诉讼相关制度而言，其诉讼程序通常采用辩论制，以独任制审理为主；而在侵权类诉讼中，通常由陪审团负责案件事实的裁断，最后由法官作出最终判决。民事案件的审理过程中，法官坚持严格的当事人主义，由原告与被告双方当事人以及辩护律师来证明案件的原委，法官通常是被动的作出裁断。其五，就美国的刑事诉讼相关制度而言，联邦和大多数州均保留了之前的由大陪审团审查重罪起诉案件的相关制度。同时其实行严格的非法证据排除制度。在刑事案件的审理过程中，代表国家出庭应诉的公诉人与被告及其辩护人在法庭上对抗争辩，进而帮助查明法律意义上的案件事实真相，就此而言，法官主要是扮演着“消极中立裁断”的角色，不会参照职权主义的模式进行主动调查。①

第二节 美国的审判制度

一、法院的概况

美国属于联邦制国家，其法院体制主要区分为联邦法院系统和州法院系统这两个部分。依照美国宪法的相关规定，美国联邦政府享有宪法当中列明之权力，除此之外的权力则属于州政府享有。正是基于此，美国司法机构为切实保障行使他们的职权，在联邦和州层面均享有各自独立的法院部门。就其共性而言，在美国的联邦法院系统和各个州法院系统均存在一套类似于金字塔式的组织结构。通常而言，在这套金字塔式的组织结构当中，最为底层便是初审法院系统（Court of First Instance），而位于顶层的则是终审法院系统（Court of Last Resort），有时我们也将其称之为最高法院系统，此外为了审级制度的顺利推进，在此两级法院系统之间还加设一级法院系统——中级上诉法院系统。②就其本质而言，相关法院系统的基本特质均承袭了英国普通法院和衡平法院的相关司法传统（美国的路易斯安那州属于例外情形，该州传承了法国大陆法系的司法传统。）③ 相较之于英国或其他国家的法院系统而言，美国法院系统具有两个最显著的特征：其一，行政、立法、司法的三权分立原则；其二，司法审查原则。就前者而言，依照宪法的相关规定，美国国家机构实行三权分立模式，立法机关、行政机关、司法机关，三个机构相互制约，法院代表了司法机构的基本职能定位，其主要通过个案的裁决来达到释明法律、适用法律的基本职能。正是鉴于其职能定位的特殊秉性，才造就了法院代表的司法系统与立法系统和行政系统权力分立互相制约的基本的格局。就后者而言，美国司法审查的传统赋予了法院机构巨大的权力空间，依照相关司法判例，法院有权裁断某项立法是否违反联邦或州的宪法的相关条款而不得予以实施。同理，法院部门同样有权去裁断行政部门的行政机构及其工作人员的行为是否符合宪法相关规

---

① 宋冰编：《读本：美国与德国的司法制度及司法程序》，中国政法大学出版社 1998 年版，第 28~31 页。

② Daniel John Meador, *American Courts*, West Publishing Co. , 1991, pp. 1-8.

③ 韩苏琳：《美英德法四国司法制度概况》，人民法院出版社 2008 年版，第 1~2 页。

定。鉴于美国不存在宪法法院机构设置，因而美国的联邦法院和州法院均可以就相关事项的成文法规定或者相关部门工作人员的行为作出宪法性的裁定。就其适用的法律依据而言，有关州的宪法以及联邦宪法的相关条款均可作为裁断的依据。若州宪法和联邦宪法二者相关规定不一致时，依照联邦宪法的相关规定予以裁断，而联邦法院在裁断相关案件时通常以适用联邦宪法的相关条款为主，当所裁断的问题涉及州宪法的相关规定时，他们也可适用州宪法条款，但更为惯常的做法是联邦法院将此类问题交由州法院予以裁断。①

美国的法院系统深受英国司法传统的影响，其与英国一同作为普通法系国家的典范，普通法系国家的一个显著特征便是判例法（Case Law）在整个国家的法院裁判所依据的法律当中扮演着举足轻重的角色。就其实质而言，判例法属于一套规范严谨的法律规则体系，其主要源自于中级上诉法院以及终审法院在论证其判决正当性所提到的书面法庭意见书。判例法的核心要旨便在于“同案同判，遵循先例”，通常而言这些经典判例对于之后的同类案件同样具有拘束力，其例外在于该判例与待决案件存在显著差异或该判例已经被新的判例所推翻。除先前法官所作出的经典判例之外，联邦以及州立法机构所颁发的成文法也是当今美国司法裁判的重要依据。此外，鉴于行政权扩张的客观现实，联邦和州政府所制定的规章和制度在诉讼中也常常涉及。为了便于各级法院系统对于判例的学习和引用，法院系统通常会将之前发布的法庭意见书汇编成册，以案例汇编的形式出版发行。当前美国各个州不仅出版发行官方版的案例汇编手册，此外各类私人出版社也会选取地区性的案例然后汇编成册，以便于各类读者学习参考。② 联邦法院系统也会组织编撰相关的案例汇编。除案例汇编之外，美国联邦通过的成文法主要汇编在《美国法典》（*United States Code*）当中，联邦和州层面也会将通过的成文法或行政规则单独汇编。此外，联邦法院系统与州法院系统均包含了对于民事诉讼和刑事诉讼方面详细的程序规定，其规定分别在各自系统内予以贯彻执行。③

二、法院的组织体系

正如上文所言，美国法院系统，包含了联邦法院系统和州法院系统两部分。

---

① 韩苏琳：《美英德法四国司法制度概况》，人民法院出版社 2008 年版，第 2~3 页。
② 韩苏琳：《美英德法四国司法制度概况》，人民法院出版社 2008 年版，第 3 页
③ 韩苏琳：《美英德法四国司法制度概况》，人民法院出版社 2008 年版，第 3 页。

（一）州法院系统的分类

（1）治安法官

在州法院系统内部，层级最低的便是具有悠久历史的治安法官（the Justice of the Peace），有些也被称之为县官（Magistrate）或乡绅（Squire）。这些治安法官的产生方式包括两类：一类是源自于普通民众的选举，一类是源自于相关职能部门的任命。他们一般具有一定的任期，通常为2年到6年之间，他们分布的地域主要在于县、市镇或者乡镇的管辖区域之内。此类司法工作人员所负责的最主要是基层的轻微民事纠纷和刑事轻罪案件。①

（2）市法院

在州法院系统内部，分布在不同州的市法院机构的名称可能略有不同，通常包含了交通法院、小额法院、警务法院等多种称谓。尽管其在不同的州有不同的称谓，但其基本职能定位是初审法院而非上诉法院。通常而言，其所管辖案件的范围也较为有限，诸如在民事诉讼案件当中，其受案的最高限额为1200~1500美元，当然此最高限额在不同的州可能存在一定幅度的差异，同时他们也受理轻微的刑事类案件。②

（3）郡法院

在州法院系统内部，依照层级递增的趋势，第三层级的法院机构为郡法院，其受案范围是十分广泛的，与其关联的审判机构包括了：季审法院、中级民事及刑事法庭、刑事法院、孤儿法院、家庭法院、少年法庭、衡平法院等诸多机构。通常而言，这些郡法院的受案范围均与其名称存在对应关系，其对于该范畴内的事项享有初审的权力。③ 而其之所以被称为郡法院，主要是鉴于其初审管辖权的地域范围被限定在一个或几个郡的地域之内，其审判形式通常会采用陪审团的模式。④

（4）中级上诉法院

---

① 宋冰编：《读本：美国与德国的司法制度及司法程序》，中国政法大学出版社1998年版，第98页。

② 宋冰编：《读本：美国与德国的司法制度及司法程序》，中国政法大学出版社1998年版，第98页。

③ 宋冰编：《读本：美国与德国的司法制度及司法程序》，中国政法大学出版社1998年版，第98~99页。

④ 宋冰编：《读本：美国与德国的司法制度及司法程序》，中国政法大学出版社1998年版，第98~99页。

中级上诉法院是下一层级的法院所管辖的案件上诉的第一个环节。尽管在美国一些州，下一层级法院管辖的案件也可以直接上诉至州最高法院，但鉴于州最高法院客观存在的案件积压、人员紧缺的现实境遇，设立中级上诉法院也就成为了历史的必然，故而中级上诉法院又被称为上诉法庭或高等法院，其在职能定位上类似于联邦政府所设置的上诉法院。①

(5) 终审上诉法院

在美国州层面级别最高的法院机构通常被称为最高法院，此外在三个州存在例外情形，即在纽约州与马里兰州，其被称之为上诉法庭，在西弗吉尼亚州被称为最高上诉法院。尽管在一些州当中该层级法院系统的名称略有差异，但其职能却基本一致。依照判例法的基本精神，该层级法院所作出的判决都将成为该州法律的重要来源，同时其判决对于州其他的下级法院也将是终极的判决，各类机构有义务切实保障其执行。当且仅当所有法律救济手段皆已穷尽，且案件当中所争议的问题涉及了实质意义上的联邦相关事务时，当事人可以选择上诉到联邦最高法院。在相关案件当中，当事人从州法院上诉到联邦最高法院的诉讼过程中可不经过其他的下级联邦法院，径直向联邦最高法院提起诉讼。②

(二) 联邦法院系统的分类

除去上文所提及的州层级的法院之外，联邦法院也是美国法院系统的重要组成部分。依照其产生方式分类，美国的联邦法院主要分为两类：其一，依照宪法司法条款依据而成立的法院；其二，依照宪法立法条款而成立的法院。前者成立所凭借的依据主要是美国宪法的第三条司法条款，而后者成立所凭借的依据主要是美国宪法的第一条立法条款。其二者的区别主要在于鉴于其法律授权依据的不同而导致的职能的差异。一般而言，二者的区别主要在于：(1) 前者的职权范围主要限定在其司法职能范围之内，而后者则不限于司法职能范围，其在某种程度上还享有某种准司法职能；(2) 尽管后者同样归属于宪法规定的法院上诉体系的一部分，但其核心目标在于保障议会机构为实现特定目的而制定的法规；(3) 后者相较之前者，其职能范围更广，其享有对行政行

① 宋冰编：《读本：美国与德国的司法制度及司法程序》，中国政法大学出版社 1998 年版，第 99 页。

② 宋冰编：《读本：美国与德国的司法制度及司法程序》，中国政法大学出版社 1998 年版，第 99 页。

为的合法性及其适当性作出裁断，以及为各类相关事项提供咨询意见的权力。而前者主要在于解决案件争议；（4）二者的社会保障机制有所差异，前者其法官自身的独立性、任职期限、薪金待遇均得到宪法的切实保障，而后者的社会保障机制则相对较弱。美国宪法性法院主要包括了：联邦地区性法院、联邦上诉法院、联邦最高法院。① 概而言之，美国联邦法院系统的主要如下图所示：

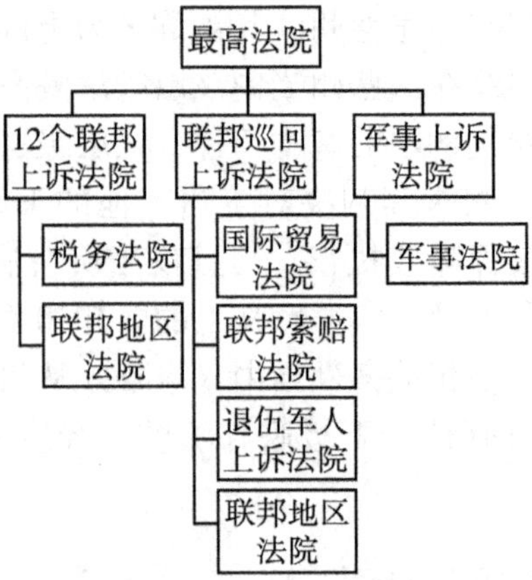

三、法院的管辖权

所谓法院的管辖权即哪些争议事项属于法院的职责范围。在美国，法院管辖权的划分主要在于联邦法院系统和州法院系统二者间的划分。在联邦宪法颁布之前，州享有所有事务的管辖权，在联邦宪法颁布之后，州通过宪法让渡了一部分权力给联邦，这其中就包括了司法审判权。② 正是鉴于此，州法院系统享有联邦宪法未作出明确规定的普通案件的管辖权，与此相反，联邦法院则享有宪法条款规定的相关案件管辖权。概而言之，美国联邦法院其案件管辖权范围主要涉及以下几类：（1）联邦事务争端；（2）州际事务争端；（3）联邦法院专属事务争端；（4）补充管辖权事项；（5）相关机关移

① 宋冰编：《读本：美国与德国的司法制度及司法程序》，中国政法大学出版社 1998 年版，第 99~120 页。

② 王希：《原则与妥协：美国宪法的精神和实践》，北京大学出版社 2005 年版，第 46~106 页。

送的案件。①

四、法官制度

法官群体在司法系统的有序运行中扮演中举足轻重的角色。美国独立战争之后，各个州负责遴选法官的权力机构也略有不同，其中13个州中的8个将该项权力授予了立法机关的一院或者两院，2个州将其授予了州长与州议会共同行使，其余3个州州长在取得议会同意的基础上享有该项权力。② 而在联邦法院的层面，美国《宪法》条款明文规定美国总统在取得参议院同意的基础上享有该项权力。为切实保障法官能够中立公正地裁断案件，联邦层面的法官只要不存在违法违纪行为便可终身任职。随后的19世纪前叶，由于深受杰克逊主义革命带来的平等主义思潮的影响，许多州开始探索通过普选的方式来遴选法官，此种方式产生的法官其任期较短。后来，又进一步探索改革法官的产生方式，即通过法官提名委员会的制度来遴选法官，该模式最先由密苏里州在1940年开始探索实施。该提名委员会通常由律师和平民组成，其性质上属于一个独立的超党派的提名委员会。③ 此外，通过政党提名的选举和非政党提名的选举也是许多州选任主要法院法官的常见模式。通过政党提名法官候选人的法官遴选模式发端于19世纪下半叶。当前，共有7个州，即亚拉巴马州、阿肯色州、密西西比州、新墨西哥州、北卡罗来纳州、得克萨斯州、西弗吉尼亚州仍然将政党提名遴选法官模式作为产生上诉法院以及初审法院法官的唯一模式。在上述诸州，所提名的法官候选人通常是在政党初选或者政党提名大会上进行的。④ 而通过非政党提名的模式来产生法官的地区主要分布在以下11个州，即佐治亚州、爱达荷州、肯塔基州、路易斯安那州、密歇根州、明尼苏达州、北达科他州、俄亥俄州、俄勒冈州、华盛顿州、威斯康星州。以上诸州将非政党的提名模式与法官选举模式制度广泛适用于上诉法院以及初审法院的初

---

① 齐树洁主编：《美国司法制度》，厦门大学出版社2010年版，第74~84页。

② 最高人民法院中国应用法研究所编：《美国法官制度与法院组织标准》，人民法院出版社2008年版，第1页。

③ 最高人民法院中国应用法研究所编：《美国法官制度与法院组织标准》，人民法院出版社2008年版，第1~2页。

④ 最高人民法院中国应用法研究所编：《美国法官制度与法院组织标准》，人民法院出版社2008年版，第5~6页。

始职位和最终空缺职位的选任以及法官的留任决定。① 而一旦法官职位出现空缺，而大规模的选举补选活动尚未进行时，行政机构的任命模式常作为维持司法机构运行的必要举措。在此种特殊情形下，州长任命法官的决定无须经过立法机关的批准。严格来看，通过州长（或总统）选任法官的各个州（或联邦）也可进一步划分为三个类型：（1）州长（或总统）的任命行为需要得到参议院或立法机关的批准；（2）州长（或总统）的任命行为需要得到非立法机关的某个委员会批准；（3）为维持司法机关的正常运转，当州长（或总统）的任命行为发生在立法机关闭会期间，其任命临时法官的行为无须得到立法机关批准，但该任命将在立法机关开会之后的某一特定时间之内失效。② 此外，为切实保障能够中立公正地裁断案件，通常美国大多数州的宪法都明确规定州立法机关享有保障法官职业待遇的基本职责，有些州的宪法则规定法官享有依照法律相关规定取得合理报酬的权力。纵览历史，美国各州法官的工资大多是立法机关依照经济增长程度，物价水平，生活费用的变化，人口变化，州雇员平均工资等诸多变化要素或客观标准来决定法官薪资的变化。通行做法是由法官报酬委员会的专门机构向立法机关提出关于法官报酬的建议，该建议的法律效力情况也分为两类：其一，如果其被立法机关所完全采纳，或部分予以修改则具有约束力；其二，仅仅具有建议的功效，无任何法律效力。为切实保障法官群体的高效廉洁，众多的联邦宪法以及州宪法及法律当中非因正当理由不得降低任职法官的薪资待遇。③

为保障法官群体的廉洁履职，1924 年美国律师协会通过了《司法道德职业准则》（并于 1933 年予以修正）。美国有 43 个州接受了该准则，并根据社会情势的变化多次予以修正完善。④ 该准则当中涉及法官群体的惩戒措施有 9 类：（1）行政部门依照法定程序免除法官职务（简称行政措施）；（2）立法机关依照弹劾程序免除法官职务（简称立法机关弹劾）；（3）立法机关与两院

---

① 最高人民法院中国应用法研究所编：《美国法官制度与法院组织标准》，人民法院出版社 2008 年版，第 7 页。

② 最高人民法院中国应用法研究所编：《美国法官制度与法院组织标准》，人民法院出版社 2008 年版，第 3 页。

③ 最高人民法院中国应用法研究所编：《美国法官制度与法院组织标准》，人民法院出版社 2008 年版，第 17~30 页。

④ 最高人民法院中国应用法研究所编：《美国法官制度与法院组织标准》，人民法院出版社 2008 年版，第 55~57 页。

联合采取行动罢免法官职务（简称联合措施）；（4）依照议会两院的决定罢免法官，由州长作出免职决定（简称议会呈请举措）；（5）在法官任期结束后举行的政党选举中失败而未能连任（简称未连任）；（6）法官任职期间通过选举方式罢免法官职务（简称罢免）；（7）法官因违法违纪行为而遭到法院的惩戒而被法院免职或惩戒（简称法院惩戒）；（8）法官作为律师协会成员，协会通过取消其律师资格或法官惩戒程序而被惩戒或免职（简称律师惩戒）；（9）由协会的常设惩戒委员会或者特别惩戒委员会遵照惩戒程序给予免职或者惩戒（简称委员会惩戒）。①

此外，为保障法官群体可以公正裁断，社会各界对于在任法官民事责任的豁免已初步达成共识。其主张如果法官受到质疑之行为属于司法行为且并未明显超出所在法院的一般管辖范围，如符合该基本要件，那么不管该法官的行为主观方面是出自于善意还是恶意，其民事责任都应当受到绝对豁免。相较之民事责任，法官的刑事责任豁免则要依照具体情况而定。对于当事人主张法官滥用职权的刑事责任案件，除非当事人能够举证法官行为存在恶意行为或司法腐败渎职行为，否则法官依法享有有限豁免权（Qualified Immunity）且不被确认有罪。对于当事人主张法官误用职权、不履行职权的刑事责任案件，此类情形要依据现有制定法的情形来决定对此行为是否适用于豁免。对此规定，不同的州略有差异，有些州的刑法条款规定当中并未涉及法官的主观条件，而另外一些州的刑法规定认定法官行为有罪必须要证明法官的行为存在主观恶意。此外，对于刑法禁止但并非特别针对法官的自由裁量行为的刑事责任，在此情形下法官享有有限的豁免权。比如依照联邦《民权法》，其行为要承担刑事责任，但该行为属于法官在其管辖权范围之内所产生的自由裁量行为，那么法官相关行为将享有豁免权。通常而言，对于法官作出的诽谤性言论不享有绝对的豁免权，其例外情形便在于该言论属于法官行使司法职能过程中作出且与诉讼程序相关联，在此情形之下无须考虑是否与法官所要解决的问题有关联，法官的言论享有绝对的免责权，此外对于推进司法程序中法官的交流享有绝对免除损害赔偿责任的权力。②

---

① 最高人民法院中国应用法研究所编：《美国法官制度与法院组织标准》，人民法院出版社 2008 年版，第 77 页。

② 最高人民法院中国应用法研究所编：《美国法官制度与法院组织标准》，人民法院出版社 2008 年版，第 115~125 页。

第三节　美国的检察制度

一、检察制度的演变概况

美国的“检察制度”是美国司法制度中一个极为重要的组成部分，其通常涵盖三个方面的内容：其一，其作为政府部门或者社会公共利益的代表来行使其职能，追究刑事犯罪行为；其二，其行使职权的方式是通过出庭诉讼来追究相关刑事犯罪案件责任人的犯罪行为；其三，美国的检察制度与法官制度以及律师制度三者一起构成了美国社会当中的法律职业共同体。① 正是立基于该理论框架，通常所谈及的美国的检察制度主要涵盖了：美国司法部以及联邦、州和郡县、市镇三级双轨中“Attorney Office”机构，这些机构共同组成了美国检察制度框架。② 就美国检察制度的历史渊源而言，其伴随着美国社会法治进程的发展而渐趋走向成熟。从1704年起，美国的康涅狄格地区颁布了《康涅狄格法》（*The Connecticut Act* 1704），其首先开创了美国地方检察官制度的先河。该项法律当中明确规定：“在每个联邦司法区任命一位有法律经验的人充当检察官，由其负责对联邦法令所规定的犯罪进行起诉。”由此，不难发现地方检察官的角色定位于负责对本辖区内属于其关管辖权范围内的各类犯罪行为进行追诉。③ 依照此范本，美国第一届国会于1789年10月17日通过《1789年司法法》（*Judiciary Act of 1798*）。该法令当中明确规定：“美国总统有权任命一名联邦检察长，其职权主要在于对属于联邦最高法院管辖范畴的刑事案件代表政府提起公诉；在联邦政府作为一方当事人的民事诉讼案件当中积极应诉；为总统及各部门首长提供其管辖事务的法律咨询意见。”④ 除此之外，该法还进一步明确了设立美国联邦地区检察官制度。就其实质而言，联邦地区检察官制度很大程度上源自于英属殖民地时期所推行的地方检察官制度，二者具有诸多的共性要素。⑤ 在美国检察官制度渐趋走向完善之时，其表现出两大

---

① ［美］琼·雅各比：《美国检察官研究》，周叶谦译，中国检察出版社1990年版，第8~12页。

② 聂施恒：《美国检察制度研究》，吉林大学2011年博士学位论文。

③ 张鸿巍：《美国检察制度研究》，人民出版社2009年版，第21页。

④ 何家弘：《当代美国法律》，社会科学文献出版社2001年版，第13~14页。

⑤ 聂施恒：《美国检察制度研究》，吉林大学2011年博士学位论文。

基本特征：其一，美国的检察官的遴选机制逐渐从任免制转为选举制；其二，伴随美国社会法治进程的推进，检察官权力逐渐扩大，最为明显的表现为检察官自由裁量权的范围明显扩张。① 从美国独立之后的三十多年期间，其检察官的遴选多以任命的方式产生。究其缘由在于，美国成立之后的一段时间之内，其选举制度设置还有待完善，其公职人员当中仅有少量通过选举的模式而产生。相关数据显示，在美国独立初期，其 13 个州当中仅有 6 位州长是通过选举而产生。除去建国初期的选举制度设置有待完善之外，选民资格也是重要的影响因素，那时的选民资格受到了年龄、性别、种族、财产诸多要件的制约，完全符合该要件参与其中的选民本身数量就颇少。同时也正是鉴于此，显然此时要想实现联邦检察长和地方检察官通过普选的方式产生是困难重重的。② 此现状一直到安德鲁·杰克逊任职总统之后才有所改善。同时也正是深受杰克逊民主改革运动的影响，更广泛的社会民众可以参与到选举活动过程中来。从当前所获取的法律历史文献来看，最开始地方检察官并未包含在选举官员的行列中。因为当时的民众普遍认为地方检察官属于司法官员的一种，他们将法院的法官与其视为同类，既然法院法官未能通过选举的方式产生，自然检察官也只能通过任命的方式产生，这种状况直到 1807 年才有所变化，即密西西比州首次出现了通过间接选举的方式产生地方检察官，随后的 1819 年亚拉巴马州也开始效仿此种模式。此后的 1832 年，密西西比州的宪法当中明确规定了地方检察官由公民选举产生。时间演进到 1850 年，美国的 48 个州当中有 38 个州的宪法和 10 个州的法律明文规定了检察官的职位通过选举的方式产生，仅有 5 个州的检察官是通过任命的方式而产生。③

二、检察机关的组织体系

我们通常将美国检察机关的组织机构设置简单概括为“三级双轨制”。④ 即美国检察机关通常划分为联邦（Federal）检察机关、州（State）和郡/县（County）检察机关、市/镇（City/Town）检察机关三级。所谓检察机关双轨

---

① 聂施恒：《美国检察制度研究》，吉林大学 2011 年博士学位论文。

② 聂施恒：《美国检察制度研究》，吉林大学 2011 年博士学位论文。

③ ［美］琼·雅各比：《美国检察官研究》，周叶谦译，中国检察出版社 1990 年版，第 30~32 页。聂施恒：《美国检察制度研究》，吉林大学 2011 年博士学位论文。

④ 何家弘：《检察制度比较研究》，中国检察出版社 2008 年版，第 17 页。张鸿巍：《美国检察制度研究》，人民出版社 2009 年版，第 156 页。

制是指联邦检察机关与联邦地区检察机关，州检察机关与地方检察机关分别划归不同的检察机关组织系统。① 总体而言，美国检察机关组织的特点在于，其一，检察权力比较分散，州和联邦系统的检察机关彼此相互独立。其二，检察机关的设置在很大程度上依附于行政机关。比如，在联邦层面的人员组织上，检察机关与司法部二者相互交织在一起；在州层面的人员组织上，有些州检察机关与州司法部二者合署办公，甚至有些州的检察机关是隶属于政府的法律服务机构；在地方检察机关层面的人员组织上，地方检察机关完全成为了地方政府部门的附属机构。其三，检察机关的主要职责在于参与各类刑事诉讼事务，在联邦检察机关层面，其主要职能在于依据联邦法律的相关规定，对于其司法辖区内的犯罪行为提起刑事指控；在州与地方检察机关层面，其主要负责处理各类违反所属司法辖区内的宪法和法律的各类犯罪行为。② 正是就此意义而言，各级检察机构正确履职切实关系到宪法规定的国家权力和公民权利的保护落实情况。

（一）联邦检察机关的组织结构

就联邦检察系统的组织机构而言，其最高领导为联邦检察长，他同时兼任美国司法部长一职。尽管联邦检察长是美国的首席检察官，但他主要职责并不是代表联邦政府对于相关刑事案件提起公诉，其仅参与联邦最高法院以及联邦上诉法院所审理的案件，其核心职责在于帮助联邦政府制定相关的检察政策。当前美国联邦层级的司法系统划分为 95 个区，每个区都设置了一名联邦检察官，同时并设置了若干名助理检察官协助其办理相关案件，这些联邦检察官以及助理检察官是联邦检察工作的核心力量。在普通案件当中，他们在遵照检察长拟定的基本方针的基础上可自行决定某案件是否需要继续侦查或提起诉讼。在诸如涉及国家安全以及重大腐败的特别案件当中，其需要得到检察长或者主管刑事案件处理工作的助理检察长的批准才可提起诉讼。③

（二）州检察机关组织结构

就美国州检察系统而言，其通常包含了州检察长以及州检察官等组成人员。州检察长名义上属于一个州的首席检察官，但他们大多不具体履行公诉职

---

① 张鸿巍：《美国检察制度研究》，人民出版社 2009 年版，第 156 页。

② 聂施恒：《美国检察制度研究》，吉林大学 2011 年博士学位论文。

③ 何家弘：《美国检察制度研析》，载《法学家》1994 年第 4 期。

能，一般情况也很少具体干涉下属检察官的具体事务。通常情况下，州检察官的司法管辖权所涉及的区域以县级为单位，例外情形为当所管辖区域人口较为稀少时可包含几个县域。他们的职责主要在于调查、起诉那些违反州法律规定的相关行为。其名称也因地方而存在差异，比如常见的有：州检察官、地区检察官、县检察官、公诉律师、县公诉人、法务官、地区检察长等，州检察官所在的机构通常称之为检察官办事处。①

（三）市镇地方检察机关组织结构

在美国的检察系统当中，市镇检察系统独立于州检察系统，属于地方检察系统的范畴。市镇检察系统的工作人员通常被称为自治政府检察官或市检察官。通常而言，其职责范围远比普通检察官要更加宽泛，其中违法行为的调查以及犯罪行为的起诉仅是其中的一个方面。比如他们负责调查起诉的行为主要是那些违反市镇法令，与赌博、酗酒、交通、公共卫生等有关的行为，这些违法行为通常也被称之为“微罪”（Pettycrimes），在很大程度上与州法律所规定的某些轻罪行为会发生交叉重叠。②

（四）各级检察机关的相互关系

正是鉴于联邦检察机构与州检察机构二者作为彼此独立的两大系统，其在各自的运作过程中所行使的职权是平行的，二者间的关系是分权制衡与互相配合的关系。与联邦检察机构内部联邦检察机关与联邦派出检察机关二者属于上下级之间的垂直领导关系。与此不同，在州检察机构内部，州检察机关与地方检察机关二者间并不存在所谓的行政隶属关系，尤其是在某些具体个案上，州检察长并不享有职权去干涉地方检察机关的工作，二者皆由地方选举或地方政府任命而产生，正是基于此，州检察机关和地方检察机关二者也同样存在着分权与合作的关系。③

1. 联邦检察机关与州检察官机关的关系

首先，联邦检察机关与州检察官机关二者之间的关系是分权。即联邦检察机关人员主要依照联邦相关法律来行使职权，州检察官机关人员主要依照州内相关法律来行使职权，各个州以及联邦机构均有自己的宪法，各个州的宪法及

---

① 何家弘：《美国检察制度研析》，载《法学家》1994 年第 4 期。
② 何家弘：《美国检察制度研析》，载《法学家》1994 年第 4 期。
③ 聂施恒：《美国检察制度研究》，吉林大学 2011 年博士学位论文。

法律均不得超越联邦宪法之框架，同时在不违背联邦宪法相关规定的前提之下，根据分权原则联邦检察系统也无权干涉州检察系统独立办案。其次，鉴于双轨制之下的检察机构所依据的法律依据各不相同，正是基于此现实当中很可能存在“双重危险”（Dual Jeopardy）的问题。即同一项犯罪行为不仅违反了州法律，同时也违反了联邦相关法律。依照联邦宪法第 5 修正案的相关规定：“任何当事人不得因同一犯罪行为而两次遭受生命或身体上的危害。”为避免一事双罚现象的发生，美国《联邦地区检察长手册》明确规定：除满足以下三个条件之外，相关案件在州起诉之后，联邦一般情况下不得就同一事实再次提起诉讼。这三个条件分别是：其一，该案件当中涉及实质性的联邦利益。其二，在之前的诉讼中联邦利益未得以维护。其三，在依照联邦诉讼同等的诉讼认定标准的条件之下，政府确认被告的行为在公正审判的情况下触犯了联邦法律且被确认为犯罪。在满足以上条件的情况之下，州检察官的起诉行为还要先经由联邦副总检察长的同意。① 此外，联邦检察机关与州检察机关二者相互之间也会合作调查相关案件。如 2008 年的金融危机案件当中，联邦检察机关与州检察机关发挥各自的优势对于金融相关犯罪展开调查。此外，两检察机关也会在各自职权范围之内对特定的重大疑难案件展开联合调查。②

2. 州与地方检察机关的关系

在美国的州检察系统内部，各个检察机关其职能是相对分散的。州检察总长并无权控制地方检察机构的工作职能，相反各个地方检察机关其在各自的职权范围之内享有较大的自由裁量权，因而地方检察机关在美国现代刑事司法系统当中扮演着举足轻重的角色。通常而言，州与地方检察机关二者间的关系可以划分为三类：其一，众多的州检察总长与地方检察官二者通力配合，相互协调开展各项工作；其二，在少数的州的总检察长对地方检察官的起诉工作享有一定的监督权；其三，极少数州的总检察长并无权力去干涉地方检察机关的工作。③

三、检察官的遴选制度④

所谓检察官的遴选制度即有权机关如何通过特定的程序选拔具有检察官任

---

① USAM 9-2. 031 Dual and Successive Prosecution Policy (“Petite Policy”).

② 张鸿巍：《美国检察制度研究》，人民出版社 2009 年版，第 162~163 页。

③ 陈业宏、唐鸣：《中外司法制度比较研究》，商务印书馆 2000 年版，第 104 页。聂施恒：《美国检察制度研究》，吉林大学 2011 年博士学位论文。

④ 张鸿巍：《美国检察官职业刍议》，载《法学杂志》2011 年第 1 期。

职资格的人员出任检察官的基本模式。为了切实提高检察官的素质，美国联邦与地方检察院均对检察官的任职资格作出了明确的规定，其中涵盖了具有律师资格以及特定的职业经历等诸多强制性的条款限定。比如，要成为一名检察官除去要具备律师资格之外，还需要具备一定年限的诉讼经验，以及之前投身公共服务事业的基本情况。① 依照《全美检察准则》（*National Prosecution Standards*）的相关要求，地方检察官其任职条件为：其在选举之时且在任期之内，检察官均应为该州律师协会之“声誉良好”（in Good Standing）的会员，为所任职司法区的常驻居民，同时符合该州法律所规定的检察官其他任职条件，该州法律另有规定除外。② 此外，依照《美国律师协会刑事司法准则》当中《检察职能》的相关规定，检察官的职业技能是检察院选拔相关人才的基础性条件，在检察官的遴选过程中应避免党派的偏见，不应设置条件阻碍符合条件的女性及少数民族公民进入检察官队伍。③ 相较之州以及地方检察院而言，联邦检察院（United States Attorney's Office）在检察官的遴选条件上更为苛刻。通常符合条件的遴选对象都要经过背景调查、多轮面试、毒品检测、测谎实验等诸多流程。④

高素质的检察官队伍是维护检察官机关高效、廉洁运行的基础要件，某种意义上其直接关系到检察官系统严明执法的形象。经过长期以来的司法实践，美国当前已经形成了任命制与选举制双规运行的检察官遴选机制。其中联邦系统的检察官主要以任命制为主，而州层级的检察官则以选举制为主，任命制为辅。⑤ 就联邦系统的检察官而言，首届国会开创了美国联邦检察院和联邦地区检察长制度的雏形。依照《1789 年司法法》（*Judiciary Act of 1789*）的相关规定，总统有权任命司法工作人员。通常而言，要经过美国总统任命的职位达到了三千余个，这其中就包含了联邦检察官和法官等司法工作人员。⑥ 但除去联

① 张鸿巍：《美国检察官职业刍议》，载《法学杂志》2011 年第 1 期。

② National Prosecution Standards（2nd. edition）.

③ American Bar Association Standards for Criminal Justice—Prosecution Function（3rd. edition），§ 3-2.3.

④ “Criminal Litigation Careers：The Federal Prosecutor”，http：//www.vault.com/articles/Criminal-Litigation-Careers：-The-Federal-Prosecutor-22523285.html，2009-02-15. 转引自张鸿巍：《美国检察官职业刍议》，载《法学杂志》2011 年第 1 期。

⑤ 张鸿巍：《美国检察官职业刍议》，载《法学杂志》2011 年第 1 期。

⑥ ［美］迈克尔·罗斯金等：《政治科学》，林震译，华夏出版社 2001 年版，第 339 页。转引自张鸿巍：《美国检察官职业刍议》，载《法学杂志》2011 年第 1 期。

邦系统的检察官之外，大部分的美国检察官主要通过选举的方式产生。这主要是由于深受普通法系国家观念的影响，个人权优先保护以及通过公民权限制司法权的理念已深深地渗入到各项制度当中。① 除去上文所提及的联邦检察官之外，绝大多数的美国检察官队伍主要通过选举而产生，其要对产生其的选民负责。美国地方检察官的选举产生模式得到了美国地区检察官协会（National District Attorney Association）以及总统执法与司法管理委员会（President's Commission on Law Enforcement and Administration of Justice）的极大肯定。② 对此，美国地区检察官委员会曾指出："地方检察官通过选举模式产生同时满足了公共受托责任（Public Accountability）与地方自治（Needs for Autonomy）的双重要求。也正是基于此，只有地方检察官自己所服务的社区才最有资格来评测地方检察官的工作业绩。"③

第四节　美国的律师制度

相较之美国建国的历史而言，美国的律师行业是颇为古老的，其已有近200年的发展历史。当前在美国从事律师行业的人员也接近200多万人，其大致达到了1000人当中就有1名律师的比例。此外，美国律师参政议政的热情极高，其几乎涉及国家政治、经济、文化、社会生活等诸多领域。其中大多数的参议员、众议员均有从事律师行业的背景，此外当前美国政坛上活跃的政治家也有不少人员具有从事律师行业的背景。就司法实务而言，美国律师群体在当前的刑事司法活动中也扮演着极为独特的作用，其中大多数明星律师均为出庭律师或者辩护律师。④

在美国，律师的概念与我们国家律师的概念略有不同。美国只要是从法学院毕业，通过了律师资格考试的群体都能被称为律师，而与其所从事的职业没有太大的关联性。鉴于此，美国各行各业都有自己的律师，比如政府律师、企业律师、军队律师，甚至法院里面也有律师，因而美国的律师更多的是理解为法律领域的专家。这些人通常是从事幕后的法律工作，而不同于出庭律师。这

---

① 孙谦主编：《中国检察制度论纲》，人民出版社2004年版，第19页。

② 张鸿巍：《美国检察官职业刍议》，载《法学杂志》2011年第1期。

③ National District Attorneys Association, National prosecution Standards (2nd. edition), 1991, p. 14. 转引自张鸿巍：《美国检察官职业刍议》，载《法学杂志》2011年第1期。

④ 郝茂成：《美国律师管理工作简况》，载《中国司法》2011年第8期。

些幕后法律专家从事的服务主要是负责工作所在部门起草法律文书、审核法律性文件、办理非诉讼法律事务、提供法律咨询意见等领域的事务。①

一、律师管理体制

正是鉴于美国律师概念与我国的律师概念在内延和外涵方面均存在诸多的不同，因而在此进一步解读美国律师的管理体制也就显得尤为必要。当前美国的律师管理体制存在以下几个特点：其一，在美国这样的联邦制国家，律师事务的管理权完全属于各州事务，联邦一般不加过问，从而导致美国不存在所谓全国性的律师管理制度。尽管具体的律师管理制度在每个州可能存在区别，但核心思想基本一致。其二，美国的律师并不属于州司法部的职权管辖范围，其属于州最高法院的职权管辖范围。其主要依据在于，遵照严格的三权分立原则，律师事务当然的属于司法范畴，假如由司法部门负责管理律师，那律师在办理与政府有关的诉讼案件时其独立性和公正性可能受到影响，因而其由法院来管辖。其三，法院部门对于律师的管理属于间接管理，其将大部分的事务授权给州统一律师协会或者其他具有相对独立性质的律师管理组织。因而，法院仅仅负责律师行业规则的颁布批准以及在律师考试、律师惩戒当中的诸多重要环节。通常情况下，律师协会与法院部门二者协力来管理律师组织，比如在律师管理规章制度的出台过程中，律师协会设立了律师职业道德和惩戒规则办公室的机构，其专司起草律师职业有关的规则制度。但其所起草的规则制度本身并不具有强制执行力，仅仅作为示范性法规文本供给各个州法院部门予以参考，各个州律师管理部门在一般情况下也会采纳该示范性法规，其最后经过州最高法院的认可之后将明确为各州的律师管理规章制度。②

此外，美国律师事务所主要划分为三种形式：个人执业律师事务所；合伙制律师事务所；公司制律师事务所。就第一种形式而言，律师考取律师资格证书之后便可以个人名义进行执业，不需要通过其他任何的许可审批程序。就第二种形式而言，律师之间通过股东合伙的形式来组建律师事务所，其通常以报刊刊登信息的方式来明示自己事务所的合伙人以及各个股东分别承担何种责任的形式。就第三种形式而言，其相对较为复杂，其必须要依照公司法的相关要

① 王文锦、余学杰：《美国律师制度对我国的借鉴与思考》，载《中国司法》2008 年第 3 期。

② 王文锦、余学杰：《美国律师制度对我国的借鉴与思考》，载《中国司法》2008 年第 3 期。

求在负责机构进行公司登记后方可合法执业。一般情况下，公司制律师事务所可划分为有限责任公司、一人有限责任公司等几种公司形式。①

二、律师协会

美国律师协会是管理美国律师的行业自治组织，依照其管辖区域的不同可以划分为全美律师协会、州律师协会以及市律师协会等，在美国法律并未明确规定律师执业必须要参加律师协会，各个律师参加律师协会都要按照年份缴纳一定的律师会费用以维持律师协会的正常运转。其中，全美律师协会的主要职责在于负责评定法学院资质、组织律师业务培训、收集整理律师职业道德准则和律师执业信息的披露等。其中，最为核心的职责便是负责全美大学法学院律师从业教育资质的评定。全美律师协会通过召集相关领域的专家负责评定那些新成立法学院的大学，仔细核查它们在师资、硬件设施建设方面是否达到了其基本要求。那些之前已经通过专家评估的，每七年要重新组织专家评估。

为切实提高执业律师的业务能力，律师行会组织进一步加强了执业律师培训课程的课时要求，如未能达到最基本的要求则不得通过律师执业注册。全美律师协会还要负责从全国零散的判例以及国会通过的法律当中整理收集关于律师执业道德的相关条款，整理完成后将其印发给全体律师会员学习遵守。此外，美国律师协会主办的律师刊物还扮演着信息披露的角色，通过刊物来刊登律师执业的相关信息，其中包含了律师执业当中的违法违纪信息。如果律师执业的不良信息被刊登将会对其产生巨大的负面影响。②

三、律师资格考试及执业

不同于我们国家，美国不存在全国统一的律师资格考试。其中律师资格的考录都属于州事务。其考试并不完全针对律师群体，还包括了法官和检察官群体，属于统一的司法考试。其考试的内容大致包括了以下四个方面：其一，法律基础知识考试；其二，法律职业道德考试；其三，作文考试；其四，从业者的综合能力考试。尽管组织司法考试属于州事务，但当前各个州通常还是会采用美国律师协会考试中心的试卷。通常情况下，每个州每年都会组织两次司法考试。参加该项考试必须具备两大要件：其一，美国律师协会认可的法学院的毕业生；其二，考试报名者无不良品行记录。各个考生在报考登记时要详细填

① 郝茂成：《美国律师管理工作简况》，载《中国司法》2011 年第 8 期。

② 郝茂成：《美国律师管理工作简况》，载《中国司法》2011 年第 8 期。

写一份个人简历，此外还需要提供考试推荐人。考生报名之后，州律师协会或者最高法院考试委员会对考生进行初步的资格审查，主要是将考生留下的指纹送警察部门核验有无犯罪或不良信息记录，以及核查信息当中的疑点情况。考生在通过律师资格考试之后将成为州统一律师协会的会员，之后其既可以开办自己的个人律师事务所，也可以到任何的律师事务所工作。从事执业律师群体不需要申请和审批，但其如果成为案件当事人的代理人，则必须要去法院进行登记。美国通过律师资格考试的人并不都去从事律师行业，也有一些群体去从事其他工作，比如在公司、学校、政府部门、军队、法院等部门工作。在美国，法律明确规定了政府公务人员不能同时兼职执业律师，但对律师群体兼职从事其他职业并无明确规定。比如，一些州的律师可以兼任法官，这主要是源于该州财政经费有限，无法任命太多法官，在一些领域实行聘任制的法官，根据案件的多少可以在律师和法官二者间的身份上进行切换。①

四、律师惩戒

美国为了切实保障律师队伍的良好形象，对于那些违反职业道德和执业纪律的律师通常会采取一定的惩戒措施，主要包括四类：其一，对其进行不公开批评；其二，对其公开批评；其三，暂停其执业，根据其违纪程度决定暂停执业二个月、半年、一年、两年不等；其四，决定取消其律师资格，其在被取消律师资格五年之后可通过重新参加考试或者评审的方式再次申请律师资格。尽管律师事务管理属于州事务，但各个州的惩戒组织以及惩戒程序却大体相同。一般而言，由各个州的律师协会纪律委员会来具体负责律师的惩戒事务，但其决定权在州最高法院。如州未设立律师协会则由州最高法院的律师管理机构来负责处理相关事务。律师委托人如认为律师代理当中存在违纪违规行为，可向所在州律师协会的调查委员会进行投诉。州律师协会的调查委员会将会负责进行调查、听证、提出初步的处理意见，然后将有关材料和处理意见送至最高法院。通常情况而言，最高法院会尊重律师协会的调查意见，进行形式审核之后盖章批准。在律师协会出台调查意见的过程中，被处罚律师可以通过参加听证会等形式来充分表达不同见解，此外，其还可通过最高法院对调查委员会所作出的处理意见进行申诉。正如上文所提及的一样，美国律师协会出版的专刊负责反映调查委员会的工作情况以及曝光受惩戒律师的情况。此外，美国律师协

① 王文锦、余学杰：《美国律师制度对我国的借鉴与思考》，载《中国司法》2008 年第 3 期。

会内还专门设立了律师职业道德和惩戒办公室统计中心，其专职负责收集整理全美律师职业道德以及律师接受惩戒的情况。美国社会民众对于律师职业道德以及受惩戒情况也颇为关注，许多当事人在聘请律师之前都会向律师协会的调查委员会打电话了解拟聘律师的职业道德情况。①

第五节　美国刑事诉讼的基本程序

英美普通法国家所实施的抗辩式诉讼制度（the Adversary Procedure）源自于控告式诉讼制度（the Accusatorial Procedure），其与大陆法系国家普遍采用的纠问式或审问式诉讼制度（the Inquisitorial Procedure）具有很大的差异。英美法系国家刑事诉讼制度当中一个重要的理念便是“不告不理”（No Accusation, No Trial。）美国早在英属殖民地时期就探索建立了“公诉”（Public Prosecution）制度，即由检察官代表政府或人民对于刑事犯罪行为提起诉讼。但美国的刑事诉讼规则特别注重对于被告的各项程序性权利的保障（Procedural Safeguards），在此种情形，就很可能导致对于社会安全以及公共利益的必要妥协。美国刑事诉讼相关法律规定也在很大程度上反映了宪法的影子。比如，美国宪法的第四、第五、第六修正案等的相关条款都与刑事诉讼法律密切有关。正是鉴于此，美国一些法学院的刑事诉讼法课程甚至被称之为“宪法刑事诉讼”（Constitutional Criminal Procedure）。尽管联邦最高法院于1946年颁布了“联邦刑事诉讼规则”（Federal Rules of Criminal Procedure），但由于美国各个州均有独立的刑事诉讼法典，因而其影响力较小。以美国为代表的英美法系的刑事诉讼是典型的“对抗式诉讼”，在这种刑事诉讼模式中，法官基本出于中立的裁判地位，其主要职责在于评判双方当事人在举证和辩论过程中是否遵循了基本规则。审判活动的推进要依靠控诉一方、被告一方双方当事人及其辩护律师的积极参与。

一、审前程序

美国刑事诉讼的审前程序在每个州是存在较大差别的，即使是在一个州的城市地区和农村地区也是存在很大差异的。此外，刑事诉讼审前程序的繁简程度还要与所指控犯罪行为的轻重密切相关联。但以下所列程序为一般案件均要

① 王文锦、余学杰：《美国律师制度对我国的借鉴与思考》，载《中国司法》2008年第3期。

经历的程序。

第一是逮捕前的侦查程序。通常而言，警察侦查行为的启动原因各不相同，有些是基于公民的报警或指控，有些是基于警察巡逻过程中所获取的信息，有些是基于各类渠道所获取的情报，其最为常见的侦查方法为巡视案件发生现场以及调查讯问各类案件当事人和证人，或者是动用便衣警察进行秘密监视。在警察与各类犯罪嫌疑人接触的过程中，其中大约有1/3的情况是警察对各类犯罪嫌疑人进行探知性的询问，大约有1/5的情形是巡逻警察对犯罪嫌疑人的住所、交通工具、人身进行搜查。警察的这种搜查有些情况已经从地方法院审批获得了搜查证，有些是在征得犯罪嫌疑人同意的情况下进行的搜查，还有些是根据相关规定可以无须搜查证进行搜查。①

第二是逮捕程序。警察一旦知晓各类犯罪嫌疑人涉嫌实施各类犯罪行为后，即有权对其进行逮捕，逮捕分为有证逮捕与无证逮捕两种情形。有证逮捕行为必须要通过侦查人员提交签发令状申请书，由地方治安法官审查该申请具有“合理根据”之后可签发逮捕令，由警察或其他执法人员执行。无证逮捕是指对于那些案件紧急，一旦错过该时机之后难以将犯罪嫌疑人抓获归案的情形，警察或其他执法人员可以在之前未获得治安法官所签发的逮捕令先将案件当事人抓获。②

第三是决定指控程序。负责执行逮捕任务的警察或其他执法人员在抓捕犯罪嫌疑人之后要填写一份逮捕报告，将其交由检察官予以审查，检察官将根据现在所掌握的证据来决定是否对其进行起诉，如发现证据有瑕疵则继续调查或者直接释放嫌犯。美国的检察官在是否起诉犯罪嫌疑人方面享有极大的决定权，其有权决定是否对其提起刑事指控，刑事指控的罪名以及量刑程度的建议。③

第四是提交控诉书与辩诉交易。一般而言，检察官在决定对犯罪嫌疑人提起刑事指控之后，有两种处理案件的基本方法：其一是直接将其提交法院进行审判；其二是进行辩诉交易。其中辩诉交易项制度是美国刑事诉讼当中的一项特色，众多的案件均通过该形式来结案。所谓辩诉交易即起诉检察官与被告人

---

① ［美］耳卜尔·卡米萨、韦恩·R. 拉费弗、杰罗尔德·H. 伊斯雷尔：《美国刑事诉讼程序概述》，朱文英译，潘汉典校，载《环球法律评论》1980年第1期。何家弘主编：《当代美国法律》，社会科学文献出版社2011年版，第381页。

② 何家弘主编：《当代美国法律》，社会科学文献出版社2011年版，第381页。

③ 何家弘主编：《当代美国法律》，社会科学文献出版社2011年版，第382页。

(或辩护律师)在提出公诉之前，双方之间进行博弈妥协最终达成协议。之后检察官减少控罪或降低控罪幅度或向法院提出针对被告的减刑建议。该协议一旦达成，法院一般不会再对所涉及的案件进行实质审查，仅仅通过程序确认二者间所签订的协议。当前美国推行的辩诉交易主要分为三种类型：其一是指控交易，即起诉的检察官允诺以较轻的罪行对犯罪嫌疑人提起指控从而换取犯罪嫌疑人的有罪答辩；其二是罪数交易，即嫌疑人犯有数罪时，起诉检察官许诺以较少的罪名指控换取犯罪嫌疑人的有罪答辩；其三是刑罚交易，即起诉检察官允诺以有利于犯罪嫌疑人的量刑建议来换取其有罪答辩。①

第五是初审程序。主审法官在核查了检察官所递交来的控诉书以后，一般会传唤犯罪嫌疑人第一次出庭，该次出庭主要目的在于让知悉其被指控的罪名以及所审判过程中所享有的各项权利，比如获得律师辩护的权利。如果案件当事人因经济原因而未指定辩护人，法庭将帮助其指定公共辩护人。如被告被指控的是轻罪，那么法官可以接受犯罪嫌疑人的答辩，如果是重罪的要为其安排预审。②

第六是预审听证与大陪审团审议。预审听证程序对于涉嫌重罪的当事人属于一项权利，其并非诉讼程序当中的必经阶段，当事人可选择放弃预审程序而径直进入审判程序。预审程序旨在于查明对于被告人的逮捕以及起诉活动是否具有法律依据以及犯罪嫌疑人参与犯罪的客观真实性。在预审程序当中，控辩双方当事人均可出示相关证据，传唤相关证人出庭，此外该程序当中当事人还可对证人进行询问。法官在听取双方陈述以及证人证词之后，依照法律相关规定认定当事人的嫌疑不存在，犯罪嫌疑人将会被立即释放。若法官认为被告涉嫌犯罪的事实清楚，证据充分确凿，则会对检察官递交法庭的“控诉书”签署同意意见。③ 此外，大陪审团审议的程序与法官的预审程序通常是并列的，对于那些已经经过了大陪审团审查同意起诉的相关案件而言一般不会再次经过预审的程序。美国的大陪审团成员通常由12~23人组成，该成员通常是由检察官从那些具有选民资格或者拥有驾驶执照的公民当中随机挑选而产生。大陪审团的主要职能在于仔细听取检察官的起诉报告，严格审查检察官所提交法庭

① 冀祥德：《借鉴域外经验，建立控辩协商制度——兼与陈国庆先生商榷》，载《环球法律评论》2007年第4期。何家弘主编：《当代美国法律》，社会科学文献出版社2011年版，第382~383页。

② 何家弘主编：《当代美国法律》，社会科学文献出版社2011年版，第383页。

③ 何家弘主编：《当代美国法律》，社会科学文献出版社2011年版，第383~384页。

的证据，在此基础上来决定是否对被告人提起诉讼。以纽约市为例，其大陪审团均由检察官挑选而产生，其人数一般为26人，其服务的时间为一个月，其有权参与各种不同类型的案件，大陪审团成员一般每个月要更换一次，其在表决时采用“多数决”的模式。①

第七是罪状答辩程序。当起诉检察官向法庭对犯罪嫌疑人提出指控之后，将由法官正式宣布对犯罪嫌疑人以何种罪名起诉，并要求犯罪嫌疑人对其作出相应的答辩。犯罪嫌疑人一般情形下可选择三种答辩方式：认罪答辩、无罪答辩以及既不提供辩护也不认罪的答辩。一旦犯罪嫌疑人选择了认罪答辩的形式同时也就意味着他承认了检察官所指控的某项罪名，同时其也就放弃了陪审团审判的权利。此时法院可不再经过对抗辩论和审判程序而对犯罪嫌疑人确定相应罪名以及处以相应刑罚。通常在犯罪嫌疑人选择有罪答辩的形式后，控辩双方当事人在博弈妥协的基础上进行辩诉交易。而假如犯罪嫌疑人选择了不认罪答辩程序，那么其将接受法官以及陪审团的正式审判。假如被告选择了第三种形式，大约有一半的州法院将其视为与认罪答辩具有同等的效力，但也有一些州不接受此种形式的答辩。②

二、审判程序

法庭的审判程序通常由开庭陈述、公诉方主诉、辩护方的撤销指控动议、被告方主讼、对陪审团的最后陈述、法官对陪审团的指示、陪审团的评论和裁决这几个具体流程构成。在这其中，陪审团对于案件事实的审理和认定以及辩护方的撤销指控动议这两大程序最具特色，③ 考虑到文章篇幅，下文将主要对这两大程序予以简单介绍。

首先就陪审团审理而言，其是由宪法规定的被告人所享有的基本权利，当然，被告人有权不选择陪审团审理。在美国的刑事案件当中，运用陪审团审理程序颇为复杂，其在全部刑事案件中所占的比例较少。以纽约的曼哈顿刑事法庭为例，其一年所审理的刑事案件大约在10万件，而其中仅有250件运用陪审团审理。在刑事诉讼当中陪审团的规模一般由12人组成，其职责在于诉讼中听取双方的辩论以及所审查所提交的各类证据，并依照法官所提供的法律依据来判定被告人是否有罪。在法庭审理当中，陪审团在听取完控辩双方的最后

① 何家弘主编：《当代美国法律》，社会科学文献出版社2011年版，第383~384页。
② 何家弘主编：《当代美国法律》，社会科学文献出版社2011年版，第384页。
③ 何家弘主编：《当代美国法律》，社会科学文献出版社2011年版，第385~388页。

陈述之后，法官将对其中所涉及的法律条文予以释明，最后陪审团将进行定罪的讨论，对其讨论时间一般不做限定。在美国的刑事诉讼中，陪审团无论是得出有罪还是无罪的裁定均需要大家一致同意通过，如经过充分的讨论大家尚不能达成一致意见的，一般要么检察官重新起诉，要么放弃指控释放被告人。就大多数情况而言，美国刑事案件当中的陪审团能够达成一致意见。仍旧以纽约曼哈顿刑事法庭的陪审团为例，其大约在90%的案件当中可以达成一致意见。如在案件当中陪审团一致裁定被告人无罪，案子就此止步，检察官不可选择上诉。如果被告被陪审团一致裁定有罪，那么法官将对其择日宣判。①

其次就辩护方的撤销指控动议而言，其基本立足点在于对于被告人实行严格的无罪推定。正是鉴于任何案件的被告人在审判之前均推定为无罪，因而证明其犯罪的举证责任均由起诉的检察官来承担。如果被告人及其辩护律师认为检察机关所指控的罪名的犯罪构成要件不符合基本要求，那么其通常会选择撤销指控，通过举证检察官所指控的犯罪要件不成立或检察官提供的证据尚未达到排除合理怀疑的程度。如果被告一方所提出的撤销指控动议被驳回，案件的审理将进入到被告方主讼阶段。②

三、审后程序

首先就量刑程序而言，美国的量刑程序是与定罪程序相互分离的，量刑程序通常是在陪审团作出有罪裁决的情况之后，再由法官来最终作出适用何种刑罚的程序。依照美国法律的相关规定，法官应在陪审团作出有罪判决之后的十日到三周之内作出量刑的决定。美国许多州为了有效预防司法裁断的恣意性，各自均制定了较为详细的量刑指南，其进一步明确了量刑的范围，此外美国联邦也制定了量刑的相关规定，即《联邦量刑指南》。其是由“美国量刑委员会”③ 提出建议稿然后通过国会审议通过的，其适用于联邦法院系统所审理的相关案件。④

其次就上诉程序而言，其属于被告人享有的一项基本权利。但被告人无权对陪审团所认定的事实问题提出异议，其仅对法官适用法律当中产生的错误提

① 何家弘主编：《当代美国法律》，社会科学文献出版社2011年版，第385页。

② 何家弘主编：《当代美国法律》，社会科学文献出版社2011年版，第386页。

③ “美国量刑委员会”根据1984年的《量刑改革法》而专门成立，其直接隶属于美国国会。

④ 何家弘主编：《当代美国法律》，社会科学文献出版社2011年版，第388页。

出上诉请求，其错误包含了实体方面的错误和程序方面的错误。通常而言，美国的上诉审理当中是法律审，而非事实审。但其例外在于，关于一审法院要采纳还是排除证据的裁定可以纳入到审查范围之中，而这一审查很可能会影响到陪审团关于是否有罪的裁定，最终导致上诉法院撤销一审法院的判决。美国的上诉法院在收到上诉状之后，由职业法官负责对其进行审理，审理的方式通常是书面审理。在案件审理当中通常是由一名上诉法官负责主审，全体法官评议。经全体评议之后可作出三种决定：维持原判；直接修改原判；指令下级法院再审。①

第六节　美国民事诉讼的基本程序

众所周知，美国法院系统由联邦法院系统和州法院系统两部分组成。迄今为止，美国尚未制定全国统一的民事诉讼法，各个州的民事诉讼法大多是参照美国最高法院组织在 1938 年制定的《美国联邦地区法院民事诉讼规则》（*Rules of Civil Procedure for the United States District Courts*）制定的。②

一、审前程序

美国的民事诉讼审前程序主要由诉答程序（Prosecute and Answer）、证据开示程序（Evidential Opening Procedure）、审前会议程序（Pretrial Conferences）构成。美国民事诉讼中之所以确立审前程序，其旨在于提前清除与诉讼无关的各类事项，明确相关案件的争议点，从而促使之后的审判活动更具有效率，以及便于当事人在知悉案件详情之后的和解。

其一就诉答程序而言，其标志着法院已经受理案件当事人的诉讼请求，在该程序中通常是法院在案件双方当事人之间相互交换诉状（Statement of Claim）以及答辩状（Answer）的程序。依照联邦民事诉讼规则的相关规定，原告的起诉状当中务必要载明当事人的基本情况，并对于法院享有管辖权及其法律依据，原告所享有的权利以及诉讼请求等予以简要说明。法院在收到当事人的起诉书之后，由法院的书记员负责签发传唤状，并由原告负责将起诉书送达给被告当事人。而被告在接收到原告的起诉状后二十日内向被告送达答辩

① 何家弘主编：《当代美国法律》，社会科学文献出版社 2011 年版，第 388 页。

② 白绿铉译：《美国联邦民事诉讼规则、证据规则》，中国法制出版社 2000 年版，第 3 页。转引自许胜萍：《民事诉讼简易程序研究》，中国政法大学 2003 年博士学位论文。

状。在答辩状当中被告主要对于原告所提出的诉求予以抗辩，其有权自认或者否认原告的诉求，如其未对原告的诉求提出否认则可视为自认。①

其二就证据开示程序而言，美国联邦民事诉讼规定，该程序主要目的在于确立案件当事人享有向对方当事人收集证据的权利。其通常是在诉答程序结束之后当事人相互之间可以相互交换信息，同时要求双方当事人在案件开庭审理之前要向对方当事人出示与案件相关联的证据材料，进而避免因证据突袭而导致对方当事人无法提供高效的答辩，进而提升庭审工作的效率。②

其三就审前会议程序而言，是指在庭审工作开始之前，法官组织双方当事人及其辩护人参加该会议，其旨在于进一步明确证据开示程序的具体步骤以及案件双方当事人的争议焦点。在一些案情较为复杂的诉讼当中，法官可能要组织多场庭审会议，进而明确案件审理当中遇到的各类程序性问题，从而进一步保障之后的诉讼活动的顺利开展。③

其四是和解与替代程序。所谓和解（Settlement）即双方当事人相互之间通过达成协议的方式来解决民事纠纷的方法。一旦双方当事人之间达成和解之后，其向法院书记官提交双方当事人所签署的同意撤回诉讼的书面协议，即可终结该诉讼。就当下美国民事诉讼的主流趋势而言，大多数的相关案件一般通过双方当事人和解的方式来实现结案，且双方当事人在案件审理中的任何时候均可以进行和解。一般而言，双方当事人在经过了证据开示的相关程序之后，对于双方当事人的基本观点，现有证据情况以及案件的争议点均较为清晰，在这种情况下，双方当事人在彼此妥协的基础上更加容易实现和解。通常的和解程序是在法官的组织之下进行的，但为避免先入为主，参与双方和解的法官通常不得参与之后的案件庭审。④ 所谓替代性程序（ADR）是指案件的双方当事人采取开庭审理之外的不需要判决或裁定的其他方式来解决相关纠纷。通常而言，该程序是由法院之外的中立第三人的参与之下，双方当事人自我解决纠纷的形式，其优势在于迅速的解决纠纷，缓和了审判当中双方的对立情绪，最终实现案结事了的目的。⑤

---

① 何家弘主编：《当代美国法律》，社会科学文献出版社 2011 年版，第 362 页。詹王镇、张荷：《美国民事诉讼程序》，载《英语知识》2007 年第 3 期。

② 何家弘主编：《当代美国法律》，社会科学文献出版社 2011 年版，第 363~364 页。

③ 詹王镇、张荷：《美国民事诉讼程序》，载《英语知识》2007 年第 3 期。何家弘主编：《当代美国法律》，社会科学文献出版社 2011 年版，第 364~365 页。

④ 何家弘主编：《当代美国法律》，社会科学文献出版社 2011 年版，第 365~366 页。

⑤ 何家弘主编：《当代美国法律》，社会科学文献出版社 2011 年版，第 366 页。

二、审判程序

通常而言，美国的审判基本形式包括两种：陪审团审判形式和法官审判形式。其中通过陪审团审判的案件所经历的审判程序包括：陪审团成员的选定，正式开庭审理，双方当事人（或其辩护律师）作开庭陈述，当事人诉求的证明。在当事人支持其诉求的证明活动当中，通常首先由原告方的律师询问或交叉询问案件的相关证人，然后再由被告方的律师询问或交叉询问。立基于所提交的证据以及询问证人的结果，双方当事人可进一步提出案件审理的个人意见，双方律师再进行最后的辩论，法官依照相关规定对陪审团发出指示，陪审团在听取当事人充分辩论的基础上对于案件所涉及的事实问题作出裁定，法官依照陪审团所认定的事实对于案件作出相应的判决。如果是法官审判的形式，则陪审团将不参加案件的审理活动，法官在此类案件当中不仅要负责认定案件的事实要件，还要负责相应法律的适用。① 就美国民事诉讼的现状而言，陪审团审判的形式在民事诉讼案件当中占据主流地位，并且接受陪审团的审判被认为是美国公民所享有的一项基本权利。就美国陪审团成员的遴选而言，其主要从法院辖区之内的选民或持有驾驶证件的人员当中随机产生。通常而言，美国陪审团的裁决可大致分为两类：一般性裁决和特别裁决。前者是指陪审团负责对案件作出概括性的结论，即认定胜诉一方和败诉一方以及由此而产生的损害赔偿费用，绝大多数属于该类裁决。后一种裁决则是陪审团负责对于特定事项所作出的裁决，其在现实当中所占的比例较少。②

三、简易程序③

其一，小额诉讼程序。面对美国当前小额纠纷日益增多的现状，美国的许多州都相继成立了小额诉讼法庭，其主要负责处理诉讼标的在一定额度之下的轻微案件。鉴于参与此类案件的当事人均为不常应诉的普通市民，因而为便利当事人提起诉讼，其起诉书并无相对固定的格式，甚至案件当事人可以言辞起诉，法庭的审判人员可以通过口头或电话的形式通知被告当事人出庭应诉。该类案件当中当事人应亲自出庭应诉，有的州甚至规定禁止委托代理人出庭应

---

① ［美］乔治·P. 弗莱彻、史蒂夫·谢泼德：《美国法律基础解读》，李燕译，法律出版社 2008 年版，第 3 页。

② 何家弘主编：《当代美国法律》，社会科学文献出版社 2011 年版，第 367~370 页。

③ 许胜萍：《民事诉讼简易程序研究》，中国政法大学 2003 年博士学位论文。

诉，原告如未有正当理由经合法传唤不到庭的即可驳回原告的诉讼主张。同理，被告如未有正当理由经合法传唤不到庭的情况则属于一造辩论判决。鉴于小额诉讼的特点所在，其庭审程序通常是以非正式的程序进行，在案件审理过程中甚至可以不遵循证据法则的约束，或者以调解或仲裁的方式来化解双方当事人的争议。此外，为便利案件当事人，有些州甚至设立了在夜间审判的小额法庭。该法庭的审判人员通常由临时法官来充任，在案件开始审理之前通常会首先进行调解，无法实现调解的情形下再由临时法官来负责审理案件。其判决书也采用简易表格的形式，除列明当事人的基本信息之外，还包括判决的结果，其中事实要件以及判决的理由可省略。在该类案件当中，原告无权提起上诉，被告被判决败诉之后可向初级法院提起上诉。①

其二，简易判决程序。所谓简易判决程序即未经过开庭程序或全部开庭程序尚未完全结束之前，对当事人的实体争议所作出的具有拘束力的终局判决。② 简易判决程序当中简化了那些不必要的诉讼程序，大大地提高了案件的诉讼效率。③ 依照《美国联邦民事诉讼规则》第 56 条第 3 款的相关规定，假如双方当事人对于案件事实问题不存在争议，仅对于法律适用的问题存在争议，且动议当事人有权获得的相应的法律判决的情况下，案件可不经过陪审团直接由法院的书记员或法官根据现有的各类证据材料来作出实体性的判决。此外，根据《美国联邦民事诉讼规则》的相关规定，涉案当事人均有权提出简易判决的申请。原告可在诉讼开始起的二十日之内，或对方当事人送达简易判决申请书之后，申请采用简易判决程序，而被告则可随时提出简易判决申请。如法院已确定相关案件的听审日期的，原告需在所确定的听审日的十日之内提出该申请。就其性质而言，简易判决一定意义上可视为中间性判决，双方当事人即使对于损害赔偿的具体数额存在一定的争议，其也可对双方当事人之间的责任分担的争议作出简易判决。就其实质而言，此处的简易判决程序属于审前程序的重要组成部分，因而其不同于普通程序当中所涉及的简易程序。就其结案形式而言，简易程序所作出的判决与二审或再审程序中当事人对于案件事实

---

① 史锡恩：《简易诉讼程序之研究 · 民事诉讼法之研讨（三）》，三民书局 1990 年版，第 467~468 页。转引自许胜萍：《民事诉讼简易程序研究》，中国政法大学 2003 年博士学位论文。

② 汤维建：《美国民事司法制度与民事诉讼程序》，中国法制出版社 2001 年版，第 455 页。

③ 沈达明：《比较民事诉讼法初论》，中国法制出版社 2002 年版，第 94 页。

无争议或者当事人无胜诉可能的情形下，法庭可不经过开庭审理的程序而直接判决的案件大致类似。简易程序之所以在美国大行其道，其中一个重要的原因便在于美国十分注重公民在诉讼中正当程序的保障，普通的案件审结一般要历经三到五年的时间，相较之此类复杂而冗长的程序而言，其省略了那些诉讼中的不必要程序，推动了诉讼程序的快速进行，大大地节约了当事人以及国家为此付出的诉讼成本。①

其三，可选择性争端解决程序。美国法院系统同样面临着案多人少的困境，为逐步减轻法院的负担，美国在20世纪70年代之后逐步尝试将选择性争端解决方式引进到法院，其通常用于处理离婚类案件、邻里纠纷案件、医疗事故案件、环境诉讼案件、商品责任案件，以及民商事纠纷案件。通常而言，案件通过调停、调解或仲裁的方式结案是美国较常用的方式。在20世纪80年代之后，有些法院探索引入了小型审理、简易陪审团和中立的案件评价程序等选择性争端解决方式。② 随后1990年美国颁布的《民事司法改革法》正式通过立法形式确立了ADR（可选择性争端解决方式）在联邦法院系统的合法地位。之后，美国司法部还于1992年专门发布了《联邦法院诉讼中选择性纠纷解决方法适用指南》。为促进可选择性争端解决程序的推广，美国时任总统克林顿于1998年签署通过了《选择性纠纷解决法》（*Alternative Disputes Resolution Act*）。依照该法的要求，联邦法院系统应允许在任何案件中采用ADR方式，为保障其落实，并应建立相应的保障程序。美国之所以大力推广选择性纠纷解决方式，其中一个很重要的原因便在于，该方式使得“美国公民获取正义的方式更为便利，政府纠纷的解决更为高效”。③

---

① 许胜萍：《民事诉讼简易程序研究》，中国政法大学2003年博士学位论文。

② ［美］乔耳·歇沃尔兹：《美国民商事争端之选择性争端解决方式评介》，李启欣译，载《现代法学》1997年第6期。

③ 齐树洁：《民事司法改革研究》，厦门大学出版社2000年版，第411页。许胜萍：《民事诉讼简易程序研究》，中国政法大学2003年博士学位论文。

第三章　法国司法制度

法国地处欧洲中部，受罗马法的深厚影响，是传统的大陆法系国家，也是大陆法系国家中的典型代表，其法律制度为世界上许多国家奉为典范。法国法律制度传承罗马法的传统，其公私法的划分较为明确。实体法上公私法划分的特点也影响到了其程序法的建构，为此，法国的司法机关亦是依案件的性质进行建构的，设置了司法法院体系，主要管辖民事案件和刑事案件；同时设置了行政法院体系，管辖行政案件；法国司法体制中还包括了检察院体系，检察院机构的设置、职能的配备和人员编制管理都独具特色。这些制度是法国司法制度的重要组成，构成法国司法制度之内核。

第一节　法国司法制度概述

法国存在两套法院系统，即司法法院和行政法院，二者之结构形式、管辖范围和运作机理各不相同；除此之外，法国还设置有专门的检察机关专事犯罪追诉工作。以上主体共同构成了法国司法组织的核心。作为司法机关，这些主体在法律渊源、遵循的基本原则方面具有一定的相似性。

一、法律渊源

如上所述，法国是大陆法系国家。大陆法系国家的典型特征即是成文法中法律体系中占绝对多数，法律的基本原则和精神体现于其成文法中。当然，随着两大法系的逐步整合，重要的司法判决也被纳入法国的法律体系，对案件的审判产生约束力，成为重要法律渊源形式。除此之外，国际法条文特别是欧盟法条文、通行的习俗、权威的法律理论也对司法权运行产生重大影响。为此，法国司法制度之法律渊源即主要包括了成文法、判例、国际法等形式。

（一）成文法

法国的成文法渊源主要包括宪法和宪法性法律、法律、行政法规构成。法律的制定主体为议会，这是世界各民主国家的通行惯例；值得注意的是，在法国，行政法规虽由行政机关制定，但行政机关在获得议会授权的情况下亦可以对特定事项，包括司法事务，制定行政法规。为此，行政法规亦是法国司法制度之法律渊源。

1. 宪法和宪法性法律

与民主国家的通行惯例一样，宪法和宪法性法律在法国法律体系中具有至高无上的地位。为此，法律司法制度的基本构架亦是由其宪法和宪法性法律所构造的。

在法律形式上，法国宪法包括1958年宪法、《人权宣言》和1946年宪法的序言，这些法律文件构成了法国宪法的主要内容。其中，1958年宪法为法国宪法规范的主要渊源形式，这部宪法建构了法国司法制度的基本面貌。

1958年宪法对司法制度之建构主要包括以下几个方面：

其一是确立司法独立的原则。（1）1958年宪法的第34条即规定，一项判决作出之后，非经其他法院予以撤销的，就假定其是合法有效的。这项规定即确立了司法权之独立性、终局性和权威性，确保判决得到其他国家机关的尊重。（2）1958年宪法还规定了法院的独立，该法第64条规定，共和国总统是司法机关独立的保障者。此条即宣示了司法机关之独立，是司法独立的核心构成。（3）1958年宪法对司法独立原则之确立不仅体现在维护法院之独立地位方面，还体现在对司法官之独立地位的保障。具体而言，1958年宪法第34条确立了法律保留原则，规定国家文职人员和军职人员的基本保障由法律规定；在此基础上，该法第64条规定，司法官的地位由组织法规定。依这条的规定，司法官之地位被纳入法律保留范围之内。而宪法规定司法官地位被纳入法律保留范围之内，其目的即在于维护司法官地位之稳定性，防止关于司法官之地位的规范为立法机关和行政机关任意改变而影响法官之职务的执行。更为重要的是，1958年宪法第64条第4款规定，法官实现职务终身制。法官终身制是法官职位保障的重要内容，其目的在于“解除法官后顾之忧，使其免受外部干扰而依法行使职权”，为此，“实行职位保障的目的在于使法官能够独立地依据法律进行审判，确保裁判的公正”。① 1958年宪法确立的宪法终身制即是保障法官独立行使审判权的重要举措。当然，在法国，终身制仅适用于法官，而不适用于检察官，其原因即在于检察院的职权在于执行政府制定的刑事政策，

① 王永风：《司法公正与法官制度改革》，载《河北广播电视大学学报》2008年第5期。

检察院即需要实现“一体制”的管理机制，检察官需要服从于司法部长的命令；为此，检察官不受终身制的保护，对于不服从命令的检察官则可随时调离工作岗位以确保刑事政策的统一执行。①

其二是设置司法机关。依法国宪法第 65 条的规定，法国设置有最高司法委员会，最高司法委员会由共和国总统任主席，司法部长任当然副主席；除主席和副主席之外，最高司法委员会还有九名委员，其主要职责在于提出关于任命最高法院审判官和上诉法院院长的建议案；依照组织法规定的条件就司法部长关于任命其他审判官的建议案提出意见；依照组织法规定的条件就赦免问题接受咨询。除此之外，法国宪法第 67 条还设置了高级法院。依该条的规定，高级法院由国民议会和参议院在两院每次全部改选或部分改选后，在各自的议员中选出同数的成员组成。高级法院由其成员互选院长。高级法院的组织及其运行规则则由《司法组织法典》予以规定。以上这些规范，是法国宪法中关于司法制度的法律渊源。

2. 法律和行政法规

在法国，法律和行政法规是其司法制度的重要法律渊源，法律在宪法所确立的基本原则和司法制度之上，建构了法国司法制度的基本结构；在此基础上，行政法规再对司法制度进行补充规定。法国的法律和行政法规主要围绕以下几个方面规定其司法制度：

其一是规定司法机构之组织及职权。在法国，法律对司法机构之设置主要由《司法组织法典》和《行政司法法典》两部法典完成，这两部法典即设置了其司法法院机构体系和行政法院机构体系。就司法法院机构体系而言，《司法组织法典》法律部分的第二卷设置了初审法院，第三卷则设置二审法院，第四卷设置最高法院，第五卷设置特殊法院即法国海外领地的法院。在此基础上，每卷又分为不同的章，分别对各法院之管辖权、组织、职能作出具体的规定。该法典法规则对管辖权、法院组织、职能等对初审法院、二审法院、最高法院和特别法院及各法院的内部机构设置作出了具体的规定。

法国的行政法院体系则由《行政司法法典》建构。实际上，在《行政法院组织法典》制定之前，法国亦有部分法律条文对行政法院之组织体系进行规定，这些法律规范为 1963 年 7 月 30 日第 63-766 号政令和 1987 年第 87-1127 号法律。随着形势的发展，这些法律已不能有效规范行政法院之组织。为此，

---

① ［法］皮埃尔·特鲁仕主编：《法国司法制度》，丁伟译，北京大学出版社 2012 年版，第 24 页。

法国立法机关对这些法律进行了编纂，在此基础上形成《行政司法法典》。与《司法组织法典》一样，《行政司法法典》也由法律和法规共同构成，法律部分的第一卷和法规部分的第一卷则将上述1963年7月30日第63-766号政令和1987年第87-1127号法律予以编入。①《行政司法法典》共有9卷730多个条文，法律部分有150个条文，于2001年1月1日正式生效，其对行政法院体系进行了全面的规定。法典的第一部分规定行政法院之组织，包括初审行政法院的组织、上诉行政法院的组织；第二部分则规定其职能和法官的身份与地位保障；其他各卷则围绕法院的管辖权和诉讼程序进行规定。②

其二是关于法官管理的规定。在法国，法官管理大致包括了法官的职业招录、培训、法官身份保障和职务保障、法官任命、惩戒等方面的制度，这些制度都有充分的法律依据。就法官的准入而言，1958年12月22日命令规定，通过国家司法官学校即有资格成为法官；其中，第14条还规定了国家司法官学校在培养法官方面的垄断地位。另外，1998年2月24日第98-105号法律决定1998年和1999年通过特殊考试招收100名法官；1995年1月19日第95-64号组织法和1996年5月19日第97-214号实施法令规定，1999年12月31日以前招收上诉法院特殊任务法官，申请者要求50岁到60岁、硕士学位、至少15年职业经验。以上这些规范，即是关于法官准入制度的法律渊源。就法官之地位而言，《司法组织法典》则在宪法的基础上，对法官终身制进行了细化，其第221-1条规定，在一审法官出现职位空缺、任务过于繁重、临时性任务太多时，上诉法院院长可以委派其他法院的法官去帮助出现困难的法院。这即是《司法组织法典》对法官职务终身制之补充规定，构成法国司法制度之法律渊源。③

其三是关于诉讼程序的规定。法国是一个成文法较为发达的国家，在诉讼程序方面也制定有丰富的成文法规定。具体而言，在诉讼程序方面，法国制定了民事诉讼法、刑事诉讼法和行政诉讼法三大诉讼法典，其税收程序法中也有关于税收诉讼程序的规定。以上这些法律规范即构成了法国诉讼程序之法律渊源。以上三个诉讼法的具体内容，将会在下文法国诉讼程序中进行详细介绍。

---

① 何家弘主编：《中外司法体制研究》，中国检察出版社2004年版，第197页。

② 金邦贵主编：《法国司法制度》，法律出版社2008年版，第24页。

③ ［法］皮埃尔·特鲁仕主编：《法国司法制度》，丁伟译，北京大学出版社2012年版，第78~80页。

（二）判例

如上所述，法国是传统的大陆法系国家，其沿袭大陆法系之成文法的传统，成文法体系相当完备。为此，在法国，法官是没有权力通过判决“创造”法律的，法律由立法机关制定，法官的职责仅在于适用法律，而不能创造法律，其所作出的判决既不能超出于法律的规定，对日后发生的案件也没有约束力。然而，纵使如此，判例在案件审理过程中所起的作用亦是不可忽略的，重要的司法判例在某种程序上影响着日后发生的案件的审判。为此，从这个角度而言，法国的司法判例亦构成法国司法制度之法律渊源。特别是就法国的行政审判制度而言，其重要原则都是在判例中产生的。有学者用生动的语言说，如果我们设想立法者大笔一挥，取消全部民法条文，法国将无民法存在；如果他们取消全部刑法条文，法国将无刑法存在；但是如果他们取消全部行政法条文，法国的行政法仍然存在，因为行政法的重要原则不存在成文中，而存在于判例中。① 具体而言，法国的行政司法系统即是依法院的判例而建构的；另外，自1974年10月宪法改革以后，宪法委员会在后来的违宪审查实践中创立了大量的司法判例，这些判例作为宪法判例而存在，其效力高于一般的法律，对法院之审判权的行使存在约束力。② 从这个角度而言，判例亦是法国司法制度之法律渊源。

（三）国际法

国际法理论通说认为，缔结国所参加的国际条约之效力高于一国国内法中除宪法以外的其他法律，在国际条约与国内法规范发生冲突时，除缔约国明确表示对国际法予以保留外，适用国际法的规定。法国作为欧洲中部的大国，是联合国常任理事国之一，也是欧盟的重要组成成员，其在国际外交方面扮演着非常重要的角色，也加入了诸多的国际条约，其中即包括一些涉及司法制度的条约，这些条约的规定亦构成法国司法制度之法律渊源。例如，在法国所签订的国际条约中，涉及司法制度的主要有：1954年3月1日关于民事诉讼的《海牙公约》；1980年4月21日关于国际商事仲裁的《日内瓦公约》；1968年9月27日关于管辖权和判决效力的《布鲁塞尔公约》；1958年6月10日关于承认和执行国外仲裁决定的《纽约公约》；1980年10月25日关于简化进入国

---

① 王名扬：《法国行政法》，北京大学出版社2007年版，第17页。

② 金邦贵主编：《法国司法制度》，法律出版社2008年版，第27页。

际司法程序的《海牙公约》；1988 年 9 月 16 日关于管辖权和判决效力的《洛迦诺公约》。以上这些公约中涉及司法制度的规范亦是法国司法制度之法律渊源。①

二、基本原则

法国作为大陆法系国家的典型代表，其立法的过程尊崇演绎推理，法律内容与体系是严格按照逻辑推理进行建构的。为此，法国法律制度之建构即十分重视对法律原则的归纳，法律原则构成了法律条文的核心，对法律规范内容及其体系的罗列存在一定的约束力，法律内容及其体系即是围绕法律原则来建构的。就法国之司法制度的建构而言，其大致遵循着诉权保护原则、法官独立原则、审判公开原则和裁判说明原则，以上四项原则约束法国司法权配备和运行的整个过程。

（一）诉权保护原则

没有救济就没有权利，这是法学界人所共知的基本原理。为此，救济机制的建构即是权利得到保护的根本保障。法国人历来具有尊崇权利的传统，对人权的敬意构成了法国的基本精神，这也是《人权宣言》得以最先在法国出现的根本原因。基于其对权利价值的重视，权利的保护即为法国法的基本内核。此种价值延伸到其司法制度中即演变为诉权保护原则，并使诉权保护成为法国司法制度得以存在与运行的根本理由。换言之，法国的整个司法制度即是建立在诉权保护原则的基础之上的，诉权保护原则既显示了司法组织存在之必要性，也规定了司法权运行的目的与范围。

作为司法制度之基本原则，诉权保护原则首先是一项宪法原则。具体而言，1789 年《人权宣言》第 16 条即明确宣示，权利得到保障是宪法实施的重要体现；权利不受保障的，宪法实施就无从谈起。在此基础上，宪法委员会的判例将《人权宣言》中的权利保障原则予以延伸，形成了诉权保护原则。宪法委员会根据《人权宣言》第 16 条所确立的基本原则而认为，任何人如果认为自己的民事权利受到损害或者因为刑事违法受到损害，都可以提起诉讼，这是裁判权力的固有内容，更是平等起诉权。② 这个解释，即将诉权保护原则体

---

① 金邦贵主编：《法国司法制度》，法律出版社 2008 年版，第 28 页。

② ［法］皮埃尔·特鲁仕主编：《法国司法制度》，丁伟译，北京大学出版社 2012 年版，第 78~80 页。

现得淋漓尽致，进而也使诉权保护原则成为法国司法制度建构的基础性原则。诉权保护原则不仅体现于法国宪法中，还有具体的制度予以保护，主要体现在以下几个方面：其一是诉权主体范围的扩大。法国在19世纪时曾规定，只有具有法国国籍的人才能向法国法院提起诉讼，即只有法国公民才能向法国法院行使诉权。以后虽然取消了这种差别对待，但在1975年以前仍存在所谓“判决债务履行担保”的制度。这种制度规定，外国人在法国向法国公民提起民事诉讼时必须提供担保，以保证能在诉讼结束时有能力支付诉讼费用，否则对其起诉不予受理。① 此后，法国法院中实践中确立了诉权不得被程序上的限制性条款或经济原因而受到阻碍的原则，使诉权主体范围进一步扩大，公民诉权得到更大程度的保障。其二是司法援助机制。司法援助机制是从诉权保护原则延伸出来的法律机制，其目的即在于确保当事人的诉权不因经济原因而不能行使。法国于1972年即建立起了律师补偿制度，由国家给予提供法律援助的律师一定的补偿。到1991年，法国颁布有两部法律规范专门规定法律援助问题，一部是由法国议会颁行的《法律援助法》，另一部是法国政府制定的《法律援助法令》，1991年的法律进一步扩大了法律援助范围，明确了获得法律援助的条件等，法律援助发展保障公民诉权的重要举措。② 其三是合理诉讼时限制度。从其内在构成来看，诉权不仅包括起诉的权利，还包括要求案件得到及时公正判决的权利。为此，法国诉权保护原则还体现于其诉讼时限制度之中。在法国，所有诉讼都必须按照《欧洲人权公约》第6条的规定，遵循合理诉讼时限原则。欧盟法院总结、强调此原则的几个重点，包括案件的复杂程度、诉讼请求等，要求法院不得因诉讼延期而侵犯当事人诉权。③ 以上这些要求得到法国司法机关的遵守，为法国司法运行的基本原则。

（二）法官独立原则

法国的法官独立原则体现在其宪法中，1958年宪法第34条确立了法律保留原则，规定国家文职人员和军职人员的基本保障由法律规定；在此基础上，

---

① 张卫平：《法国民事诉讼中的诉权制度及其理论》，载《法学评论》1997年第4期。

② 郑自文、王伟、刘丽平、许冷、王军：《法国法律援助制度概述与启示》，载《中国司法》2013年第1期。

③ ［法］皮埃尔·特鲁仕主编：《法国司法制度》，丁伟译，北京大学出版社2012年版，第36页。

该法第64条规定，法官的地位由组织法规定。依这条的规定，法官之地位被纳入法律保留范围之内。而宪法规定法官地位被纳入法律保留范围之内，其目的即在于维护法官地位之稳定性，防止关于法官之地位的规范为立法机关和行政机关任意改变而影响法官之职务的执行。法官独立的保障即是法官终身制，法官终身制亦为法国宪法所体现，即1958年宪法第64条第4款规定，法官实现职务终身制。基于法官终身制的规定，非因正当事由，法官即不被免职或弹劾，法官的职务也不能予以任意调整。以上这些内容，在法国的相关法律法规和判例中都有所体现，并构成了法国司法独立的基本保障。为此，法官独立原则即是法国司法制度的基本原则之一。

（三）审判公开原则

所谓审判公开，即指法院在审理案件的过程中，除法律明文规定不得公开之外，其应当将案件审理的过程及结果向当事人和社会公众展示，使司法权在当事人和社会公众的监督下运行。“审判公开是一种程序公正，通过程序公正可以保证结果公正或提高结果的可接受性程度，其目标与价值是促进司法公正与司法权威。”① 审判公开原则作为一项基本的司法原则，其为法国的行政法院所确认，不仅适用于行政审判过程中，还适用于民事审判和刑事审判。审判公开包括庭前公开、庭审公开和判决公开三个部分，其中，庭审的公开为审判公开的关键，也是法国审判公开的主要内容。具体而言，欧洲法院的判例即要求审判的公开，相关的判例对法国法院的审判工作是具有约束力的。当然，庭审过程中的公开又需要通过辩论原则予以体现。也就是说，庭审的公开首先要求庭审的过程向当事人开放，将当事人双方提交的证据和观点向对方展示，允许双方进行辩论。“作为体现司法民主的审判公开思想，其本身就是对秘密审判的全盘否定，这意味着审判公开最初的含义必然具有要求审判向当事人公开的内容。”② 为此，辩论即是庭审公开的要求。辩论原则即得到了法国司法法的承认。例如，法国新民事诉讼法第16条即规定，当事人所提出来的理由、说明与文件，只有经当事人辩论之后，法官始得采纳该种理由、观点或者文件。此条规定即是关于辩论原则的规定。此外，法国刑事诉讼法同样规定了辩论原则，如刑事诉讼法第145条第4款即规定，从侦查阶段的预审到法庭上控

① 王亚明：《审判公开的价值权衡与路径选择》，载《法律适用》2013年第3期。

② 张晋红：《审判公开思想与修订〈民事诉讼法〉的几个基本关系定位》，载《现代法学》2005年第4期。

辩双方的各抒己见都需要遵循辩论原则。这些规定，即是法国诉讼法中关于辩论的规定，其服务于审判公开的要求，从而也反映审判公开原则之于司法制度的重要性。另外，在法国，审判公开原则还包括裁判理由的公开，所有的裁判应当提供附理由的论证，告诉当事人为什么作出这样的裁判，如果缺乏理由说明、论证不充分或论证有歧义，该裁判将会被最高法院撤销。当然，裁判理由公开原则也有例如，如重罪法庭的判决即可以不说明裁决的理由。①

三、总体构造

众所周知，法国司法制度之重要特色在于其有两套独立的法院系统，即司法法院系统和行政法院系统。行政法院系统的出现，在于法国秉持绝对的三权分立原则。法国人所理解的三权分立即为立法、司法和行政各司其职，三个部门之间互不干预。也就是说，相比于美国的三权分立，法国的三权分立更多地强调三权之间的“分立”，而不要求三者之间互相制衡。此种情况下，为防止司法干预行政，法国人即在行政系统内部创造出来行政法院制度，用以解决因行政活动而产生的纠纷。为此，从历史起源的角度分析，行政法院最初是隶属于行政系统的。当然，由于行政法院之职能是通过对行政活动进行审查以解决行政纠纷，其所行使的权力实际上是一种司法权。为此，我们即将行政法院纳入司法制度中进行研究。司法法院与行政法院之间有明确分工，前者主要处理民事、刑事案件，后者则处理以国家及其公职人员作为当事人的案件。二者之间出现管辖权争议的，则由权限争议法庭予以裁决。司法法院与行政法院的分野即构成了法国司法制度的重要特色，对这二者的介绍也构成本章的主要内容。

除行政法院和司法法院之外，法国还存在宪法委员会。法国的宪法委员会建构的依据为1958年宪法，该宪法第七章对宪法委员会进行了详细的规定。根据该章的规定，宪法委员会由九人组成，任期为九年，每三年改选三人。宪法委员会拥有广泛的职权，包括就国民议会议员和参议员选举的合法性作出裁决；监督公民投票程序的合法性，并且公布其结果；审查组织法是否符合宪法等。需要注意的是，宪法委员会不受理具体的案件，也就是说，公民认为其合法权利受到法律、条例侵犯的，不能由宪法委员会提起诉讼。基于此，很多学

---

① ［法］皮埃尔·特鲁仕主编：《法国司法制度》，丁伟译，北京大学出版社2012年版，第37页。

者认为，宪法委员会是一个政治机构，而不是一个司法机构。①

另外，法国还设置有检察院。法国的检察制度始于菲利普四世。当时，法国王室为了加强中央集权，在其司法体制中设置了检察机构，检察官一方面代表国王对地方当局实行监督；另一方面，以国家公诉人的身份进行调查，参加法院审讯。当时规定了“王室法院专属管辖案件制度”、“特权案件管辖制度”、“辖区管辖制度”等许多专门制度，使得当事人能够对领主法庭所作的裁判向王室法院提出上诉，② 从而维护中央政令的统一性。法国检察制度在此基础上得以发展起来。当前，法国的检察院是设置在法院内部的。尽管如此，检察院的性质与法院截然不同，它是一个与法院平行的行政性组织，由行使行政权的公务员人员组成，其职责在于对刑事案件行使侦查起诉权、审判监督权，同时有权对涉及重大公共利益的民事案件进行起诉。③

总之，法国司法制度即是以司法法院、行政法院和检察院为主要制度构造的。为此，本篇主要按“司法法院—行政法院—检察院”的逻辑展开，详细介绍以上各个机关之设置、职能、人员配备等情况。另外，法国法官管理体制亦有其特有的价值内涵，是法国司法独立原则得以维系的重要保障。为此，本书也将专列一章介绍法国的法官管理制度。

第二节　法国的审判制度

如上所述，法国司法制度是以司法法院、行政法院和检察院之设置与职权配备为主要内容的。其中普通法院系统是司法制度中最为重要的组成部分，它的民事法院和刑事法院各自形成一系统。简单而言，民事法院分为小审法院、大审法院、上诉法院，小审法院和大审法院是一审法院，上诉法院的民事庭负责审理因不服初审法院和大审法院民事判决而提起的上诉。刑事普通法院分为违警罪法院（又称警察法庭）、轻罪法院（又称矫正法庭）、重罪法院（又称巡回法院），上诉法院的轻罪上诉庭负责审理对违警罪与轻罪法院判决的上诉案件。在这些就案件的实体或犯罪事实进行审判的法院之上是最高法院，它对上诉案件的审理，限于审查法律适用是否正确，基本不涉及对案件事实的审

① 参见沈宗灵：《比较宪法——对八国宪法的比较研究》，北京大学出版社 2006 年版，第 29 页。

② 刘新魁：《法国的检察体制》，载《人民法院报》2004 年 7 月 23 日。

③ 方立新：《西方五国司法通论》，人民法院出版社 2000 年版，第 252~254 页。

查。还有少数特殊的法院组织，也共同构成了法国普通法院的组织系统。

一、民事初级法院

法国受理民事案件的初级法院有大审法院、小审法院、近民法院、商事法院、劳动法院、社会保障法院和农事借贷租赁法院。其中商事法院、劳动法院、社会保障法院和农事借贷租赁法院属于专门法院。

（一）大审法院

大审法院由法国制宪会议设立的区法院演变而来，原则上每省设立一个大审法院，但根据人口、地理条件和案件数量，一些省设立 2 个以上，最多的北部省设立 9 个。不同法院内的编制数目反差较大，一些非常小的法院只有 4 名法官，而巴黎大审法院有 337 名法官。通常情况下，大审法院的判决都是由至少 3 名法官组成的合议庭作出的，但也会变通执行，有时根据首席法官的决定或法律规定，改为独任制审理，独任法官也可以根据案件具体情况决定把简化程序转为合议庭审理。现在，独任制已经取代合议制原则成为常例，原则几乎成为例外。① 为了方便当事人诉讼，法律规定大审法院可以设立派出法庭，主要负责在各自的地域管辖范围内受理刑事和民事案件，其管辖权限与所属的大审法院相同。在民事审判领域，大审法院还设有家庭案件法官、少年法官、征收征用法官等特别法官审理特殊类型案件。作为最为重要的普通民事一审法院，大审法院行使地域管辖原则上遵循被告人所在地原则，但是也存在不动产案件由不动产所在地法院管辖等特别规定。对于家事案件、不动产拍卖案件、民事继承案件、知识产权案件等案件，大审法院专属管辖。在没有设立商事法院的地区，大审法院也审理部分商事案件。对标的额在 4000 欧元以下的案件，大审法院具有一审终审权，不服判决的，当事人只能向最高法院申请法律复核审。至于标的额在 4000 欧元以上的案件，当事人可以向上诉法院提起诉讼。

（二）小审法院

小审法院是 1958 年替代废除的治安法院而设置的法院，全国共有 473 个，一般设立在省以下的都市各区和乡镇，在比较重要的省会多设几个，平均每省

① ［法］皮埃尔·特鲁仕主编：《法国司法制度》，丁伟译，北京大学出版社 2012 年版，第 54 页。

有5个小审法院。各个小审法院的人员编制不固定，可以根据案件的数量和管辖的地域范围而酌情增多。比如巴黎每个区的小审法院就设有2名法官，马赛的小审法院则有11名法官。每个小审法院还设有1个书记官室，根据法院的规模至少配备1名书记员。由于处理的和解案件占较大比重，为了简易、迅速、低费用地解决公民之间的纠纷，小审法院通常采用独任制审理。在同一个法院内，由独任法官按照言辞辩论的普通程序主持审理案件并作出裁判，检察官不必出庭。因此小审法院并不进行法庭的划分，但在一些比较大的小审法院，会制定一些内部标准对案件进行分类而由不同的法官审理。小审法院受理的案件是标的额在4000欧元以上10000欧元以下的动产纠纷案件、4000欧元以下的不动产租赁、消费贷款合同、汽车侵权损害赔偿以及一系列其他案件，比如，支付令、动产质押、内海航行、选举人名单争议、子女抚养金、保姆劳动合同等。另外，根据法国民法典，小审法院还履行监护法官、执行法官的职能，特殊情况下，也有对紧急案件的审理权。

（三）近民法院

近民法院是根据2002年9月9日法律设立的。设立的初衷是为了分担数额较小、事实简单的民事案件和轻微刑事案件，让民众更易接近司法。同小审法院一样，近民法院也采用法官独任审判，由非职业法官1人对案件展开简易快捷的审查处理。它最根本的特点是法官可以完全独立地行使司法职权，并不依附于职业司法官，也不像商事法官偶尔才参与审判活动，在地位上，他们一旦被任命便与职业法官具有相同的法律地位。除了某些方面（例如，没有升任和惩戒制度）外，他们的法律地位与职业法官无异。①

（四）商事法院

商事法院是处理由商事行为引起的诉讼纠纷、商事公司之间的纠纷及公司的债务清偿、重整和司法清算的专门法院。它是旧制度遗留的成果，经历大革命后全国共有191个保留下来（原有227个，其中的36个在1999年撤销）。②商事法院的设立仅仅是以商事贸易活动情况为必要的前提条件，每一个商事法院均是由法令授权而成立，即所谓的“法令设立”，所以并不是在所有的地区

① 金邦贵：《法国司法制度》，法律出版社2008年版，第136页。

② 如购买商品的目的是为了将其卖出，票据转让、银行营业行为及抵押等均为商事行为。

都有商事法院。在没有商事法院的地方，相应的诉讼由大审法院承担。商事法院的法官（即商事法官）或者是商人，或者是企业人员，他们由选举团成员选举产生。选举团成员来源于两部分：一部分是由辖区商人第一轮选举产生的商事裁判代表，另一部分是现任的商事裁判官和过去曾被列入选举名单的商人或企业主。① 商事法官即从商事裁判代表团中选举产生。法官们都是自愿，没有酬劳，只在有案子的时候才到法院来履行职责。与职业法官不同，他们既不是终身制，也不是升迁制，而是定期选举更迭，但允许连选连任。一般而言，三名法官审理遵守合议制原则，但根据法律的特别规定，有些案件可以由一名法官独任审判。商事法院的诉讼程序与小审法院的诉讼程序基本相同，都实行本人诉讼，重视和解，简易、迅速、低费用。

（五）劳动法院

劳动法院是专门审理劳动契约纠纷的机关，只负责处理与劳动合同有关的所有个人诉讼，不涉及关于劳动关系的集体诉讼。其建立于1809年拿破仑时期，共有271个。劳动法院的法官比较特殊，由劳资双方的代表组成，双方人数严格保持相等，任期为5年。劳动法院设有调解庭和裁判庭，调解庭由劳资双方各1名法官组成，对案件进行非公开审理，有权对有关拖欠劳动工资和劳动报酬的案件采取紧急措施。一旦和解不成，就进入普通程序。裁判庭由劳资双方各2名法官组成，对案件实行公开审理。当持不同意见的法官数量相等时，在当地的小审法院的法官主持下和原审法官一起对案件进行再一次的审理，由于法庭组成为奇数，所以确保能够得到一个多数判决。

（六）社会保障法院

社会保障法院是专门审理有关社会福利案件的机关，共有116个。社会保障法院在审理案件时实行合议制，由劳资双方的各2名代表作为助理法官，与主审法官共同审理。主审法官由大审法院推荐，上诉法院院长任命，任期3年。当事人在向社会保障法院起诉前，必须先向有关社会保障机关提起请求，对该机关的决定不服或该机关在规定期间内没有作出处理决定时，方可有权向有管辖权的社会保障法院提起诉讼。否则，社会保障法院不予受理。这是社会保障法院在诉讼程序上的一个特色。

---

① 参见李玉林：《论法国特殊商事审判制度——以商事法院与商事法官为中心》，载《山东审判》2008年第3期。

（七）农事借贷租赁法院

农事租赁法院简称农事法院，负责处理农村不动产所有权人与承租人之间的诉讼，包括合同、期限、价格、撤销、终止等，共有 471 个。农事法院在审理案件时一般采取合议制，由土地所有人和土地耕作者以及职业法官组成合议庭进行审理。在农事诉讼中，调解是诉讼的必经程序，通常在法庭非公开进行，调解成立的，由法官制作调解书，调解不成的，法官在作出判决时不受调解方案的拘束。

二、刑事初级法院

根据犯罪的分类，即违警罪、轻罪、重罪，一般刑事初级法院大致可以划分为违警法院、轻罪法院、重罪法院三种。

（一）违警法院

违警法院又称治安法院，主要负责审理罚金 1500 欧元以下的违警罪。原则上按区设置，通常设在小审法院①，目前全国共有 475 个。按照违警罪的违法后果，违警罪可以分为五级：第一级罚款不超过 38 欧元；第二级罚款不超过 150 欧元；第三级罚款不超过 450 欧元；第四级罚款不超过 750 欧元；第五级罚款不超过 1500 欧元，累犯时不超过 3000 欧元。在近民法院设立以前，所有的违警案件均由违警法院负责，2005 年 1 月 26 日法律赋予了近民法院对罚金 750 欧元以下的前四级违警罪的刑事管辖权，保留了违警法院对第五级违警罪的管辖权。但在法律明文规定的情况下，前四级的违警案件仍由违警法院审理。对与第五级违警罪有关的、但属于近民法院管辖的违警罪案件，违警法院也有权审理。如果违警法院认为案件应属于近民法院管辖的，应将案件进行移送。违警法官独任审判，仅在审理比较严重的犯罪时检察官才出庭。对于森林犯罪，检察官由森林管理部门的工程师或该部门委派的官员代表出席。法官审理案件根据警察的证据作出判决，不服违警法院的判决，可以向上诉法院提出上诉。法庭也可以直接发出刑事强制命令，不经辩论，但是对此命令的诉讼请求可依照普通程序重新审理。

---

① 法国的普通法院管辖民事刑事案件，但是许多法院都是身兼两种职责，相互对应，如小审法院对应治安法院，大审法院又作轻罪法院。

（二）轻罪法院

轻罪法院又称矫正法院，是审理一审普通轻罪案件的一般刑事法院。通常设在每个省的省会和较大的省的若干城市，目前共有186个。轻罪法院管辖权涵盖所有的轻罪案件、与轻罪有关联的违警罪以及刑事附带民事纠纷。但是有些轻罪因为犯罪主体的特殊，被划归特殊刑事法院管辖，例如对未成年人所犯轻罪案件由未成年人法院审理、海员海上所犯轻罪案件由海商事法院管辖等。在审判方式上，轻罪法院存在合议制和独任法官两种形式。采用合议庭的通常由3名法官组成，院长、副院长或年资最长的法官作为庭长主持庭审，适用独任审判的只限于法律明确规定的案件，且存在着诸多例外。据相关统计，目前约有50%的轻罪案件独任审理。同时为了审理一些具有特殊性质的案件，例如涉军案件、涉及金融财经案件、涉及海上污染案件、涉及有组织犯罪案件等，轻罪法院还有一些特殊审判形式。轻罪案件的审理过程通常会先由1名法官在受理案件后进行秘密调查，调查来的材料作审判依据。待到审判时再由法官配备1名书记员进行审理，不设陪审团，但派驻1名检察官出庭作证。

（三）重罪法院

重罪法院又称巡回法院，是审理重大刑事案件的法庭，与上诉法院平级。通常每省设有1个，并以该省名称命名，全国共有104个。重罪法院颇具特色，与违警法院、轻罪法院相比，它有两大重要特征：（1）它不是司法常设机构，而是每年按季度开庭，每1季度有1个开庭期，成员由上诉法院和大审法院的法官轮换担任；（2）它也是法国唯一设立陪审团审理刑事案件的法院，每一案件都根据1个花名册抽签选出9人组成陪审团，再配备3名职业法官组成法庭。法庭审理后用无记名投票方式定罪判刑，必须得到3名法官和9名陪审员中的8票赞同才能定罪。正因为如此，重罪法院又被称为“人民法院”。重罪法院对重罪案件具有普遍管辖权，即可能判处10年以上有期徒刑、无期徒刑的自然人犯罪和法律规定的法人重罪案件都可成为重罪法院的审理对象。对于重罪法院的裁判可以上诉，但是重罪的上诉审法院必须是另一个重罪法庭，并且增至12名陪审员。

上述介绍的仅仅是常见的初审法院，在法国还有很多专门初审法院如：未成年人犯罪法院、军人犯罪法庭、政治法庭、海上刑事法院等，在此就不一一赘述了。

三、上诉法院

法国以前的上诉法院形式多样，容易造成混乱，现在通过立法，已经统一为一种类型，即所说的上诉法院，从而形成了单一的上诉法院体制。在法国的司法法院体系中，原则上实行二审终审制，上诉法院是司法法院体系中主要的二审法院，① 负责审理辖区内对下级法院判决不服的民事和刑事上诉案件，但是也有例外，民事方面，如果一审裁判数额没有超出一定限制（该数额通常是4000元欧元），该裁判就是终局裁判；刑事方面，违警处罚150欧元以下，案件不得上诉。

（一）组织机构和人员配置

法国上诉法院共有35个，本土30个，海外5个。原则上一般2到4个省设一个上诉法院，但也有例外，存在只管辖一个省的上诉法院和管辖5到6个省的上诉法院。它的院长不但是上诉法院的首席司法官，在司法审判管理和行政管理中扮演着重要的角色，同时也是最高法院大法官，任期最长为7年。上诉法院内部设有多个全体大会，例如法官全体大会、检察官全体大会、公务员和书记员全体大会。其中法官全体大会在整个司法程序运转中起着重要的作用，它决定法庭人员的组成、内部案件的分配、辩论时间、司法鉴定人名录的制作、诉讼庭法官和庭长的选任，等等。

上诉法院由若干审判庭构成，主要包括民事法庭、社会法庭、轻罪法庭、刑罚适用法庭和预审法庭、未成年人法庭、征收法庭②等。每个上诉法院里设立的审判庭数量由法院的重要性决定，例如巴黎上诉法院设有25个审判庭，是法国第一大上诉法院，艾克斯·普罗旺斯上诉法院有16个审判庭，是继巴黎上诉法院之后的第二大上诉法院。上诉法院在审理案件时原则上采合议制，合议庭由3名法官组成，庭长主持庭审。但考虑到某些案件的重要性，法院会采用更加庄严的庭审形式，比如对于法律明确规定的重要案件，会由两个庭的法官至少5人组成重要庭审理，对有关司法职业的上诉，则会由两三个庭组成联席庭审理。如果个别民事案件得到双方当事人同意，也可以仅开庭听取双方各自意见。

---

① 除了上诉法院之外，法国还存在一些极为特殊的二审法院，例如上诉重罪法院，它们独立于上诉法院。

② 2001年1月1日后改为预审庭。

（二）管辖权限

上诉法院具有民事案件和刑事案件的二审管辖权，对不服一审法院判决的上诉案件，对事实和法律进行重新审理。在民商事领域，上诉法院民事庭负责审理因不服下列法院所作的判决而提起的上诉：大审法院、小审法院、商事法院、劳资争议委员会、农事借贷租赁法院及社会保障法院中的社会保险法庭，但是这些案件的标的额必须不低于4000欧元。法院对民事案件的上诉还作了特别规定，某些案件的二审管辖权由大审法院分担，无劳动能力及工伤法庭判决，由全国无劳动能力与劳动事故保险定价法院负责二审。在刑事领域，上诉法院的预审法庭、轻罪法庭、未成年人法庭、刑罚适用庭等都是专门的审判机构。预审法庭负责审理对预审法官裁决不服的上诉案件。轻罪法庭负责审理对违警罪和轻罪判决不服的上诉案件。对于少年法官和少年法院对未成年人作出的判决，分别由上诉法院少年保护委任法官和未成年人法庭审理。对刑法适用法官或刑法适用法院判决不服的，当事人可以向上诉法院刑法适用法庭提起上诉。① 2000年6月以前，二审终审原则不适用于重罪案件，被告人不能就重罪法院作出的一审判决提出上诉。但是该规定违背了《欧洲人权公约》的精神，迫于国际舆论和国内改革呼声的压力，法国颁布2000年法律赋予重罪案件被告人上诉权。从此，被告人有权对普通重罪法院、未成年人重罪法院以及无陪审团参加的特别重罪法院作出的一审判决提出上诉。只是管辖法院并非原上诉法院，而是另一相应的重罪法院。除此之外，对于某些案件，法律还规定上诉法院可行使一审终审权。主要包括以下两个方面：一是涉及司法机构或司法职业机构的选举纠纷。二是对于某些职业培训中心决定不服的案件。

四、最高法院

法国的最高法院成立于1790年，是司法法院系统中的最高审判机关，对全国各级法院审判的案件具有管辖权，最高法院对上诉案件只复议法律问题，审查原判适用法律是否正确，诉讼程序是否合法，不审理案件的事实，因此其职能是法律审，其目的在于确保法律在全国范围内得到统一适用。② 为此，最高法院在法国司法体系中占据重要地位。

---

① 金邦贵：《法国司法制度》，法律出版社2008年版，第117页。

② 刘新魁、张凝：《法国最高法院的机构设置与职能》，载《法律适用》2003年第12期。

（一）机构设置

最高法院的机构设置主要由其《司法组织法典》予以规定。根据《司法组织法典》和1996年5月31日第96-482号法令的规定，最高法院设有5个民事审判庭和一个刑事审判庭以及一个大审判庭。另外，为保证最高法院的日常运转，最高法院还设置有相应的日常管理机构。最高法院设院长1人，庭长6人，法官85人，助理法官43人，此外还设有一些办案助理员。值得注意的是，与美国最高法院不同，法国最高法院的院长并不享有审判权，不能参与案件的审理。当然，作为最高法院的领导，他需要对法院的日常管理活动和一些相关的司法事务负责，在一些场合也需要院长作为主持。例如，在大法庭和混合法庭作出驳回上诉决定时，其主持人即为最高法院院长。另外，最高法院的司法官委员会也由院长领导，司法官委员会的职责即在于对法官的违纪行为进行讨论并作出惩戒决定。另外，院长还可以担任审判庭的庭长，在担任庭长期间，即可负责在法官之间分配案件，并可参加最高法院大法庭和混合法庭进行审理的案件，此时，最高法院院长实质上是行使一定的审判权的。最高法院法官实施职务终身制，法官无明显过错的，其职务不能随意调动或罢免。最高法院还引入了特别事务法官制度，有25年以上法律职业经历的律师或其他人员即可以申请到最高法院任特别事务官，任期5年。最高法院助理法官的职权近些年有些变化，受院长指派，他们也可以协助审理案件。办案助理员一般从事法院的行政事务工作，特别是文件资料工作。不过其中部分人的工作性质也发生了变化，有人从事原来由助理法官从事的工作。

（二）职权

在刑事领域，最高法院刑事审判庭是专门管辖刑事上诉案件的法庭。刑事审判庭由庭长领导，其职能是受理向最高法院提出的刑事案件撤销之诉和再审之诉，并处理刑事案件的管辖和移审问题。审理具体刑事案件的合议庭由享有表决权的法官、助理法官组成。至少5名拥有表决权的法官出席，具体的刑事合议庭才能作出裁判决定。在刑事审判中，最高法院实行回避制度。法律规定，为保障当事人的权利，当事人可以对受理刑事案件的最高法院法官提出回避申请，但应当说明理由。回避申请送交法院书记室。有管辖权的审判庭，在听取受到申请回避法官的意见后，于申请提交后1个月内作出法官是否应当回避的决定。一是撤销原判的诉讼。所谓“撤销原判的诉讼”，是指对上诉法院作出的终审判决或者对其他法院作出的不准向上诉法院提起上诉的终审判决，直接向最高法院刑事审判庭提起诉讼，请求其对判决的合法性进行监督。如果下级法院的判决违反法律，或者适用法律有错误，最高法院刑事审判庭将撤销原判，将案件发交与判决被撤销法院同一性质、同一级别的另一法院重新审理。但受指定的法院并无义务必须在其判决中遵照最高法院刑事庭的意见，并且当事人对该法院的判决可再一次向最高法院刑事庭提出上诉。但是，如果上诉依据的理由相同，这一上诉应当向最高法院大法庭提出。二是再审诉讼。所谓再审诉讼，是针对已经最终取得既判力但确有事实错误的裁判向最高法院提出的上诉。此种上诉的目的是对判决的事实错误进行补救，从而恢复“司法上的真实”。

最高法院在民事审判领域的主要职能，是负责审理不服上诉法院终审判决的民事上诉案件。这里的民事上诉案件，既包括由最高法院三个民事审判庭受理的案件，也包括由经济和金融事务审判庭、社会保险事务审判庭受理的案件。上诉并不是将诉讼案件本身提交最高法院审查，而是向其提交原审判决等有关法律文书。最高法院只是依据当事人提出的上诉理由来“审判原判决”。当事人有权申请最高法院审理民事案件的法官回避。但是否应当回避，由受理案件的审判庭审查后决定。

第三节 法国的检察制度

现代意义上的检察制度起源于法国。在法国，检察体制脱胎于法院体制之中，其本身是法院的组成部门。在此意义上，法国的检察制度与英美法系国家的检察制度并无太多的不同。实际上，英美法系国家的检察制度亦或多或少借鉴了法国的检察制度。法国检察院更侧重承担公诉职权，这也是由其脱胎于法院体系之中而决定的。

一、法国检察机关的设置

由于法国检察机关脱胎于法院体系，检察官又有“立席法官”之称。之所以被称为“立席司法官”，其缘由即在于，在旧的法庭审理程序中，法官坐在审判台之上，被称为“坐席司法官”；而检察官只能站立于法官对面参与诉讼，因此得名“立席司法官”。当然，随着时代的发展，法国检察院的地位逐步得到强化。目前，法国检察院虽设于法院之中，但这并不代表检察院附属于法院。实际上，这也是司法权独立的要求，亦即检察院只有独立行使公诉权，不受法院干扰，才能够真正起到与法院相抗衡的作用，从而促使司法权的公正行使。

法国设置的法院系统将检察院设立在大审法院、上诉法院、最高法院这三者中，尽管法国在各类民商事法院里也展现了检察院职责，但在一般行政法院系统中并没有单独设立检察院部门，通常检察院职责由政府特派员来承担。特殊行政法院，则分成两种情况，行业协会纪律法院等专门行政法院，由政府特派工作人员承担检察院职责工作，而财政预算法院以及审计法院设有单独的检察院部门。

（一）驻最高法院检察院

通常我们所说的驻最高法院检察院，即设立在最高法院的检察院，简称为最高检察院。通常驻最高法院检察院组成包括总检察官、总检察长、首席总检察官、总检察长只设1名，该总检察长将指派6名总检察官于最高法院刑事审判庭工作。由于最高检察院的第一工作职责在于确保全国范围内的法律适用性及实用性，保障法律的公益性，确保公共权益不受侵害，其无实质公诉职责，在这一点上与驻大审法院检察院、驻上诉法院检察院不同。

（二）驻上诉法院检察院

而驻上诉法院检察院组成包括代理检察官、检察官、检察长。驻上诉法院检察官与驻最高法院检察院不同，它具备实质意义上的公诉职能，主要承担管辖地区范围内的重罪法院审理案件以及上诉案件。检察长一职承担着检察院的形象与重担，是十分关键的高级管理者。通常驻上诉法院检察院检察官在检察长的授权下行使重案法庭的职权与责任。检察长身负管辖地区范围内的检察院工作以及刑事法律运作管理要职，为此必须行使好自身的权利和义务，通过正确评估，正确配置检察院资源，合理指派检察官的工作事宜，除检察院外，法警察警员、警官也为检察长所监督管理。

（三）驻大审法院检察院

在驻大审法院检察院中，共和国检察官领导统筹管理全国181个驻大审法院检察院。在各区域大审法院，对应的助理检察官等检察院工作人员人数根据法院规模而不同。驻大审法院检察院一般于轻罪法庭或预审法庭中行使工作职责，仅在部分情况下参与民事庭。大审法院有时将在法院处理重罪案件，共和国检察官即承担区域内重罪法院检察院工作。对于违警罪案件，法律明确规定，第五级违警罪的审理，检察官必须参与其中，即在违警罪案件中，共和国检察官有义务同时也有权利行使其职权。在违警罪案件的特殊情况下，经授权替代在检察院工作人员职责的警察分局局长能够行使对应的检察院职权，承担相应的检察院工作。在特殊原因下，警察分局局长无法行使对应的检察院职权时，共和国检察官将出面暂时递交检察院工作给大审法院管辖区域的警察局局长（警察局局长不能承担该工作，则指派一定级别以上的警官）。在违警罪案件审理法院或相邻法院中并没有专门设立单独的检察院承担检察院工作，而是进行案件的分类管理，选择合适的专业工作者承担检察院工作，行使检察院工作的专业人员并不受特定机关限制，并且突出强调工作的专业性，对于涉及林木违警罪案件，则委任林木水道工程师、林木管理部门的行政官员行使检察院工作；若是国家道路方面违警罪，则由道路桥梁管理机关的行政官员承担相应检察院职责。

二、法国检察机关的主要职能

Ministèrepublic 为检察院一词的法语单词，按照词源学 ministère 前缀源自拉丁文（minister）意为服务者，后缀 public 是集体公共的蕴意。结合这两个词语。检察院顾名思义，则是服务于全体公众利益单位。检察官于刑事诉讼案件为一方当事人，并且是主当事人，以公众的身份，行使权益不必回避。而检察官在民事诉讼中，既能成为主当事人，也能够成为从当事人。

根据宪法，法国检察官拥有司法和行政官员的双重身份，从而成为了一个矛盾体。检察官拥有司法官的特征，主要有以下两方面原因：其一，法国的检察官和法官（即“司法官”）在很多方面有相同之处，包括统一就读波尔多国家司法官学院，毕业入职后其身份保障、工资待遇、职业发展也基本相同，并且二者之间能够互相调动岗位。其二，检察官和法官执法依据相同：检察机关素以“法的守护神”身份存在，因此检察官在执法保护社会公共利益，维护国家、社会秩序过程中，同法官一样是以司法组织法典为其所必须遵循的重要价值依据。此外，二者也有不同之处，检察官在具备法官特征的同时，还具有行政官员的特征，这是因为：（1）法国检察机关与法院在权属系统上存在不同，如后者的行政权力完全独立，而前者则隶属司法部为其最高领导；（2）与法官相比，检察系统内部的层级关系分明，需要遵守上命下从原则。

检察机关的职能是多方面的，其核心在于发起追诉。1958 年法国确立了现代意义上的检察制度，并在具体实施过程中不断对刑事诉讼程序进行修正、调整、补充，因此也促使法国检察官职责范围的不断变化，其被直接授予的权力也越来越多。传统意义上的检察机关执法范围主要集中在打击犯罪行为，而随着当今社会的飞速发展，犯罪行为也更为复杂，这就需要检察机关在解决犯罪问题的同时，从更高层面着手参与构建社会解决机制等方面问题，由打击犯罪向预防犯罪发生转变，并积极参与到国家政治活动中。因此，法国检察机关的职权不可置疑地在逐渐得到加强，日渐享有更多有效的调查权同时，对警察办案部门的影响力也在逐渐变大。检察官在案件追诉过程中，不仅选择权增多，甚至在一些特殊案件的诉讼初步调查阶段享有法官的处置权力。另外，针对一些情节轻微的犯罪行为，也可以由检察官全权负责，采用适用追诉替代程序的方式进行处理。具体职能主要有：

（一）指挥、监督司法警察

在法国司法体系中，主要表现出警检一体化的侦查模式，共和国检察官因此享有非常高的权利和地位。《法国刑事诉讼法典》第 12 条明确规定：共和国检察官在侦查程序中拥有指挥权和主导权，直接领导辖区内司法警察的活动，参与辖区内一切违反刑法的犯罪行为的调查和追诉事宜；同时，《法国刑事诉讼法典》第 19 条明确规定，凡是发生在管辖行政区内的一切犯罪行为相关材料都需要集中呈报给该区的共和国检察官进行处理。即当辖区发生重罪、轻罪和违警罪等犯罪行为时，司法警察应第一时间向共和国检察官报告，案件调查过程中所涉及的笔录原件、证据、扣押物品等也需送交共和国检察官予以处置。此外，民众的告诉与告发案件也可由司法警察向检察官转达。不仅如此，其他任何国家权力机关，包括公务员或公务助理人员等，在履行职责中知悉的犯罪，也均应将犯罪事实材料第一时间向共和国检察官报告。其他个人、社团组织、协会等发现犯罪行为时，同样有义务将其报告共和国检察官。针对某些特殊犯罪案件，超越辖区检察官处置权限时，检察官经过勘验、确认后，可以通过移交方式将材料转送给其他有关部门处置。

共和国检察官拥有最高指挥领导权，且对一般刑事案件有调查权。当接到辖区犯罪行为信息时，司法警察会立即上报共和国检察官，检察官接到案件报告后根据案件性质及犯罪行为轻重，可决定亲临犯罪现场进行侦查或委派命令司法警官进行侦查。指派司法警察侦查时，检察官对其勘验和调查活动予以监督跟进，如果调查期限超过 6 个月，司法警察则需要向检察官明确报告案件处理进展情况。这种司法管理体系自 1958 年《法国刑事诉讼法典》颁布以来日渐被明确正当化及合法化，在法典第 75 条中也有相关规定。

在法国，司法警察与检察官之间不是从属关系，这与其各自本质上的归属权和职责是相关的。在归属权上，司法警察归国防部管辖，属于内政宪兵；而检察官则由检察机关领导，隶属于行政机关。在职责上，司法警察的职责是在严格遵守司法程序的前提下进行调查和搜集证据，正确履行其法律职责；检察官的职责在于检察系统独立于法院系统，检察官独立于法官，检察官享有极其广泛的职权体现在刑事诉讼、民事诉讼、行政诉讼甚至行政管理中。

由于司法警察和检察官之间存在着模糊和各自独立的关系，法国多年来不断通过颁布法律的形式约束和规范二者之间的关系。从《法国刑事诉讼法典》开始不断逐步明确司法警察和检察官之间的关系，从而形成检察官对司法警察的一定的约束和领导指挥效力，以便司法警察能够更好地配合检察官工作。如检察长对授权办案的司法警察有话语权和评论权，其评论将作为司法警察晋升的参考条件之一。首先，加强检察官对司法警察办案的监督权，主要体现在法律明确规定每三个月检察官至少对拘留场巡视一次，这样就使得检察官对司法警察有一定的领导权，明晰拘留和审问罪犯或嫌疑人的整个过程。另外，司法警察的调查案件和取证过程时间将受到限制，而检察官有权根据案情审理过程设定调查取证的时间期限，并有权对司法警察的办案取证作出评价。司法警察要严格遵守办案取证的期限，如需延期则要向检察官申请，待批复同意后才可实施。再次，法律进一步加强检察官的控制权，法律明确了无罪推定原则，在司法调查过程中为被告人提供一系列保障，同时强化对担负司法警察职能的人员的管理控制，使检察官能够随时监督强制措施的进程。

（二）追诉

共和国检察官在得到相关的犯罪信息后，有权采取调查、录音、讯问等措施查证核实。根据初步调查结果，共和国检察官负责审查追诉的合法性和适当性，进而作出是否进行追诉的决定。追诉的合法性审查，即从法律上看犯罪是否存在，犯罪嫌疑人是否应负刑事责任。追诉的适当性审查，即通过多方面考量追诉有无必要。最终检察官有权作出不予立案、调解或追诉决定。追诉决定一旦作出，便不可撤销，只有经过法官裁判才可终结案件。对于需要追诉的案件，检察官作出启动正式侦查程序或者启动审判程序的决定，这是由案件的不同类型决定的。对于违警罪和部分轻罪，检察官可以自由判断，直接将案件交付有管辖权的违警罪或轻罪法庭进行审判。直接提起公诉的方式包括检察院签发的通知书、直接传讯程序、立即出庭程序和以笔录为传唤通知程序。检察官认为需要预审的，将案件移送预审法官审查起诉。对于重罪和法律规定的某些轻罪、违警罪，例如针对未成年人实行的轻罪以及第五级违警罪，检察官通过提起立案侦查意见书，将案件交付预审法官进行正式侦查。在预审阶段，检察官的地位类似一方当事人，可以向预审法官提出搜集特殊证据，对是否羁押犯罪嫌疑人发表意见，亦享有要求获得所有证据的权利。

受到犯罪损害的当事人也可以通过向有管辖权的预审法官提出告诉，并成为刑事诉讼中的民事当事人，开启公诉程序。预审法官以裁定书命令将此告诉报送检察官，以便其提出意见书。须注意的是，启动公诉权是进行追诉的初始行为，单独的“发动公诉”并不构成“进行公诉”。公诉虽然可以由受到损害的当事人发动，但出庭支持公诉的权力属于检察院以及某些行政部门官员。

（三）适用追诉替代程序

根据《法国刑事诉讼法典》第40-1条规定，共和国检察官认为其知悉的行为已构成犯罪，除了发动追诉和由于特殊情况不予立案外，还可作出适用追诉替代程序的决定。这里的追诉替代程序即刑事调解与刑事和解程序。根据第41条，如果共和国检察官认为某些措施可以保障被害人获得损害赔偿，终止犯罪引起的侵害或有助于犯罪行为人回归社会，在其作出公诉决定之前，可以运用调解、赔偿手段，使双方当事人达成谅解，终止诉讼程序。这些措施包括：向犯罪行为人重申法律规定的义务；引导犯罪行为人前往卫生、社会或专业机构接受治疗或培训；要求犯罪行为人按照法律纠正其不合规定的状况；要求犯罪行为人赔偿因其犯罪造成的损害；经各方当事人同意，派人在加害人与被害人之间进行调解。如调解成功，犯罪行为人履行相应义务，共和国检察官则不予追究。这里需要强调的是，刑事调解程序一般适用于轻微犯罪。

检察官提议刑事和解的权力是1999年法律正式确立的。根据《法国刑事诉讼法典》第42-2条，只要尚未启动公诉，对已经承认自己实施了一项或数项主刑当处罚金或者5年以下监禁刑之轻罪，以及一项或数项违警罪的自然人，共和国检察官可直接或者通过中间人适用刑事和解程序。刑事和解的主要措施有：向国库交纳和解罚金；将用于或旨在用于实行犯罪之物或犯罪所生之物交给国家；将机动车交付封存；将驾驶执照交回大审法院书记室等。如果犯罪行为人对和解措施表示同意，检察官还需要向法院申请认定刑事和解的有效性。经过认定的刑事和解才是有效的，可交付执行。刑事和解与刑事调解的不同之处在于，和解是“检察官向犯罪行为人提议的和解”，而调解是“检察官提议，加害人与被害人之间的和解”。因此，刑事和解更类似于一种检察官与犯罪行为人之间的交易。

（四）上诉

在违警罪案件中，共和国检察官、违警罪法院履行检察官职责的官员、上诉法院检察长可提起上诉。对于轻罪案件，共和国检察官和驻上诉法院检察长有上诉权。上诉应当在宣告判决起10日内提出。由检察官单独提出的上诉对民事诉讼不产生效果，上诉法院仅受理公诉部分的上诉。检察官提出上诉不适用“上诉不加刑”原则，因此上诉法院可以自由评判，作出减轻或加重刑罚的处理。对于重罪案件，一般拥有上诉权的主体只有重罪法庭一审作出有罪判决才能提起上诉。只有检察长才能对无罪判决提出上诉。向最高司法法院提出的上诉是一种非常上诉程序，最高司法法院刑事庭只对原判决是否正确适用法律进行审查，而不再审判案件实体。检察院可以为当事人的利益或者为法律的利益向最高法院提出上诉。对于法院就公诉作出的所有判决，检察院均有权为当事人的利益向最高司法法院提出上诉。但是对于重罪法庭作出的无罪判决，检察院仅能为“法律的利益”上诉至最高法院，并且不能损害被宣告无罪的被告人的利益。另外，只有驻最高法院总检察长才能为法律的利益提出上诉，其目的是为了纠正基层法院判决中适用法律的错误，保障法律的统一适用。从上述可以看出，法国检察官的职能履行具有等级性、独立性和一体性的特征。等级性即检察机关组织在级别上有层级隶属和服从的关系，检察院的司法官要服从上级的指令，接受上级的领导与监督。独立性即检察机关的外部独立体现在其对于法院和受害人的关系上。在遵守层级服从原则的检察系统内部，尽管检察官行使职权时不享有与法官同样的完全独立性，但他也绝非对上级指令唯命是从，在办理具体个案时也具有相对独立性。一体性是指根据检察一体的组织原则，各级检察机关构成一个统一的整体。上命下从的检察系统内部，所有司法官在法律上都视为一体。每一位检察官在诉讼过程中，并不是以其本人的名义，而是代表整个检察院在进行诉讼活动。

第四节　法国的行政法院制度

法国设置有行政法院制度，这几乎成为我们理解法国司法制度和法国行政法制度的切入点。法国建立有较为完善的行政法院组织体系和审判权运行机制。

一、法国行政法院产生的历史背景

法国行政法院制度是现代行政诉讼制度的教科书，被世界法律界视为典范。主要体现在以下几个方面：法国的行政法院与普通法院各自独立行使审判权，所有行政诉讼类行政事务均由行政法院管辖审判，普通法院无权过问。同样，普通法院审理其他类别的诉讼审判，如民事诉讼，商业诉讼等类型的诉讼审判，行政法院只负责行政事务，不得越级行使其他类别的诉讼审判。因此，行政法院和普通法院各司其职，具有各自独立的审判权限。

法国实行独立的行政法院行政诉讼制度是由历史原因所决定的，并不是现代所产生的特殊制度。理论基础源自孟德斯鸠的三权分立学说，该理论认为行政机关和司法机关应该各自独立，同时认为行政事务也包含行政诉讼。对于分权说产生的历史背景是在于当时资产阶级是社会的主导力量，反映在法律上主要是为保护资产阶级的利益产生的相应法律，与之相矛盾的现实是封建势力掌握普通法院的权力，法院拒绝为资产阶级的利益颁布新政策。最后，在法国资产阶级取得政权而封建势力掌握司法机关的历史条件下，资产阶级为进一步争取权力保护自身利益采取新的政策，将行政诉讼划分为行政权的一部分，普通法院不得干涉。1970 年通过制宪会议，将分权说付诸法律，明确规定行政法院和普通法院互不干涉。这就使得原本控制着法院权力的封建势力失去了对法律的控制权和管辖权，从而有效保护了资产阶级的势力和权利，巩固了资产阶级政权，也创造了行政法院独立的里程碑。

法国行政法院建立和行政诉讼独立经历了漫长的变革过程，逐步确定了行政法院的独立司法权力。大致经历了以下几个阶段，首先，在大革命后的十年时间没有明确设立行政法院受理行政诉讼，属于权责不明晰的摸索阶段。其次，在 1799 年开始建立国家参事院行使行政审判权，属于行政法院初步成形阶段，而实际上参事院本质上并未取得行政审判权。再次，1872 年，以法律的形式明确了国家参事院的行政审判权，并成为最高行政法院。至此奠定了行政审判权归属行政法院的根基，从封建势力手中夺回了真正的法律权力。与此同时，设立的权限争议法庭用于裁决行政法院和普通法院的权限纠纷。最后，1889 年最高行政法院通过审判卡多案件正式否定部长法官制，从根本上否定了之前的行政审批必须经过部长裁决的审判制度。经过长达数十年的权力斗争和法律变革，法国最终确定了行政法院的独立地位和行政诉讼的归属权限，成为世界法律的典范。

二、行政法院的组织制度

（一）最高行政法院

最高行政法院在法国行政制度中占有极其重要的地位，它是行政案件的最高审判机关，对行政案件具有最终审判权，而且又是中央政府最重要的咨询机关。最高行政法院对法国行政法的发展作出了卓越的贡献，以下从它的人员设置、组织职能来阐述。①

首先，人员设置。最高行政法院由300多名公务员组成，其中2/3在法院工作，1/3被派往其他行政机构。从职位的高低分为：院长、副院长、组长、普通职最高行政法官、查案官、助理办案员。以上职位都是永久职位，大约200人，除此之外，最高行政法院还包括少数临时人员，如特别职最高行政法官，其只参加行政组的工作；政府特派员及最高行政法院推荐的大学教授，在最高行政法院行政组在讨论某一问题时，部长可以派一名代表出席并陈述意见，大学教授也可以提出自己的观点；部长只可参加最高行政法院大会，并且只能出席讨论与该部有关的大会。

其次，最高行政法院的组织。按职能把最高行政法院的组织划分为三种：行使行政职能的部门（行政组）、行使审判职能的部门（诉讼组）和辅助日常工作的部门。行政组向政府提供立法建议和咨询意见，并对地方的行政行为进行监督。行政组包括：财政组、内政组、公共工程组和社会组，分别负责和其有关的事务。诉讼组顾名思义行使审判职能的组织，其在最高行政法院人数最多，地位最重要。诉讼组被分成10个小组，按照负责的案件种类不同，一般第7、8、9小组处理财经类案件，第1～6组负责普通案件，第10组帮助其他小组处理案件，但它也可以独立办案。值得一提的是，行政组和诉讼组的成员都具有双重任务，为了保证最高行政法院成员兼具咨询和审判的双重能力，1963年改革规定最高行政法院的助理办案员和查案官，必须同时分配在诉讼组和行政组中，这个规则也适用于最高行政法官，但不强制。辅助日常工作的部门可以划分为研究和报告组、内部事务协调中心和法律文献中心。

再次，最高行政法院的双重职能：咨询职能和审判职能。（1）咨询职能。立法方面，最高行政法院是政府行使立法权的顾问。政府向议会提出的法律草

① 参见薛茜茜：《法国行政法院制度研究》，中国地质大学（北京）2011年硕士学位论文。

案，必须征求最高行政法院的意见；除法律规定事项外，政府制定任何条例、任何具体决定或任何疑难条文的解释，可自愿征求最高行政法院的意见；除了被动答复政府的咨询意见外，最高行政法院也可主动地向政府建议法律和行政条例的改进措施，目的是对行政司法机构进行长期的监督。（2）审判职能。最高行政法院具体案件管辖权如下：首先，依法对重大特殊行政案件具有初审（终审）管辖权，这些案件已有明文规定，例如，反越权行为诉讼，试图废除一个规章条例性的或涉及个人的政令，或废除一个条例；有关个人地位的诉讼，以共和国总统令任命的公务员，总统令下达后，地位、身份与任命不同；发生在国家领土之外的诉讼和超过单一行政法庭管辖范围的事件。其次，具有对地方行政法庭判决不服的上诉案件的上诉管辖权，虽然 1987 年以后，上诉行政法院取代最高行政法院审理大部分的上诉案件，但最高行政法院受理不归上诉行政法院管辖的上诉案件。最后，当事人对终审判决不服，可请求最高行政法院进行复核审查，最高行政法院可依据情况作出撤销判决或者发回重审。最高行政法院还是内部权限调节者，作为最高一级的行政法院，最高行政法院有行政法院系统内部调节者的权力。诸如，指定管辖，移送管辖和合并管辖。最高行政法院对下级行政法院工作指导和监督，最高行政法院派一个代表团由一名最高行政法院负责对普通行政法院（即行政法庭和行政争议庭）的工作监督和指导，但不干预其审判事宜。

（二）上诉行政法院

上诉行政法院的建立之初目的是主要是减轻最高行政法院的上诉审的负担和加快诉讼进程。它对不服地方行政法庭判决的上诉案件具有一般管辖权，但不具有初审管辖权，它原则上受理地方行政法庭所有的上诉案件和法律明文规定的专门行政法院的上诉案件，最高行政法院保留上诉审管辖权的除外。

第一，上诉行政法院的组织。上诉行政法院首先在 5 大城市设立，巴黎、里昂、南锡、南特、波尔多，后来又在马赛、凡尔赛和杜埃增设。其相关法律在 1989 年 1 月 1 日实施。上诉行政法院适用行政法院法，此法典适用于全部行政法庭和上诉行政法院，它对行政诉讼程序作出了规定，包括对最高行政法院的诉讼程序和各行政法庭的诉讼程序。

第二，人员组成。上诉行政法院的成员和行政法庭的成员共同形成一个群体叫做“行政法庭和上诉行政法院群体”，与全国普通法院成员同属一个群体、具有同等地位不同的，行政法院系统中的行政法庭和上诉行政法院组成的群体和最高行政法院成员的形成界限分明，前者进入后者是需要循序渐进的。

上诉行政法院招聘的正常途径是从国家行政学院毕业学生中筛选，但是由于上诉行政法院成立初时，需要扩充大量的行政法官，所以放宽了进入的条件和途径。行政法庭和上诉行政法院群体的成员是遵循等级制的，只有达到一定等级的成员才有权力进入上诉行政法院，同普通法院一样，上诉行政法院的成员也实行终身制，未经本人同意，不得调动职位，只有临时调到政府部门和国营企业除外。行政法庭和上诉行政法院成员的提升和纪律处分是由行政法庭和上诉行政法院高级委员会决定的，后来从1990年开始，最高行政法院总秘书局对该群体进行管理。

第三，职能。上诉行政法院是为了减轻最高行政法院繁重的工作而专门设立的，对行政法庭的判决提出上诉的案件，除少数由最高行政法院审理的案件外，全由上诉行政法院行使上诉审的管辖权。从地方角度看，每个上诉行政法院审理自己所在辖区的行政法庭的上诉案件，巴黎上诉行政法院除了管理其所在辖区的案件，还审理对海外领地行政法庭的上诉案件。

（三）地方行政法庭

地方行政法庭又称行政法庭，对初审行政案件具有一般管辖权，凡法律未规定由其他法院管辖的案件，都由行政法庭为初审法庭。法国不仅在本土设立行政法庭，在海外也设有行政法庭，具体行政法庭可以分为三种：巴黎行政法庭、外省行政法庭和海外行政争议庭。根据法律规定，对行政法庭的判决不服，可上诉到上诉行政法院或最高行政法院。

第一，行政法庭的组织。在法国本土共设有28个行政法庭，海外省和海外领地有9个，每个行政法庭又分成2~8个分庭，由1名特级庭长和1名或数名副庭长组成。每个行政法庭可以全员参加审判，即组织所有分庭一起审理案件，根据行政诉讼法典，有些诉讼案件可以由行政法庭庭长1人审理，或由为此委派的1名法官来审理。这说明，行政裁决越来越倾向于由1名独任法官审理，而不是以前的合议制形式。

第二，人员组成。行政法庭和上诉行政法院的成员，根据级别和年限晋升。行政法庭成员分为7级，包括：最底层的二级行政法官、一级行政法官、特级行政法官、行政法庭庭长、行政法庭特级庭长、巴黎行政法庭副庭长、巴黎行政法庭庭长。所有人员由最高行政法院的秘书长领导。

应当指出的是，行政法庭法官的独立性逐渐受到法国相关部门的关注。从1990年6月25日法律到1997年3月25日，法国制定了一系列的法规，旨在确定行政法官职业的终身性，未经法官本人同意，不能对其工作进行调动，即使是晋升也不行。

第三，职能包括审判职能和行政职能。行政法庭对一般法律未规定由其他行政法院管辖的案件有一审管辖权，按照案件的争议性质、影响大小等分配到各个不同级别的法院审理。

行政法庭须对省长咨询的问题发表意见，行政法庭的咨询意见仅作为参考，行政机关没有义务必须采纳。事实上这种咨询往往很少，行政法庭成员单独执行公共行政任务的情况很多。

三、行政法院的职能运行

就咨询方面的职能而言，行政法院受理行政立法咨询的范围包括：政府提交咨询的法律草案，政府拟定的法令；政府要求行政法院专门研究的问题。其中最重要的是对政府法律草案的审查。按照规定，政府制定的任何法律草案，必须先递交行政法院进行审查。审查的过程是，按法律草案的内容，先送有关法庭（如财政、公共工程等庭），再由该庭庭长指定1名报告员具体负责。这时，该报告员与有关方面进行联系。在此基础上，经他本人审查后，要向该庭提交审查报告。提交的审查报告，可能是同意原草案，也可能是对原草案作了若干修改，也可能是建议撤销原草案。然后，进入庭内审查阶段。首先由报告员报告审查法律草案的始末。这时政府代表要出席参加讨论。政府代表有责任解答法官们提出的问题，可以对提交的法律草案进行辩护，也可以认可庭内的审查意见。庭内讨论法律草案后，经过行政法院确立一个统一的意见或立场，然后回复政府。这之前，如主管庭对草案的某条款不同意，要阐明理由，再由全体行政法官在会议上进行审查，政府代表也可以参加。讨论意见可以分完全同意、基本同意或不同意三种。一般来说，这种审理程序主要是法律审查程序，即要看法律草案是否符合宪法，同现行法律是否抵触。当然，对于法律草案的颁行时间是否适宜也要审查，但一般是不对政府职能进行干预的。如果行政法院认为政府提交的法律草案不合法，政府一般都要尊重行政法院的意见，如果行政法院对政府的法律草案在时间上、政策上是否适宜提出意见，政府则一般不予理会，而交由议会讨论通过。

就诉讼方面的职能而言，行政案件往往有三方面不同利益的代表：一是将案件起诉到法院的、认为受到了不公正待遇的公民；二是作为被告方的行政部门；三是行政法院所代表和维护的公众利益。

审理行政案件的专门程序的特点是：一为书面审理，但并不排除口头辩论；二为“法官程序”，即由法官直接进行预审。因为他们认为，行政部门在诉讼中势力过强，而公民个人是弱者。法官通过预审，可以使当事人得到安慰，并帮助个人收集有利于他的证据材料。对于行政法庭初审判决不服的，可以上诉到行政法院，但是，行政法院的初审判决即为终审判决。行政诉讼案件的审理有两种主要的方式：一是撤销性诉讼。案件经行政法院审理后，法院只有权撤销原来的行政决定，再由原行政机关自行作出另外的决定。审判工作仅限于把行政部门的决定与法律作比较，看有无违法情况。如行政部门违法，则撤销其违法的行政决定，并可提出行政部门应当怎样做的司法建议，同时提出为什么撤销原决定和提司法建议的理由。但是不管怎样，行政法院都不能代替行政部门作出决定。二是责任性诉讼。它的特点，不是对行政部门的决定是否违法作出判断，而是只就这种决定给公民个人造成的损失、行政部门是否应负赔偿责任作出判断。两种诉讼的异同：上诉期限均为2个月，程序均为书面审理和“法官程序”，撤销性诉讼上诉时，可以不通过律师，责任性诉讼必须通过律师才能向行政法院上诉，撤销性诉讼中，法官只有权判决撤销或拒绝撤销原决定，而责任性诉讼中，法官有权宣布行政部门负有责任，并宣判令其赔偿损失。因此，责任诉讼中法官的权限比撤销诉讼中要广泛得多。

第四章　德国司法制度

第一节　德国司法制度概述

一、法院组织体系

德国是一个联邦制国家，联邦和各州都分别设立法院，其法院体系由联邦法院系统和各州法院系统组成。根据德国基本法的规定，联邦设立联邦宪法法院、联邦最高法院、联邦行政法院、联邦财税法院、联邦劳动法院和联邦社会法院。除了联邦法院以外，其他法院都属于州法院。德国各州也相应地设立了普通法院、行政法院、财税法院、劳动法院和社会法院系统。

德国法院体系除了具有明显的联邦制色彩之外，另一个重要的特征就是：德国的法院体系可分为三大系统，即宪法法院、普通法院和专门法院。在德国法院体系中，联邦宪法法院享有最高的特殊地位；普通法院主要审理民事和刑事案件；专门法院则主要包括：行政法院、财税法院、劳动法院和社会保障法院。可见，德国法院制度一个基本的特点即是按照专业分工的原则分门别类地设置了种类繁多的专门法院，根据不同争议的类型，由不同的专门法院来审理案件，以适应社会纠纷的多样性、复杂性和专业性，为提高司法保护的专业化程度提供了制度保证。德国法院体系的上述特点，也体现出德国的高度专业化分工和思维方式的严谨性和缜密性。

德国法律规定，由普通法院审理不属于专门法院管辖的全部案件，换言之，即除了法律明确规定由各专门法院管辖的案件之外的案件都由普通法院管辖。可见，绝大部分的案件都由普通法院来审理。因此，普通法院是德国法院体系中管辖案件范围最广、规模最大的法院系统。在德国 2.2 万名法官中，3/4以上在普通法院任职。① 正是基于这一考量，下文主要介绍德国普通法院

① 徐美君：《司法制度比较——以英、美、德三国为主要考察对象》，中国人民公安大学出版社 2010 年版，第 14 页。

系统和法官制度，而各专门法院及法官制度则结合专门诉讼制度来介绍。

德国的普通法院系统由联邦最高法院、州高等法院、州地方法院和基层法院四级组成，在结构上是一体化架构，实行四级三审终审制。联邦最高法院包括分设在全国5个地区的12个民事审判合议庭、5个刑事审判合议庭、8个专业委员会以及联邦司法部长在联邦最高法院所在地外设立的民事、刑事审判机构；德国有州高等法院25个、州地方法院116个、基层法院约700个。①

（一）联邦最高法院

根据《德国基本法》第95条第1项之规定，德国设立联邦最高法院，居于普通法院系统之最高地位，是普通法院系统的最高法院。联邦最高法院的最高地位决定了其一般不受理一审案件（直接上诉案件），而是根据法院组织法之规定，行使再审权。联邦最高法院的再审权，主要是监督下级法院统一适用法律，以促进统一司法。从这个意义而言，联邦最高法院可称之为复审法院。

联邦最高法院管辖三大类案件：民事案件、刑事案件和依据基本法之规定管辖的特殊案件。具体而言：

1. 联邦最高法院管辖的民事案件

联邦最高法院管辖的民事案件主要有三类：其一，对州高等法院的裁定不服而提起上诉的案件；其二，对州高等法院的终局判决不服而提起再审的案件；其三，对州法院第一审终局判决不服，根据民事诉讼法提请再审的案件。可见，联邦最高法院管辖的民事案件，主要是再审案件。

2. 联邦最高法院管辖的刑事案件

联邦最高法院管辖的刑事案件主要有两类：其一，对州法院刑事案件判决不服而提起再审的案件；其二，由联邦检察总长负责起诉的案件，这类案件通常都是重大的刑事案件，涉及的罪名都是重大犯罪，比如叛国罪、内乱罪等。需要特别指出的是，联邦最高法院对由联邦检察总长起诉的案件既行使第一审管辖权，又行使终审管辖权。

3. 联邦最高法院管辖的特殊案件

根据德国基本法之规定，联邦最高法院除了对普通民事案件、刑事案件行使再审权之外，还管辖以下四类特殊案件：其一，公用征用补偿费争议案件；其二，因公务员违法侵害而引起的行政赔偿争议案件；其三，公民权受公共权

① 徐美君：《司法制度比较——以英、美、德三国为主要考察对象》，中国人民公安大学出版社2010年版，第14页。

力侵害而不能通过其他法院救济的案件；其四，因公牺牲等引起的财产请求案件。这几类特殊案件，都是为公民基本权利提供司法救济途径，以监督制约公共权力。

（二）州高等法院

州高等法院设在德国的州，每一个州都设有一个高等法院。州高等法院设有民事审判庭和刑事审判庭，刑事审判庭又分为初审庭和再审庭。

1. 州高等法院管辖的民事案件

州高等法院仅审理不服下级法院一审判决而提起上诉的民事案件，即州高等法院不享有第一审民事案件的管辖权，民事案件的一审管辖权属于州地方法院和基层法院。因此，在民事案件管辖方面，州高等法院是上诉法院，负责审理对下级法院一审民事判决不服而提起的上诉案件。

2. 州高等法院管辖的刑事案件

州高等法院管辖的刑事案件包括两种类型：其一，上诉的案件，即不服基层法院一审刑事判决而请求再审的案件和不服州地方法院一审刑事判决而提起上诉的案件；其二，受移交的案件，即由联邦检察长移交州检察长起诉的属于联邦法院直接管辖的刑事案件，以及联邦法院移交州高等法院审理的刑事案件。

州高等法院管辖的刑事案件会分配给初审庭或者再审庭具体审理。由初审庭审理的案件，当事人若不服初审庭判决还可以提请联邦最高法院再审；而由再审庭审理的案件，再审庭的判决为终审判决，当事人不得再向联邦最高法院提起再审。由此可见，对于绝大多数的案件而言，州高等法院是终审法院，其作出的判决不得再向联邦最高法院提起上诉或者申请再审。德国普通法院系统内部管辖权的分配制度，决定了一般案件的审理不会超过三个审级。尽管德国普通法院系统有四个审级，但是最终可以走进联邦最高法院的案件并不多。这有利于联邦最高法院集中司法资源处理重大案件，充分发挥联邦最高法院的职能作用。

（三）州地方法院

州地方法院设在较大的城镇，管辖民商事案件和刑事案件。州地方法院的民事审判机构分为两个：其一，民事法庭；其二，商事法庭。德国明确区分民事案件和商事案件，并由不同的法庭具体审理。州地方法院的刑事审判机构也分为两个：其一，小刑事法庭；其二，大刑事法庭。大小刑事法庭因其合议庭组成人员不同而相区分，小刑事法庭由 1 名专职法官和 2 名陪审员组成合议庭，而大刑事法庭则由 3 名专职法官和 2 名陪审员组成合议庭。

1. 州地方法院管辖的民商事案件

州地方法院管辖的民商事案件有三大种类，具体而言：其一，民事案件的第一审和第二审管辖权；其二，商事案件的第一审管辖权；其三，不服基层法院一审判决案件的上诉管辖权。

2. 州地方法院管辖的刑事案件

州地方法院管辖的刑事案件由小刑事法庭管辖的案件和大刑事法庭管辖的案件两个部分，具体而言：其一，小刑事法庭管辖的案件，小刑事法庭管辖不服基层法院独任法官判决而提起的上诉案件，具体包括轻微刑事案件和自诉刑事案件。可见，小刑事法庭仅仅是上诉审法庭。其二，大刑事法庭管辖的案件，具体包括两类：一是重大刑事案件一审管辖权，根据法律规定，州地方法院对严重的刑事案件享有第一审管辖权，是重大刑事案件的第一审法庭；二是上诉案件管辖权，具体包括对区陪审法庭和大陪审法庭判决不服而提起上诉的案件。需要注意的是，州地方法院的一审刑事判决都不是终审判决，当事人不服可以向州高等法院提请再审。尤其值得注意的是，当事人若不服州地方法院大刑事法庭一审刑事判决的案件，还可以直接向联邦最高法院提请再审。这足见德国司法对人权保障的重视。

（四）基层法院

德国的基层法院（也称为区法院）分布于德国的小城镇，基层法院管辖大量的民事纠纷和轻微的刑事案件。具体而言：

1. 基层法院管辖的民事案件

基层法院管辖的民事案件包括：金额不超过 5000 欧元的请求权纠纷；房屋租赁纠纷；住宅所有权方面的纠纷；亲子关系纠纷；婚姻或生活伴侣案件；婚姻财产制产生的请求权纠纷；涉及因婚姻或血亲产生的法定扶养义务的纠纷，等等。需要注意的是，德国基层法院设立了处理亲属案件的家事法庭，专门处理婚姻、亲权、亲子交往、扶养财产请求权等家事案件。① 基层法院在审理民事案件时，为提高司法效率，一般由法官独任审判。对基层法院民事判决不服，可以向州地方法院或者州高等法院提起上诉，个别案件还可以直接向联邦最高法院提请再审。

---

① 邵建东：《德国司法制度》，厦门大学出版社 2010 年版，第 40 页。

2. 基层法院管辖的刑事案件

基层法院管辖的刑事案件都属于轻微刑事案件，从能够判处的刑罚角度来看，基层法院最高只能判处 4 年以下的监禁刑，且不能够判处入住精神病院或保安管束机构。在只有一名法官独任审判时，其裁判最高只能处 2 年以下的监禁刑，且案件来源只能是被害人自诉提起的案件。可见，德国普通法院刑事案件管辖权的划分，是以罪刑轻重程度为标准的。根据判处刑罚的轻重程度，将刑事案件分为微小犯罪、轻微犯罪和严重犯罪，基层法院只管辖微小犯罪和部分轻微犯罪案件，而严重犯罪案件则由州地方法院、州高等法院管辖，特别重大的犯罪案件则由联邦最高法院管辖。

二、法官制度

德国的法官都是经过正规法学教育和国家统一考试，并通过司法部门选拔任命。法官的职务是终身的，法官的身份受法律保障，非因法定事由并经法定程序，法官不得被免职。同时，法官的独立性也由《德国基本法》明确规定，《德国基本法》第 97 条、第 98 条规定，法官在事务上和人身上具有独立性。《德国法官法》也明确规定：法官是独立的，仅服从于法律；法官仅在其独立性不受侵害的范围内接受职业监察。

（一）法官任职的资格条件

在德国，法官的任职资格条件由《德国法官法》明确规定，具体而言有如下几项条件：其一，在德国的一所大学学习法律；其二，通过第一次国家司法考试（只有修完学业的大学法学院学生才有资格报名参加）；其三，进行为期 2 年的实习，实习期间必须从事 5 个领域的工作，即民事法庭、刑事法庭、检察官办公室、某类型的行政机构和私人律师事务所；其四，实习期满参加第二次国家司法考试，只有通过第二次国家司法考试，才能获得担任法官职务的资格。

在具备法官任职资格的前提下，要被任用为法官，还得具备以下条件：其一，必须是德国人，此依据《德国基本法》第 116 条之意义来确定；其二，必须保证在任何时候都赞成《德国基本法》意义上的自由、民主之基本制度；其三，具备必要的社会能力。

需要注意的是，在德国只需要在一个州获得法官任职资格，其在其他任何的州以及联邦就都具有这一资格。这是由德国实行联邦和州统一的司法制度决定的。此外，在德国大学任教的任何一名正教授，也都具有法官的任职资格。

（二）法官职务之法律形式

德国法官的职务分为终身法官、任期法官、试用法官和委任法官四种形式：

1. 终身法官

终身法官是法官任用的常态，是确保法官中立性的职业保障要求。因此，在取得法官任职资格后，在法官岗位上服务3年以上的，就可以被任命为终身法官。

2. 任期法官

任期法官，其担任法官职务的时间是有期限限制的，因此，任命任期法官有严格的条件限制：其一，有明确的联邦法律规定；其二，履行由联邦法律规定的任务。只有在同时满足以上两个限制性条件的情况下，才能被任命为任期法官。除此之外，不得任命任期法官。

3. 试用法官

被任命为试用法官的人，是那些将来有可能被任用为终身法官的人。在被任命为试用法官后5年以内，应将试用法官任命为终身法官，或者确立终身公务员关系任命为检察官。

4. 委任法官

被任命为委任法官的人，必须是终身公务员或有任期的公务员，在被任命为委任法官后，其保留原来的职位。委任法官在被任命2年后，应当任命其为终身法官或者建议法官选举委员会予以选举。

（三）荣誉法官制度

德国的荣誉法官是相对于职业法官而言的，又称为非职业法官。荣誉法官的称谓，由其所在的法院系统和审判庭的不同而有所区别。一般而言，荣誉法官都称为“荣誉法官”，但是，在刑事审判庭的荣誉法官则称为“参审员”，而在商事审判庭的荣誉法官则称“商事法官”。荣誉法官的提名、选举或者任命以及其职权和义务，在诉讼法律中有详细的规定。荣誉法官在法院从事活动，必须有法律依据，且必须在法律规定的条件下进行相关活动。

荣誉法官在独立性（职业保障）和职业义务方面，与职业法官相同。在职业保障方面，具体有三：其一，只有在法律规定的条件下，才能解聘任期尚未届满的荣誉法官；其二，只有经过法院的裁判，才能违背荣誉法官的意志解聘其职务；其三，接受和行使荣誉法官职务时，不因此而受到不利影响。在职业义务方面，荣誉法官负有保守审理秘密的义务、在第一次公开庭审中履行职务之前进行宣誓的义务等，这些都与职业法官相同。

（四）法官职务解除之情形

法官职业的终身制，是保障法官中立性，继而确保司法公正的必要条件。因此，非基于法定事由并经法定程序，不得解除法官之职务。在德国，法官若具有下列情形之一，其法官职务则需被解除：

（1）丧失作为德国基本法第 116 条意义上的德国人的资格；

（2）与法院以外的其他服务部门建立公法上的服务关系或职务关系；

（3）被任命为职业军人或任期军人；

（4）法官拒绝依法宣誓；

（5）在被任命之时是议会成员；

（6）达到年龄界限后才被任命，或者达到年龄界限或者丧失服务能力并且不能以退休方式结束服务关系；

（7）未经最高领导机关同意，将其住所或长期居留地迁至国外；

（8）法官本人书面要求解聘。

需要注意的是，对于终身法官和任期法官，未经其法官本人同意，则只能依据生效的法院裁判才能解除其法官职务。但是，法官若因故意实施犯罪行为而被判处自由刑，或者被剥夺担任公共职务资格，或者被判令丧失《德国基本法》第 18 条规定某项基本权利时，则自法院作出的判决生效时起，其法官职务即被同时解除，此种情形下不需要再有其他法院的裁判。

三、检察机关组织体系

德国的检察机关设立在法院里面，并不是一个与法院并行独立设置的国家权力机关。德国也没有专门的检察院组织法和检察官法，而是在《德国法院组织法》中专章规定检察机关。因此，尽管德国检察机关是设立在法院里面，但是在组织上其地位与法院平等，是具有独立性的司法机构。

（一）检察机关的组织结构

德国检察机关设立在法院系统内，与普通法院的设置相对应。因此，德国检察机关也分为联邦检察机关和州检察机关两部分。具体而言：（1）在联邦最高法院设立联邦总检察署，其负责人为联邦总检察长。联邦总检察长和联邦检察官由联邦司法部长提名，提名需征得联邦参议院同意，并且由联邦总统任命。(2) 在各州的州高等法院、州法院和基层法院分别设置检察机关。州高等法院的检察机关最高检察官为总检察长，州法院的检察机关最高检察官为检察长，基层法院则由基层检察官履行职责。此外，在联邦行政法院和各州的高等行政法院，设有代表公共利益的检察官。

需要说明的是，德国联邦检察机关和州检察系统并不是领导与被领导的上下级关系，而是分别受联邦司法部长和州司法部长的领导，接受司法部长的指令，但是司法部长的指令不得关涉案件的具体处理。根据《德国法院组织法》和《德国刑事诉讼法》的规定，只有在重大刑事犯罪案件中，联邦检察机关和各州检察机关才存在诉讼程序上的关系，即联邦总检察长有权管辖本应由州检察机关管辖的案件。

在检察机关内部，检察官之间则具有明确的上下级关系。根据《德国法院组织法》第 146 条之规定，在检察机关内部，实行上命下从的原则，即检察官必须服从其上级的职务指示。具体而言：(1) 检察长或首席检察官领导本级检察机关全体检察官履行职务；(2) 检察官以检察长名义开展工作，在履行职务时是检察长的代表；(3) 基层法院以上的检察机关的检察长具有替代权和转移权，即州高等法院和州法院的检察长在其辖区内的任何法院都有权履行检察职务行为（替代权)，或者将其转交给最初承办检察官之外的其他检察官来办理（转移权)。

(二) 检察机关的职能

检察机关作为刑事司法机关，其职能主要体现在刑事诉讼中，在民事诉讼和行政诉讼中也扮演一定的角色。

1. 检察机关在刑事诉讼中的职能

检察机关是刑事诉讼的主要角色，直接或间接参与刑事诉讼全部过程和环节。检察机关在刑事诉讼中的职能主要有三项：

(1) 主导刑事侦查程序

检察机关负责领导刑事侦查程序，是整个刑事侦查程序的主导者。在刑事侦查中，警察刑事侦查部门只是检察官办公室的一个侦查部门，警察的侦查活动都必须处于检察机关的领导和控制之下。具体而言，检察机关有权决定是否启动侦查、有权决定是否采取刑事强制措施、有权决定是否提起公诉等。可见，检察机关在刑事侦查程序中处于决策者地位，对警察的侦查活动进行实质性的指导。德国联邦行政法院曾指出，“警察采取初步行动时采取的措施与在检察官指导下以及与检察官自身采取的措施都是一致的。刑事程序法典没有规定警察刑事侦查部门特殊的侦查程序。起诉一个刑事案件的侦查是一个整体，侦查程序没有被分为一个警察的程序和一个检察官的程序”。① 这也就决定了检察机关需要对侦查程序中收集证据的方式和证据的可靠性负责。

（2）提起公诉

提起公诉是检察机关的一项重要职权，这意味着检察官享有是否提起公诉的自由裁量权，即检察官基于其享有的这一职权可以决定不提起公诉从而终止诉讼程序。当然，检察官的这一职权是由法律规定的，德国刑事诉讼法明确规定了终止诉讼的三种情形：其一，《德国刑事诉讼法》第 153（1）条规定的“罪行轻微且起诉没有公共利益”的情形；其二，《德国刑事诉讼法》第 153a 条规定的“构成轻罪且行为人具有消除刑事起诉的公共利益的条件和指示”的情形；其三，《德国刑事诉讼法》第 154 条和第 154a 条规定的终止起诉和限制起诉情形。除此之外，检察官应向有管辖权的法院就侦查的案件递交起诉书提起公诉，所有提起公诉的案件，检察官都必须出庭支持公诉。

（3）负责刑罚执行

德国的检察机关还承担负责刑罚执行的职责。经过法院审判，被裁判有罪的罪犯的财产刑和自由刑，都由检察机关负责监督执行。检察机关向罪犯发出命令，要求其支付罚金或者在指定的日期到专门的刑罚执行机构服刑。由于罪犯本人经济情况和身体健康情况的原因，其可以向负责刑罚执行的检察官提出申请，请求分期缴纳罚金或者暂缓执行刑罚，由检察机关决定。同样，假释的执行也由检察机关负责。

2. 检察机关在民事诉讼和行政诉讼中的作用

德国检察机关除了在刑事诉讼领域具有主导作用之外，在民事诉讼和行政诉讼中也发挥着一定的作用。

（1）检察机关在民事诉讼中的作用

在民事诉讼中，检察机关对特定的民事案件或程序享有起诉权、申请权或参与权。检察机关参与民事诉讼主要是婚姻、家事、宣布限制行为能力人、宣告失踪以及公示催告程序等案件。诚然，民事领域要尊重当事人的意志，国家公权力机关不能过分介入。因此，检察机关介入民事领域是受到限制的，其参与民事诉讼只能以两种身份（或方式）：一是以公益代表人身份，对侵害国家、社会公共利益和公民民事权益的案件直接起诉至法院；二是以诉讼参与人

① Eberhard Siegismund, *The Competence of the Police in Investigative Proceedings*, Annual Report for 2001 and Resource Materials No. 60. UNAFEI. p. 37.

身份，参与民事案件的诉讼程序。

(2) 检察机关在行政诉讼中的作用

在行政诉讼中，检察机关作为公益代表人可以参加涉及社会公共利益和公民权益方面的诉讼。根据《德国行政法院法》第 35 条之规定，联邦政府应当在联邦行政法院设置一名联邦利益的代表，这名代表由检察官来出任，该检察官受联邦政府指示的约束。因此，为了维护联邦的利益（即公共利益），联邦行政法院的检察官有权参与任何一个在联邦行政法院进行的诉讼并发表意见。同样，在州高等行政法院和基层行政法院也设立有代表本州或本地区公共利益的检察官，他们有权参与案件的审理并发表意见。

(三) 检察机关的管辖权

德国检察机关的管辖权分为地域管辖、指定管辖和集中管辖三类：其一，地域管辖，德国检察机关的地域管辖权原则上由法院的地域管辖权决定，这是由检察机关设立在法院决定的；其二，指定管辖，当若干个不同的州的检察官对管辖权有争议且经协商不能取得一致意见时，由他们共同的上级检察官或者联邦总检察长作出决定，指定某一个特定的州的检察官管辖；其三，集中管辖，《德国法院组织法》规定，若干个州法院或州高等法院辖区内的事务，可以集中交给一个检察机关负责，由其负责处理追诉特定类型刑事案件，负责此类案件的刑罚执行及相关司法协助申请。

四、检察官制度

在德国，检察官和法官的任职条件、职业发展道路都完全相同，实践中二者也经常互换岗位。但是，在履行职务方面，法律明确规定检察机关独立于法院，检察官不得行使法官的职权。同时，检察官也没有权力和责任监督法官履行职责。尽管检察官与法官在任职条件和职业发展方面有相同之处，但是，就法律地位而言，二者是存在差异的。具体有两点：其一，《德国基本法》和《德国法院组织法》都明文规定，司法权由法官行使；法院和法官独立行使司法权，仅服从于法律；法院和法官作出的司法裁判具有法律确定力。相较于法官的独立性，检察官在行使职权时则必须服从上级检察机关和检察长（首席检察官）的指示，其作出的决定也并不都具有法律确定力。其二，存在法定法官，诉讼当事人有权要求由法定的法官审理案件；但是，不存在法定的检察官，当事人自然也无权要求法定的检察官来处理案件。

五、律师制度

德国的律师是自由职业者，根据《德国联邦律师条例》的规定，律师作为自由职业者，不是商人，其从事的活动不属于“营业”的范畴。在德国，律师被定位为“独立的司法机构”。此即有两重含义：其一，律师具有独立性，律师作为自由职业者独立于其他法律职业从业者，不像公务员一样负有对国家效忠的义务。而且在法律上，律师与法官、检察官具有同等地位。这是由律师和法官、检察官的任职资格条件相同决定的。《德国法官法》规定，有资格任法官的人才可以成为律师。其二，律师带有司法性，尽管律师是为当事人提供法律服务的自由职业者，但是律师在为当事人利益服务的同时，还负有维护法律制度、实现公平正义的义务。

为了保障和规范律师职业行为，德国出台了多部法律，如《德国联邦律师条例》、《专业律师条例》、《自由职业从业人员合伙法》、《律师报酬法》、《关于欧洲律师在德国从事活动的法律》、《欧洲联盟律师职业规则》等。值得强调的是，随着欧盟一体化进程不断推进，德国的律师也可以在其他欧盟成员国申请执业。

（一）律师的资格条件

在德国，要成为一名执业律师既需要具备积极条件，同时还不得具有消极方面的条件。积极条件包括：（1）通过两次国家司法考试；（2）向州司法部门提出申请。可见，在德国获得律师执业许可的条件与担任法官的资格是相同的，这正是在法律上律师地位与法官地位平等的原因。

在提出申请后，州司法行政部门会审查申请人的情况，若具有下列情况，则申请将不被批准：（1）被联邦宪法法院判决丧失基本权利；（2）被刑事判决不得担任公职；（3）反对自由民主基本制度，并被判处刑罚；（4）在惩戒程序中被判决不得从事司法工作；（5）因身体或精神原因，不能正常从事律师职业；（6）从事的职业可能危及对其司法独立性的信任；（7）处于破产境地；（8）申请人是法官、公务员、职业军人或服限期兵役的士兵；（9）品行不良，不适合从事律师职业。

经过审查，若申请人具备积极方面的条件，同时不具有消极方面的情形的，州司法行政部门将签署文书，申请人即取得律师执业许可。

（二）律师的主要权利和义务

在德国，律师的执业权利受基本法和法律的保护。非通过联邦法律，不得限制律师在所有种类法律事务中的权利。同时，律师也必须履行其义务。

1. 律师的主要权利

德国律师的主要权利表现在以下几个方面：

（1）诉讼代理垄断权

德国实行律师垄断诉讼代理的诉讼制度。在民事诉讼方面，《德国民事诉讼法》规定，基层法院审理的离婚案件、标的额超过5000欧元的家庭案件，必须委托律师代理；州地方法院以上的各级法院审理的案件，当事人必须委托法院许可的律师作为诉讼代理人进行诉讼活动。在刑事诉讼方面，《德国刑事诉讼法》规定，被告没有辩护人的不得开庭审理，而辩护人只能由律师担任。

（2）阅卷的权利

德国律师的阅卷权受到法律的明确保障。《德国联邦律师法》第58条规定，律师有权查阅人事档案，律师或其代理人有权抄录或复制档案中的文件。《德国刑事诉讼法》第147条详细规定了辩护人的阅卷权，具体包括：辩护人有权查阅移送法院的或者提起公诉情况中应当移送法院的案卷，有权查看官方保管的证据；辩护人有权在程序的任何一个阶段查阅对被告人的讯问笔录和鉴定人的鉴定；辩护人有权申请将除证据之外的案卷带回办公地点或住宅查阅。

（3）职务保障权利

律师在履行职务时，其权利依法得到保障。《德国刑事诉讼法》明确规定：①律师就其在履行职务过程中获知的事项有权拒绝作证；②律师有权与受到羁押的被指控人通信，既可以是书面方式也可以是口头方式；③律师与被指控人之间的书面通信不得扣押；④律师享有法庭言论豁免权，即律师在法庭上所发表的言论免于追究刑事责任，即便此种言论会导致对被告人定罪的困难。此外，《德国联邦律师法》第117条还规定，不得因进行地方名誉法院的审理而拘留、逮捕或审讯律师，也不得以鉴定律师的精神状态为名将其送入精神病院。

（4）获得报酬的权利

律师有权从委托人处获得报酬，律师可以与当事人约定收费的方式，即定额收费办法或者计时收费办法。律师有权依据《联邦律师收费条例》、《律师报酬法》（2004年7月1日）和《关于重新规定禁止约定成功酬金协议的法律》（2008年7月1日）收取服务报酬。所谓“成功酬金”，即是指律师与当事人约定，胜诉后律师获得胜诉标的额的一定比例作为酬金。

2. 律师的主要义务

律师在享有权利的同时，也必须履行下列义务：

（1）一般职业义务

律师一般的职业义务，《德国联邦律师法》有明确规定，具体包括：①最大限度维护当事人利益；②职业内和职业外的言行符合律师地位的要求；③不接受危及职业独立性之约束；④对职业过程中知悉的事项保密；⑤不得故意传播谎言或发表贬损性陈述；⑥不得代理相互冲突的利益；⑦谨慎处理受托财产；⑧学习进修。

（2）接受指定提供代理服务的义务

律师负有接受指定为当事人提供代理服务的义务，这主要是在以下特定诉讼活动中：①依据《德国民事诉讼法》和《劳动法院法》的规定，律师被指定暂时无偿地维护当事人的权利；②依据《德国刑事诉讼法》和《违反社会秩序法》的规定，被指定为辩护人；③依据《咨询援助法》的规定，为当事人或低收入者提供咨询或其他服务。

（3）其他的义务

律师除要履行一般的职业义务之外，还应该履行以下义务：制作和保存案卷的义务；订立职业赔偿责任保险合同的义务；对律师公会应尽的义务；培训见习生的义务等。

（三）律师的管理

德国律师的管理主要有两个制度：一是律师公会制度，二是律师法院制度。

1. 律师公会

德国律师公会是律师自我管理的公法上的机构，德国共有 27 个律师公会，并在联邦设有联邦律师公会。德国所有的执业律师都必须加入律师公会，正是这种带有强制性质的入会制度，才使得律师公会能够成为德国律师行业自我管理最为有效的组织。通常而言，一个律师公会是由一个州高等法院辖区内的全体律师组成，律师公会所在地即是州高等法院所在地。律师公会要接受州司法行政部门的监督，这种监督限于法律和章程是否得到遵守，尤其是委托给律师公会的任务是否完成。

律师公会有以下几大机构：一是律师公会大会，这是律师公会的权力机构，讨论决定具有普遍意义的事务，如选举理事会；确定会费、管理费应缴数额和缴纳期间；为律师及其继承人设立救济机构；审查理事会关于律师公会收支及财产管理的财务报告等。二是理事会，理事会是律师公会大会的执行机构，其职责主要有：监督成员（律师）履行义务，并就职业义务方面向其提供咨询和教导；调解成员之间的争议；建议任命某律师为律师法院和高等律师法院的成员；向律师公会大会提交财产管理账目等。三是主席团，主席团由理事会从理事中选出，由主席、副主席、秘书和财务主管组成，负责履行理事会的日常事务。主席代表律师公会，负责执行律师公会和理事会的决议。

2. 律师法院

律师法院是对违反《德国联邦律师条例》和《律师职业条例》的律师进行审查并予以制裁的机构。根据《德国联邦律师条例》的规定，每一个律师公会的辖区都设立一个律师法院。每个律师法院可以根据需要设立若干个法庭，每个法庭则由庭长和 2 名律师法官组成。成为律师法院法官必须具备的条件和必经的程序有：其一，必须是该律师法院所在地的律师公会的成员；其二，获得当地律师公会理事会提名；其三，由州司法行政机关任命。律师法院法官任期 4 年，可以连任。律师法院的法官是荣誉法官，在任期内具有职业法官的地位。

根据《德国联邦律师条例》第 113、114 条的规定，律师法院对违反律师职业义务的律师可以予以以下制裁：警告、严重警告、不超过 25000 欧元的罚款、禁止在特定的法律领域担任代理人或辅佐人（时间为 1 年至 5 年）、开除出律师行业。

第二节　德国宪法诉讼制度

一、宪法法院的组成与地位

德国联邦宪法法院（Bundesverfassungsgericht）是世界上三大宪法监督模式的典型代表，其成立于 1951 年 9 月，位于德国西南部的卡尔斯鲁厄（Karlsruhe），是联邦宪法的最高维护者。德国的州也设有州宪法法院，其职责在于确保州宪法的正确实施。

（一）宪法法院的组织机构

根据《联邦宪法法院法》的规定，宪法法院有 3 种不同类型的组织：审判庭、合议庭、联邦宪法法院法官会议。

1. 审判庭

根据《联邦宪法法院法》第2条之规定，联邦宪法法院设有2个审判庭，每个审判庭有8名法官；2个审判庭地位平等，且都可以代表“联邦宪法法院”。2个审判庭的管辖权有区别：第一审判庭专门进行政治中立案件的审查，重点是对基本权利的适用问题作出裁判；第二审判庭则专门对宪法机构之间争议进行审查，以及进行抽象的法律审查。

根据《联邦宪法法院法》第16条之规定，一个审判庭不能审查另一个审判庭的裁判；如果一个审判庭欲作出不同于另一审判庭法律观点的解释，则应由联邦宪法法院法官会议对此作出决议。联邦宪法法院法官会议的召集决定权，由在先管辖的审判庭决定，而且，法官会议和另一审判庭都不得对法官会议行使管辖权设定前提条件。

2. 合议庭

合议庭设在审判庭之内，每个审判庭各设3个合议庭。合议庭的职权包括2个方面：其一，对法官提起的法律解释请求之适法性作出裁判；其二，对公民个人提起的宪法诉愿是否受理作出裁判。这表明，合议庭并不作出实质性的裁判，而只进行前置性的审查，即仅对“请求和诉愿的理由是否充分”进行审查。合议庭的审查决定了“请求和诉愿”能否进入审判庭。但是，在例外情况下，合议庭可以代理审判庭受理宪法诉愿。需要强调的是，每个合议庭也都代表联邦宪法法院，其作出的裁判就是联邦宪法法院作出的裁判。

3. 联邦宪法法院法官会议

联邦宪法法院法官会议由联邦宪法法院法官组成，其职权主要有以下几个方面：其一，以全体会议决议的形式制定内部规章，内部规章可以就审判庭之权限以及人员组成作出规定；其二，对管辖权有疑义的案件，确定其管辖权归属；其三，调控平衡两个审判庭之间的负担，可以对管辖权作出变通规定；其四，统一两个审判庭的法律观点，即当两个审判庭法律观点出现不同的时候作出决议，确定统一的法律观点；其五，对联邦宪法法院法官职务的解除或法官退休具有决定权。

（二）宪法法院的法官

1. 法官的任职资格

联邦宪法法院的法官需具备以下条件：（1）年满40岁；（2）拥有能够当选联邦众议院议员的被选举权；（3）具有法官任职资格。在满足以上条件的基础上，在职业方面还有两个要求：（1）联邦宪法法院法官不得兼任议会议员、参议院议员、联邦政府官员，以及不能兼任各州的相应职务；（2）可以兼任大学教授。这即意味着，联邦宪法法院的法官，除了可以兼职大学教授之外，不得再担任其他专门职务，也就是说，必须是专职法官。当然，这种职业限制，只限于担任联邦宪法法院法官的任职期间。联邦宪法法院的法官与普通法官不同，并不是终身制，每届任期为 12 年，且不得连任。此外，联邦宪法法院法官还有年龄上限要求，即不得超过 68 岁，即便任期未满，达到 68 岁也必须退休。

2. 法官的选任

联邦宪法法院法官总共有 16 名，由联邦众议院和联邦参议院各选任 8 名，都需要获得联邦众议院和联邦参议院各自 2/3 多数同意，最后由总统任命。联邦众议院选任联邦宪法法院法官通过一个选任委员会来进行，是间接选任；而联邦参议院的选任则是直接选任。

联邦宪法法院法官的选任不同于其他联邦法官的选任方式，体现了宪法法院作为宪法审判机构的特殊地位；联邦宪法法院法官由联邦众议院和联邦参议院这两个经民主程序选出的宪法机构选任，能够凸显出联邦宪法法院的民主性、最高性和联邦性；而 2/3 多数的要求，则能够保证联邦宪法法院法官的政治中立性。

（三）宪法法院的地位

联邦宪法法院既是一个法院，也是一个宪法机构。作为法院，其行使宪法审判权，负有对立法权、行政权和司法权进行审查的职责；作为宪法机构，联邦宪法法院与联邦众议院、联邦参议院和联邦政府等联邦最高机构地位相等同，是《德国基本法》明确规定的联邦机构。1952 年 6 月，联邦宪法法院发布了《法律地位研究报告》，认为：“根据《德国基本法》和《联邦宪法法院法》的字面规定及其含义，作为宪法的最高维护者，联邦宪法法院同时也是具有最高权威的宪法机构。”

联邦宪法法院的特别地位主要表现在以下几个方面：其一，联邦宪法法院有权自主制定议事规程；其二，联邦宪法法院无须服从政府内阁任何一个部门的领导，在行政上完全独立，不接受行政机关的监督；其三，预算在联邦预算中单列；其四，联邦宪法法院的首席大法官是联邦宪法法院的最高行政机关，是联邦宪法法院全体法官和职员的最高领导；其五，联邦宪法法院的首席大法官在联邦官方排序中排第五位，位于联邦总统、联邦众议院议长、联邦参议院议长和联邦总理之后。

二、宪法法院的职权

德国宪法法院享有广泛的管辖权，根据《德国基本法》的规定，其对于立法权、行政权和司法权都享有审查权。

（一）对立法权的审查：法律规则合宪性控制权

联邦宪法法院依据《德国基本法》对立法权进行的审查，主要是对法律规范的合宪性进行审查，是一项对法律规范合宪性控制权。在联邦层面，由联邦宪法法院依据《德国基本法》对立法行为进行审查，联邦宪法法院是实现《德国基本法》效力的特别审判机构；在州层面，州宪法法院则是以州宪法为依据对法律规则进行审查，是维护州宪法的专门机构。

宪法法院审查的法律规范，主要包括四个方面：其一，议会表决通过的法律；其二，行政条例；其三，转化为国内法的国际法；其四，已成为法律案的财政预算。宪法法院对上述法律规范的审查是一种事后审查，即只能在法律正式生效之后才能展开合宪性审查。这是宪法法院审查权的边界，其无权对处于立法过程中的法案（正式生效前）进行审查，即宪法法院不能僭越立法权扮演立法者角色。

宪法法院对立法的合宪性控制有两种具体审理方式：其一，直接方式，即抽象审查方式，宪法法院可以直接对有违宪嫌疑的法律进行审查。能够启动这一审查程序的主体有两个：一是公民个人，可以法律侵犯其基本权利为由直接提起个人之诉；二是联邦政府、州政府和联邦众议院 1/3 的代表，可以提起对法律的合宪性审查。其二，间接方式，即具体审查方式，普通法院法官在审理个案过程中，对某一项法律规范是否违宪存疑，将裁判具体个案所涉及的合宪性存疑的法律提请联邦宪法法院进行合宪性审查。

（二）对行政权的审查：行政措施合宪性审查权

联邦宪法法院依据公民的申请，可以审查政府的行为是否损害了公民的基本权利，或者政府的不作为是否构成对公民基本权利的违法忽视。宪法法院针对行政行为的直接审查，只有在公民个人提起宪法诉愿的情况下才能进行。在提起宪法诉愿之前，公民个人必须遵循“穷尽其他救济原则”，即必须先穷尽了现有的所有针对行政权力的法律救济方式。一般而言，公民在寻求法律救济的过程中，已经通过诉讼的方式取得了针对行政权力的一份终审裁判书。公民个人提起宪法诉愿，只能基于这份终审裁判书，即以终审裁判书损害了其基本权利为由提起宪法诉愿。因此，联邦宪法法院审查的直接对象是法院裁判书，但是，在实质上也是间接对行政行为的合宪性进行了审查。

（三）对司法权的审查：司法裁判合宪性控制权

联邦宪法法院有权审查德国所有法院作出的终审裁判是否损害了公民个人基本权利或者是否忽视了对公民个人基本权利的保护。不仅普通法院的民事裁判和刑事裁判是宪法法院审查的范围，各专门法院即行政法院、财税法院、劳动法院和社会法院的裁判都属于宪法法院审查的范围。可见，拥有基本权利的个人有权对德国所有法院的生效判决是否合宪提出异议，从这个角度来看，联邦宪法法院似乎成了“事实上”的最高法院。但是，联邦宪法法院并不是一个更高审级的法院，公民个人提起的针对判决的宪法诉愿也不是上诉审之后的一种补充法律救济途径。因为，宪法诉愿所针对的判决，必须是已经生效了的判决，而且是在法律救济途径已经穷尽的情况下才能提起。联邦宪法法院依据《德国基本法》对被提起审查的法院判决进行审查，审查的结果则可能会撤销原审法院的生效裁判，裁判被撤销的法院则必须重新作出裁判。

（四）对宪法机构间权义争议的裁决权

联邦众议院、联邦参议院、联邦政府、议员、政党之间，对《德国基本法》规定的各自的权利（权力）和义务产生争议时，可以将争议提交联邦宪法法院，由联邦宪法法院裁决。宪法机构间权义争议，主要涉及宪法机构主体特定的政策措施是否符合《德国基本法》之规定。

在联邦和州之间、各州之间以及一个州的内部机构，也可以就相关争议提请联邦宪法法院裁决。联邦宪法法院对这类争议审查的标准除了《德国基本法》以外，还可以是其他的联邦的法律。当然，根据《德国基本法》第 31 条之规定，州的法律必须符合联邦法，以联邦法作为依据对州的法律进行审查。

三、宪法诉讼的类型

（一）法律规范合宪性审查

宪法法院对法律规范的合宪性审查有两种方式：一是抽象的方式，即对某一部法律是否合宪有效作出一般性的确认；二是具体的方式，即在对具体个案进行裁判的同时，对个案裁判所必须依据的法律是否合宪有效、是否在具体个案裁判中适用作出裁判，这种方式是附带性的审查法律规范。

1. 抽象方式的法律合宪性审查

在抽象方式的法律合宪性审查中，联邦宪法法院就被提交审查的法律规范是否合宪有效进行审查，并不要求申请人的申请以及申请人与被提请审查的法律有利益。

（1）适格的申请人

根据《德国基本法》和《联邦宪法法院法》的规定，适格的申请主体包括三个：一是联邦政府；二是州政府；三是联邦议院1/3的成员。除此之外的其他主体，都不能提起申请。这就意味着，联邦参议院，以及联邦议院中的反对方都不具备提起针对一部法律规范的审查申请的资格。

（2）审查的依据

根据《德国基本法》的规定，基于审查对象是联邦法还是州法的不同，审查的依据也不相同：审查联邦法只能依据《德国基本法》；而对州法的审查依据，则是《德国基本法》和联邦法。

（3）审查的对象

审查的对象是联邦的法律或者是州的法律。具体而言，包括：其一，对《德国基本法》作出修正的法律。《德国基本法》本身也需要适时修改以与时俱进符合发展需要，对《德国基本法》作出修正的法律本身，在法律位阶上来看，属于宪法规范。联邦宪法法院依据《德国基本法》第79条第3款之规定对其进行审查，主要审查该项修正是否影响联邦由各州组成的事实、是否影响各州参与立法，以及是否影响《德国基本法》第1条和第20条所规定的原则。其二，对预算法的审查。其三，批准国际条约的法律，联邦宪法法院不直接审查国际条约，而是针对批准国际条约的法律进行审查。当然，国际条约实质上接受了联邦宪法法院的间接审查。但是，欧盟各机构颁布的法律，不接受联邦宪法法院的审查。这是因为，欧盟的立法行为并不是德国的国家权力行为，联邦宪法法院无权审查。

需要注意的是，根据《联邦宪法法院法》第76条之规定，当法院、行政机构或者联邦和州的其他机构认为某项法律与《德国基本法》或联邦法不一致而不予适用时，适格的申请主体可以向联邦宪法法院提出“确认法律合宪有效”的申请。

2. 具体方式的法律合宪性审查

普通法院和专门法院及其法官在审理具体案件的过程中，若对某项与其审判的具体个案紧密相关的法律的合宪性存在疑问，则其必须先中止具体个案的审理，将涉及的合宪性存疑的法律提交联邦宪法法院，请求其作出裁决以确认该特定法律的效力。联邦宪法法院对这类法律的合宪性审查，即是具体方式的审查。从本质上而言，这类审查申请实质是请求联邦宪法法院对特定法律作出解释，因而，提出审查申请的权利实为一项向联邦宪法法院提出法律解释的权利。

(1) 适格的请求权主体

有权向联邦宪法法院提出法律解释请求的主体包括两个：一是法院，具体包括任何一级的国家法院，最低层级的法院都可以提出请求。这里需要注意的是，教会法院和私立仲裁法院无权提出法律解释请求。① 二是法官个人，法官根据程序法的规定有权单独就审理的案件作出裁判的情形下，该法官个人即有权提出法律解释的请求。

(2) 审查标准

审查的标准为《德国基本法》和联邦法。在审查州法律与联邦法律不一致的请求时，联邦法律也是审查标准。但是，如果认为州法律违反了州宪法时，则由有管辖权的州宪法法院对法律作出解释。

(3) 审查对象

联邦宪法法院在以具体方式审查法律合宪性时，其审查的对象只能是已经颁布施行的联邦和州的法律，包括对《德国基本法》作出修正的法律。但是，不包括以下法律：其一，尚未颁布实施的法律草案。这里有一种例外情形，当州宪法法院认为州的法律草案违反了联邦法，且该联邦法对于裁判而言具有重要性的情形，州宪法法院可以对州法进行预防性的审查。② 其二，法规和规章。对于这两种法律规范，法官在附带审查时具有决定不予适用的权力，不需要提请宪法法院作出解释。其三，《德国基本法》生效之前的法律，即 1949 年 5 月 23 日《德国基本法》生效之前出台的法律。其四，欧盟及其机构所颁布的法律。

需要注意的是，法院在提出法律解释请求时，必须首先遵循“合宪性解释”原则，即对法院裁判而言具有重要性的法律只要存在作出一个合宪有效的解释的情形，法院就必须以此合宪的解释来理解法律并适用该法律来裁判案件。也就是说，法院在适用法律时，需要坚持“合宪性推定”原则，即推定所需适用的法律是合宪的，只有在不能对之作出合宪解释时，才向联邦宪法法院提出请求。唯此，才能避免轻易提出对法律的合宪性质疑。这是法院在向联

---

① Benda/Klein, Lehrbuch des Verfassungsprozessrechts, 1991, Rn, 779.

② W. Schmidt, NVwZ 1982, 181f.

邦宪法法院提起法律解释请求时必须遵循的原则和义务。

（二）宪法机构间争议审查

宪法机构争议，是指两个宪法机构就各自的权利（权力）和义务（职责）产生争议，一方主体（申请人）认为另一方主体（被申请人）所采取的措施或者不作为违反了《德国基本法》的规定，提请联邦宪法法院对被申请人的行为是否合宪进行审查。由于申请人和被申请人都属于宪法机构，即都是具有公权力的公法主体，因此，二者之间的争议不同于私主体之间的权利义务关系，而是对各自职权的管辖权权限的争议，具体而言，即是对管辖范围和职权权能（措施）的争议。

1. 适格的当事人

根据《德国基本法》和《联邦宪法法院法》的规定，适格的申请人和被申请人包括：（1）联邦宪法机构，具体包括联邦总统、联邦议院、联邦参议院和联邦政府，当参议院议长依据《德国基本法》规定履行联邦总统职权时，也是适格当事人。（2）联邦银行、联邦审计署和国防专员，在特定案件中也是适格当事人。（3）联邦机构的组成部分和内部机构，此类主体若依据《德国基本法》或者联邦议院、联邦参议院议事规程的规定享有独立的权力，则也可以成为适格的当事人，具体包括联邦议院和联邦参议院的议长、联邦政府的组成人员、联邦议院的委员会和党团。（4）政党，政党在因其特别的宪法地位取得的权力而与其他宪法机构产生争议的情形下，为实现其宪法地位，可以针对某一宪法机构提起审查请求。（5）议员个人，议员可以自己的名义，将损害其作为议员地位的措施诉至联邦宪法法院。损害议员地位的措施，表现为下列情形：其一，以违宪方式使议员丧失议员身份（议员法律地位）；其二，剥夺议员在全体大会发言的权利；其三，因议院被提前解散损害了议员与其议员地位相联系的权力等。

2. 审查的对象

联邦宪法法院审查宪法机构间争议时，主要审查的是宪法机构间的争议，同时也会审查申请人是否具有提出其诉请的权利。宪法机构间的争议，是指被申请人的措施和不作为是否违反《德国基本法》的规定。被申请的措施必须满足以下条件才能被提起审查：其一，必须具有法律意义，即是法律上的措施；其二，必须具有重要性；其三，必须是已经完成的措施，即不能是准备性的措施。

3. 审查标准及裁判内容

在宪法机构争议审查中，联邦宪法法院只能依据《德国基本法》和宪法性法律来进行审查，而不能依据议事规程和宪法性法律以下的法律来审查。否则，联邦宪法法院将无从审查被申请人的措施或者不作为，因为被申请人可以其行为是依据自身的议事规程作出的作为抗辩理由。若将议事规程也作为联邦宪法法院审查的依据，则会陷入以自己（被申请人）制定的依据来审查自己行为的自我审查尴尬境地，就不具有审查的意义。

在裁判内容方面，联邦宪法法院只能作出确认形式的裁判，即只能确认被申请审查的措施或者不作为是否违反了《德国基本法》的规定，而不能对具体规范的是否有效作出裁判。消除具体规范违宪状态，是立法者的职权，联邦宪法法院只能确认被申请人通过该具体规范（法律）进行了违宪的作为。

（三）联邦与州间争议审查

联邦与州的争议，是指发生在联邦和州的宪法机构之间的，因联邦和州对于其权利（权力）和义务（职责）持不同意见而发生的争议。从历史上看，这是“宪法审判机构的原始形态”。①

1. 适格的当事人

在联邦和州的争议审查程序中，申请人和被申请人只能是联邦政府和州政府，而不包括联邦的议会和州议会，这不同于联邦层面的机构争议和抽象方式的法律规范审查程序。

2. 争议的内容与审查标准

争议的内容焦点，即是联邦和州各自的实体性宪法关系中的措施或者不作为，损害或者直接危害了联邦或者州在宪法上的法律地位。

审查的标准即是《德国基本法》关于联邦和州权限的规定，以及“对联邦的忠诚”（Bundestreue）这一不成文的基本原则。

3. 争议的类型

联邦宪法法院实际审理的争议比《德国基本法》规定的要少，依据《行政法院法》的规定，一部分争议划归行政法院审理。具体的争议类型有：其一，联邦与州之间的行政法争议。依据《德国基本法》第 93 条的规定，当联邦和州之间发生行政法争议，且不存在其他法律救济途径的情形下，联邦宪法法院对这一争议具有管辖权。比如，联邦宪法法院审理了巴伐利亚州和联邦之

① Vgl. Bethge, in: Maunz u. a. , BVerfGG, 13 Rn. 69; zweifelnd Stern, in: BK, Art. 93 Rn. 329.

间关于分配社会福利住房建设资金的争议。但是，现在此类争议大多依据《行政法院法》的规定被提交到联邦行政法院审理。其二，各州之间的宪法争议。依据法律，联邦宪法法院对于各州之间的争议具有管辖权，既包括宪法上的争议，也包括行政法上的争议。然而，在《行政法院法》实施后，行政法上的争议由行政法院管辖。因此，联邦宪法法院只管辖各州之间的宪法争议。需要注意的是，在这一程序中的申请人和被申请人只能是各州政府。其三，一州内部的宪法争议。一州内部的主体，因自己的权力受到影响时，在不存在其他法律途径处理的情形下，可将影响自己权力者（公权力主体）作为被申请人向联邦宪法法院提起审查申请。当然，大多数州都设置了州宪法法院作为这里的“其他法律途径”。案件是否被提交州宪法法院处理，取决于具体的申请人或具体案件的情况。

（四）宪法诉愿

《德国基本法》赋予了个人以其基本权利受到公权力侵犯为由，向联邦宪法法院提出宪法诉愿的权利。宪法诉愿是对基本权利的特别救济程序，不是更高级别的复审程序，也不具有替代其他诉讼救济的功能。需要特别注意的是，宪法诉愿程序的启动，不能阻止法院裁判的生效和执行，只有当联邦宪法法院最终作出裁判时才可能推翻原生效裁判。

根据《联邦宪法法院法》的规定，提起宪法诉愿有两个基本原则：其一，用尽其他法律救济原则，即个人在为弥补遭受公权力损害的权利已经穷尽了现有全部可能的法律救济途径；其二，基本权利原则，即诉称被公权力损害的权利必须是基本权利。只有遵循这两个基本原则，才能向联邦宪法法院提起宪法诉愿。

1. 宪法诉愿提出的条件

（1）适格的申请者

根据《联邦宪法法院法》的规定，任何有能力成为基本权利主体的人，都有权提出宪法诉愿的申请。因此，宪法诉愿的适格申请者包括：其一，自然人，具体包括德国公民和外国人，只要外国人提起申请依据的是一项外国人也可享有的基本权利。其二，法人，具备包括国内法人和住所在欧盟成员国的外国法人，只要法人依据其性质享有基本权利即可提出宪法诉愿申请。但是，公法人原则上不能提出申请，因为公法人不具有基本权利能力。例外的情形是，当公法人被直接归类到基本权利所保护的生活范围时，也可以提出宪法诉愿。例如，大学及其院系具有“艺术、科学、研究和教学自由”的基本权利；公法上的广播电台具有“新闻出版自由和广播、电视、电影的报道自由”的基本权利。其三，政党和议员，针对其基本权利也可以提出申请。

（2）申请的理由

申请的理由必须是基本权利或者被视为等同于基本权利的宪法权利受到侵害，具体而言，有以下三个方面：其一，自己相关性，即申请人只能就自己的基本权利受到损害提出申请，而不能以他者基本权利受损害为由提出申请；其二，现实相关性，即对基本权利的损害是具有现实性，而不是仅仅具有潜在相关性或者是将来可能相关性，也就是说，被提出申请的公权力行为对申请人的基本权利进行了现实的限制；其三，直接性，即基本权利直接遭受了公权力行为的损害或者限制。

（3）申请指向的对象

申请人提起宪法诉愿只能针对德国的国家公权力行为。这即意味着联邦宪法法院不能审查下列行为：其一，德国以外的权力行为；其二，原德意志民主共和国的行为；其三，欧盟及其机构的法律行为。

（4）穷尽法律救济途径

申请人必须用尽法律规定的对其权利进行救济的全部现有法律救济途径，具体而言：其一，针对行政行为，必须经过行政复议和行政诉讼；其二，针对法院裁判，必须经过上诉和再审。这表明，宪法诉愿一般直接指向终审且生效的法院裁判。对申请人提出穷尽法律救济途径的要求，一方面是为联邦宪法法院减负，防止大量的案件涌入；另一方面则是为联邦宪法法院能够了解到其他法院对于案件事实和法律适用的观点。

（5）申请提出的期限

根据《联邦宪法法院法》的规定，宪法诉愿提出的期限为 1 个月，直接针对法律提出的宪法诉愿则必须在法律生效后 1 年以内提出。对于没有被规定法律救济途径的国家权力行为，其期限也是 1 年。

2. 宪法诉愿的受理

一个宪法诉愿是否被受理，是由联邦宪法法院审判庭中的合议庭进行前置审查的。若合议庭 3 名法官的意见一致，裁定拒绝受理宪法诉愿，则宪法诉愿程序即被终结，不会进入审判庭的审查。合议庭裁定拒绝受理宪法诉愿，不需要附具理由，且其裁定具有正式法律效力，具有不可诉性。有数据统计，大约 97%的宪法诉愿被合议庭终结，每 36 个宪法诉愿中才有 1 个被提交至审判庭。

3. 宪法诉愿的裁判

当宪法诉愿经过合议庭的前置审查进入到审判庭，审判庭就需要对宪法诉愿进行审查和裁判。只要申请人基本权利的损害是基于或者至少是可基于被诉公权力行为而形成的，联邦宪法法院就会支持申请人提出的宪法诉愿请求。联邦宪法法院作出的裁判有两种情形：其一，宣布违宪的法律自始无效；其二，撤销被诉判决，并将实体问题退回具有管辖权的法院重新审理。

第三节 德国民事诉讼制度

一、民事诉讼概述

根据《德国法院组织法》第13条的规定，民事法律争议、家事案件和自愿诉讼管辖的事务（民事案件），以及刑事案件，属于各普通法院管辖，除非对此存在行政机关和行政法院的管辖权，或者根据联邦法律的规定，建立或者允许特别法院对此进行管辖。因此，民事案件都由普通法院管辖。

（一）民事诉讼的法律渊源

德国民事诉讼的法律渊源主要包括以下内容：其一，《德国民事诉讼法》，该法总共有十一编，分别为总则、第一审程序、法律救济、再审、书证和票据程序、家事案件、督促程序、强制执行、公示催告程序、仲裁程序、欧盟内部的司法协助。随着《家事案件和自愿诉讼管辖事务程序法》正式实施（2009年9月1日），家事案件和公示催告程序有了专门的一部法律，不再规定在《德国民事诉讼法》中。其二，《德国法院组织法》、《德国法官法》、《德国联邦律师条例》、《司法协助员法》等对法院、法官、诉讼参与人的身份、职责等进行规定的法律。其三，《强制拍卖和强制管理法》、《支付不能法》等对诉讼程序进行详细规定的法律。其四，《法院费用法》、《家事案件法院费用法》、《律师报酬法》、《强制执行费用法》等对诉讼程序中产生的费用进行规定的法律。

（二）民事诉讼的原则

民事诉讼程序中的原则，虽然不一定在法律条文中有明确表述，但是，却体现在《德国民事诉讼法》条文的具体规定之中。诉讼参与人必须遵循民事诉讼程序的原则。

1. 处分原则

民事领域涉及的是私人之间的利益，遵循私法自治原则，因此，在民事诉讼程序中，也遵循当事人处分的原则。这一原则具体包括以下内涵：其一，是否提起民事诉讼，由原告自主决定，法官无启动民事诉讼程序的职权，此即法谚“没有原告也就没有法官”之义。其二，诉讼标的由当事人自主确定，当事人的诉讼请求决定了法官的审理范围。其三，在诉讼过程中，当事人可以依法改变自己的诉讼请求。其四，当事人可以自主决定终止争议，从而可能终止诉讼程序。其五，当事人可自主决定是否向更高级法院继续进行诉讼。但是，当案件涉及公法上的利益时，则当事人的处分权要受到限制，而不由当事人的意愿来决定，比如在重婚案件中撤销婚姻的请求可由“主管的行政管理机构”提出。此外，法院对于诉讼费用负担的裁判，也不受当事人诉讼申请的限制。

2. 法院依法听审原则

根据《德国基本法》和《欧洲人权公约》的规定，获得国家提供司法保护的权利是一项程序性的基本权利。因此，国家司法机关负有依法听审的义务。这即意味着：其一，法院审判的基础是诉讼参与人对案件事实及其证据的意见陈述；其二，法院有义务获知当事人的陈述；其三，法院的此项义务仅限于给当事人提供说明情况的机会，当事人基于处分原则可以放弃说明的权利。法院违反这一原则，则可能导致第三审上诉程序，甚至宪法诉讼。

3. 言词辩论原则

言词辩论原则要求当事人必须在审理案件的法院就所有争议进行言词辩论，清晰地阐明各自的观点，便于法院了解争议的焦点。但是，在司法实践中全面贯彻绝对的言词辩论原则，势必影响审判效率。因此，这一原则也得到了修正和发展。如修改后的《德国民事诉讼法》第128条规定，法院作出判决时，除非双方当事人同意，仍然应当坚持言词辩论。此即表明，在双方当事人同意的情况下，言词辩论已并非必要，可以通过书面材料的辅助进而加快审判进程。同时，在双方当事人同意的情况下，还可以通过声音和图像传输来进行远程的言词辩论。此外，法律还规定原告的起诉、被告的答辩等应当采用书面形式。这表明，言词原则和书面原则已趋向相结合，不再机械地绝对坚持言词辩论原则。

4. 直接原则

直接原则要求法院和审理案件的法官直接接触或面对当事人的言词辩论和整个举证过程，以便对案件事实、争议标的和案件证据有直接的了解，从而保证客观审理案件作出公正裁判。这一原则在涉及证人证言可信度时显得尤为重要，直接原则要求审理案件的全体法官必须当庭听取证人证言，这实质上也是对证人出庭作证的义务要求。第二审上诉法院若对证人在原审法院的证言有疑问，则必须重新询问证人，否则，对该证人证言必须持与原审法院同样的评判意见。

5. 公开原则

根据《德国法院组织法》的规定，法院庭审言词辩论和宣判都必须公开进行，此即公开原则的核心意旨。公开原则有两个面向：其一，对当事人的公开，即当事人有权通过官方的途径了解法院和对方当事人在诉讼过程中的行为，且有权参与调取证据；其二，向社会公众的公开，即与案件无关的人可以旁听法庭辩论，但是涉及隐私关系的案件不向社会公众开放庭审过程。公开原则，是以增加法院审理的透明度方式，增强民众对司法的信任。

6. 正当程序原则

要求正当程序，是当事人在民事诉讼程序中的一项权利。这一原则指向的是法官的解释和指示义务，即法官有义务向当事人解释其对案情的评判和法律观点，并提示未来的诉讼程序进程，以促成当事人对案件进程的了解和基本预见。从当事人的角度而言，基于正当程序原则，一方面，当事人可以法官与其所审理的案件有利益关系可能影响公正审理为由，有权提出回避申请；另一方面，这一原则赋予当事人在言词辩论中充分表达其意见的权利，法官不能剥夺或者忽视这一权利。否则，法院的审判活动就会有违国家行为的可估量性（可预见性）这一法治国家的原则。

（三）民事诉讼的管辖

民事诉讼的管辖规则，是为解决案件具体由哪个法院进行审理的问题。法院只有对案件具有管辖权，才能进行审理程序，否则，诉讼程序无从进行。德国民事诉讼管辖规则，主要有级别管辖、地域管辖、指定管辖和约定管辖四种。

1. 级别管辖

级别管辖要解决的问题是，法院对哪些案件具有一审管辖权。根据《德国法院组织法》和《德国民事诉讼法》的规定，基层法院管辖的一审案件有：其一，标的额在5000欧元以下的案件；其二，住房租赁争诉案件；其三，家事案件中涉及子女监护和抚养的案件以及夫妻关系的案件。州法院管辖的一审案件有：其一，标的额在5000欧元以上的案件；其二，商事案件；其三，职务侵权的损害赔偿案件，即公职人员的职权行为造成损害引起的损害赔偿之诉，这类案件被归类为民事诉讼案件。

2. 地域管辖

在确定管辖法院的级别以后，需要进一步确定案件具体由哪个地方的法院审理。《德国民事诉讼法》确定了三种地域管辖的规则：

（1）一般地域管辖

一般而言，民事诉讼遵循“原告就被告”的原则，即由被告住所地法院管辖案件。自然人作为被告时，由其住所地法院管辖；没有住所地的由其居住地法院管辖；没有居住地的由其最后住所地法院管辖。法人和其他组织作为被告时，由其管理机构所在地的法院管辖。

（2）特殊地域管辖

如果说，一般地域管辖是采取有利被告的立场，那么特殊地域管辖则是采取有利原告的立场。规定特殊地域管辖规则，是为在特殊情形下方便诉讼，有利于查明案件事实和提高审判效率。适用特殊地域管辖规则的情形主要有：其一，被告在其住所地之外的地方长期居留时，被告长期居留地法院具有管辖权；其二，针对在德国无住所地的人提起诉讼时，由诉讼所涉及的财产所在地的法院管辖；其三，针对在德国无住所地的人提起有关抚养诉讼时，由原告法院所在地管辖；其四，在侵权行为引起的诉讼中，侵权行为发生地、侵权结果发生地的法院都具有管辖权；其五，对于因不作为引起的侵权诉讼，应当采取作为行为的地点视为侵权行为发生地。

（3）专属管辖

专属管辖规则，是指由不动产所在地法院专属管辖，排除一般管辖和特殊管辖规则的适用。专属管辖规则主要涉及不动产权利争议，根据《德国民事诉讼法》的规定，主要包括不动产所有权、物权负担及解除、划界、分割、占有以及地役、地上负担或者先买权的诉讼。此外，在环境损害赔偿诉讼中，由造成损害的设施所在地的法院管辖。

3. 指定管辖

在特殊的情况下，由有管辖权的法院的直接上级法院来指定具体的管辖法院审理案件。根据《德国民事诉讼法》的规定，这些特殊情形主要包括：其一，本应管辖的法院由于法律或者事实的原因而不能管辖，比如法院应该整体回避；其二，管辖权争议，即因法院管辖区域界线的原因导致法院管辖权不明确；其三，不动产位于不同法院的管辖区域；其四，数个法院对自己是否拥有管辖权作出了不同的裁定。需要注意的是，指定管辖的申请，应由当事人提出；且上级法院作出指定管辖的裁定后，当事人不得再提出异议。

4. 约定管辖

约定管辖，意指当事人可以自主选择处理其争议的法院，这是私法自治在民事诉讼程序中的体现。但是，当事人的约定，只限于对一审受案法院的约定。根据《德国民事诉讼法》的规定，当事人可以约定管辖的情形包括：其一，合同关系当事人中至少有一个不能通过一般管辖确定管辖法院，当事人可以书面方式约定管辖法院；但是，当合同关系当事人中有一个当事人在德国有住所地或者居留地，则只能约定这个当事人的住所地或者居留地法院管辖，或者是基于这个当事人而成立的特别管辖。其二，合同签订后，基于合同关系在诉讼中可能成为被告的当事人将其住所地或者居住地迁离《德国民事诉讼法》适用的地域，且在诉讼时，该当事人住所地或者居住地不能明确确定，当事人可以书面方式约定管辖。需要注意的是，当事人必须在争议发生之后约定管辖。

二、民事诉讼程序

（一）民事诉讼程序一般进程

根据《德国民事诉讼法》的规定，从整体而言，德国的民事诉讼程序包括第一审程序、第二审上诉和第三审上诉三个诉讼阶段。民事诉讼的全部过程分为以下几个程序环节：

1. 民事诉讼程序的启动

民事诉讼程序的启动，以原告向法院提起诉讼为要件。原告在向法院提交的书面诉状中，必须说明以下事项：其一，指出明确的被告；其二，具体的诉讼请求；其三，诉讼请求所依据的事实情况和理由。法院在收到诉状后，经过审查确认原告具有当事人能力、诉讼能力和诉讼行为能力之后，会确定言词辩论的庭审日期，并由书记员将起诉状和法院受理案件的文书一并送达被告。相关文书送达被告后，民事诉讼程序正式启动。

2. 庭审前的准备

在正式庭审之前，法院需要根据案情作大量的准备工作，具体包括：其一，确定被告递交答辩状的日期，这个日期应当在相关文书送达被告两周之后至正式庭审之前的这段期间内确定；其二，被告提交答辩状后，要求原告在首次开庭时对被告答辩状提出书面意见；其三，要求当事人对所提交材料进行补偿说明；其四，请求有关公共机关提供与案件相关的材料；其五，通知当事人、证人、鉴定人出庭等。

3. 首次法庭辩论（首次庭审）

当事人之间的首次法庭辩论既可以是在一审正式开庭审理进行，也可以是在一审正式开庭审理之前进行。当事人之间的首次言词辩论，需要阐述自己的明确请求和事实依据及理由。法院在这一程序环节，应当首先尝试促使当事人之间达成和解。为实现这一目的，法院需要针对案件实际情况和相关的法律规定向当事人作出充分的说明和解释，以便于当事人在了解案情和诉讼法律状况的基础上作出判断。为促成和解，法院还可以建议当事人在法院之外的调解机构尝试和解。在当事人达成和解的情况下，法院需要根据具体情况作出裁判以终结诉讼程序。若当事人不能达成和解，则法院需引导双方继续进行言词辩论，法官需要对当事人提供的情况和争议焦点进行总结和说明。对于简单的案件，法院则会在这一程序环节之后作出判决；若还不能就此作出判决，法官需要作出一个裁定，告知当事人在一审正式开庭审理之前和之中如何举证，并宣布结束首次法庭审理。

4. 一审正式开庭审理

经过前置的准备程序，诉讼程序则进入一审正式开庭审理阶段。在这一程序中，庭审的过程和首次庭审十分相似，但是，不需要再重复已经经过的程序，比如当事人宣读申请、法官促成和解等。一审正式庭审的重要程序环节，是当事人就争议的事实进行举证，而且证人和鉴定人都需要到庭当庭陈述。当事人举证完毕后，法官需要对案件进展情况进行说明和总结。当事人在此期间，随时都可以达成和解。在经过上述程序之后，法官会当庭宣判，或者当庭确定一个宣判日期。这一日期应当在庭审结束后 3 周之内。

5. 第二审上诉

如果当事人不服第一审判决，则可在收到判决书 1 个月以内，以书面形式向作出一审判决的上一级法院提起上诉，第二审上诉法院对一审判决进行全面的审查，包括案件事实审查和法律适用审查两个方面。第二审上诉程序的过程与一审程序基本相同。

6. 第三审上诉

当事人如果对第二审上诉法院的判决不服，还可以通过第三审上诉启动第三审程序。第三审上诉法院通常是联邦最高法院，只有在巴伐利亚州是该州的州最高法院。当事人提起第三审上诉有两种情况：其一，当事人向第二审上诉法院提出第三审上诉申请并获得准许，案件被提交第三审上诉法院；其二，当事人向第二审上诉法院提出的第三审上诉申请未获准许，当事人可以向第三审上诉法院提出抗告，由第三审上诉法院决定是否受理上诉。第三审上诉法院并不会受理全部的上诉或者抗告，而是会审查案件是否具有基础性的意义，或者是否有利于推进法律的发展。与第二审上诉不同的是，第三审上诉法院只审查案件的法律问题，不再审查案件事实问题。

（二）第一审普通程序

《德国民事诉讼法》规定的“第一审程序”是以州法院作为一审法院为基础来规定的，基层法院作为一审法院时，由于其审理的案件在事实和法律上都比较简单明晰，可以在程序上适当简化。

1. 提起民事诉讼

（1）起诉及诉的类型

民事起诉的过程有三个环节：其一，原告向法院提交书面诉状并预交诉讼费用；在基层法院提起诉讼时，可以口头方式起诉，由书记员作出笔录。其二，法官确定首次言词辩论日期，即在一审正式开庭审理之前，当事人在法庭进行首次言词辩论，为之后的一审正式庭审做准备；当然，也可以决定采用书面形式为一审正式开庭审理做准备。其三，法院将诉讼文书送达对方当事人。在完成上述三个环节之后，即意味着民事诉讼程序的启动。

当事人提起的诉，从理论上可以分为给付之诉、确认之诉和形成之诉三类：其一，给付之诉。给付之诉对应的是民事实体权利的请求权，即请求被告为或不为特定行为的权利。给付之诉的内容既可以是要求支付金钱或者是交付实体的物，还可以是要求一定的行为（包括积极的作为和消极的不作为），以及对某种情况或行为的容忍。其二，确认之诉。确认之诉要求法院确认具体法律关系是否存在，且原告对该确认具有法律上的利益。确认之诉相对给付之诉具有辅助性，即原告的诉求通过给付之诉能够得到满足时，则确认之诉无须单独成立。其三，形成之诉。行政之诉是直接通过法院的裁判改变既有的法律关系，形成一种新的法律关系，而不是对既有法律关系的确认（确认之诉）和执行（执行之诉）。形成之诉对应于实体法中的形成权。

（2）诉状的内容与诉的变更

根据《德国民事诉讼法》的规定，起诉状的必要内容，包括当事人、受诉法院、诉讼请求和事实。起诉状中若缺少任一项必要内容，都不能够启动一个有效的诉讼。诉状中，最为重要的是，诉讼请求必须明确。因为当诉状送达对方当事人之后，就不能对诉进行任意变更。

诉的变更是指争议标的的变更，诉讼请求和作为诉求请求基础的事实共同构成了争议标的，这两个要素中任意一个发生变化，都会导致争议标的发生变化。诉之变更只有在两种情况下才可为：其一，获得被告的同意；其二，法院认为有助于诉讼。《德国民事诉讼法》规定了不视为诉的变更的情况，包括：

其一，补正或更正事实或法律上的陈述；其二，扩张或限制关于本案或附带请求的诉讼申请；其三，因事后的变化而请求其他标的来代替原请求的标的或利益。

(3) 反诉

诉讼过程中，被告在言辞辩论结束之前，可以基于同一事实或同一法律关系，在由原告提起的诉讼中，以原告为被诉对象提起反诉。尽管反诉是在本诉的诉讼程序中提出来，但是反诉是针对与本诉不同的标的的独立诉讼，而不是被告用以对抗本诉的手段。当然，在客观上，反诉的确能够起到对抗和消减本诉强度的作用。根据《德国民事诉讼法》的规定，反诉的管辖法院与本诉的管辖法院一致；但是，若本诉由基层法院管辖，而反诉的标的额超过 5000 欧元时，则应当事人申请，基层法院应当以裁定方式将案件移交州法院管辖。此外，提起反诉无须预先支付诉讼费。

2. 被告应诉

对于原告的起诉，被告的反应在法律上可以归为三类：请求驳回起诉、认诺和自认。

(1) 请求驳回起诉

被告请求驳回起诉的理由大致有二：其一，对诉的否认。被告能够否认原告据以提起其诉讼请求的事实。比如，原告提出侵权损害赔偿的事实是因为发生了交通事故，而被告否认自己是肇事者，宣称交通事故发生时自己在外地。此时，举证责任仍然由原告承担。其二，被告对原告提出的事实没有异议，但是认为原告所述事实不能推导性地得出其诉讼请求成立。比如，原告与被告约定了 1 天的试驾时间，但是被告到第 3 天才归还汽车，原告以被告默示汽车买卖合同成立为由要求被告支付价款，被告对这一推论予以否认。

(2) 认诺

被告在言辞辩论阶段，可以对原告的诉讼请求作出认可的声明。此时，法院无须再对案件继续审理，只需在审查起诉符合诉讼程序的基础上，作出认诺判决。被告认诺的意义在于：一方面，可以及时结束诉讼程序，减少诉累；另一方面，避免自己因败诉而承担诉讼费用。

(3) 自认

被告在言辞辩论阶段，承认原告提出的事实，这种承认对当事人各方和法院都具有拘束力，并无须对此再举证，且除非特殊情况不得撤回。需要注意的是，自认仅针对事实，而不能加入法律评价。比如，当事人承认其应当承担侵权责任，此种承认有可能构成认诺，而不是对事实的自认。

3. 法院裁判

案件经过审理后，法院会基于证据证明的事实，在职权范围内对案件作出裁判。

（1）法院裁判的种类

法院裁判的种类具体包括三类：判决、裁定和处分。其一，判决。判决是法院对诉讼请求的裁决，即对争议标的的裁决，是法院最为重要的一种裁判种类。《德国民事诉讼法》第313条对判决的形式和内容作了具体规定。判决一经宣布，即对法院产生拘束力，法院不得随意改变其内容。当事人对判决的异议，只能通过上诉程序提出。其二，裁定。裁定是法院为引导并推进诉讼程序而对程序问题作出的命令，比如延期开庭的裁定、对证据的裁定等。裁定通常不需要经过言词辩论就可以作出，且没有固定的形式，但是法院通常会参照判决的形式。裁定作出后立即生效，也无须经过专门的宣布环节，当事人对裁定的异议需采取立即抗告的形式。其三，处分。处分也是法院为引导和推进诉讼程序而作出的命令，其内容与裁定并无不同，比如对言词辩论日期的确定、期间的延长等。处分与裁定的不同之处在于，处分是由审判长或者受托法官、受命法官作出，而裁定是由审判实体作出，且当事人不能对处分提出异议。

（2）判决书的内容

根据《德国民事诉讼法》的规定，民事判决的完整内容包括：其一，判决需"以人民的名义"作出，司法实践中法官也会"以法律的名义"作为宣判的开始；其二，判决书的首部，包括当事人及其法定代理人和诉讼代理人的基本情况、审判案件的法官组成情况、言词辩论结束的日期；其三，判决主旨部分，包括对诉的裁判、诉讼费用的承担裁判、临时执行的宣告等；其四，案件事实部分，包括当事人无争议的事实情况、当事人提出的诉讼请求和提出的有争议的事实情况；其五，判决理由部分，主要包括对判决结果所基于的事实（对证据的评价）和法律的论述，以说明裁判是依法成立的；其六，法官的签名。

（3）判决的种类

在理论上，可对法院判决的种类做如下区分：

其一，程序性判决和实体性判决。以判决是针对程序法问题还是实体法问题作出，可将判决分为程序性判决和实体性判决。程序性判决仅针对程序法问题作出裁判，而实体性判决是对争议标的的裁判。

其二，对席判决和缺席判决。以判决前当事人是否经过言词辩论，可将判决分为对席判决和缺席判决。当事人各方经过言词辩论后，法院作出的判决为对席判决。若在言词辩论程序环节，仅有一方当事人或其代理到庭，则法院作出的判决为缺席判决。

其三，给付判决、确认判决和形成判决。这是根据当事人提起的诉的种类而作的区分。给付判决是以给付为内容判决被告负有向原告履行给付义务，这一给付义务具有法律强制性；确认判决仅确认当事人之间存在某项法律关系，而不具有强制执行的内容；形成判决则是使得当事人之间的法律关系被直接改变。

其四，完全判决和部分判决。以判决是否针对争议标的的全部，可以将判决分为完全判决和部分判决。完全判决针对被提起的争议标的的全部进行了判决，而部分判决则只针对部分争议作出判决。

4. 无须法院判决而终结诉讼

民事诉讼中的当事人，基于私法自治原则，也可以通过自己的诉讼行为终结诉讼，而不需要法院作出判决。主要包括以下三种情况：原告撤诉、案件终结、诉讼和解。

其一，原告撤诉。在诉讼文书送达被告之后，诉讼法意义上的起诉则已完成，此时，原告可以向法院要求撤回起诉不再继续进行诉讼程序，从而结束诉讼程序。此时，由于争议程序的结束，法院也无须作出裁判。需要注意的是，撤诉并不是起诉被驳回，也并不意味着原告的诉讼请求不成立。撤诉仅具有程序法上意义。原告撤诉，需要承担诉讼费用缴纳义务。

其二，案件终结。在诉讼程序进行中，如果发生了使案件的法律争议不存在或者失去意义的情况，比如被告履行了债务或者争议的标的物意外灭失等，此时提起的诉已失去了成立的基础。基于对诉讼费用承担的考虑，原告若不愿以撤诉方式结案，则可以向法院声明宣布案件终结。具体有两种情形：一是当事人双方一致提出终结案件的声明，法院无须对案件继续进行裁判，只需要以裁定方式在当事人之间合理确定诉讼费用之承担；二是原告作出终结案件的声明而被告不同意。被告若认为自己能够胜诉，或者不认为案件可以终结时，则会出现这种情形。此时，法院应该将原告的单方声明视为一种诉的变更，即认为原告重新提出了一个要求确认案件终结的诉。

其三，诉讼和解。根据《德国民事诉讼法》第 794 条的规定，在法院参与的情况下，当事人之间可以针对法律争议达成和解。诉讼和解具有双重性质：一是程序法性质，其会导致争议程序的终结；二是实体法性质，是实体法上的和解合同，能够产生债法上的请求权。因此，诉讼和解必须同时遵循诉讼法中关于诉讼行为及其效果的规定和实体法中关于合同的规定。

（三）法律救济程序

根据《德国民事诉讼法》的规定，当事人若对法院的裁判不服，有以下三种法律救济手段和一种特别的救济手段，即第二审上诉、第三审上诉、抗告和再审。前三种法律救济手段都可以使法院的裁判被移送到上一级法院审理，但是不会阻却原判决中判令的临时强制执行。提起法律救济程序的当事人可以向上级法院申请暂停强制执行，申请执行人提供担保的情况下，也可继续实施强制执行措施。再审是以生效判决为前提，以撤销生效判决为目的的一种特别的诉，旨在重新启动对法律争议的审理。正是由于再审与前三种法律救济手段具有一个相同点，即当事人因诉讼而遭受不利，因此再审被称为一种非常的法律救济手段。也正是基于这一考虑，本书将再审纳入法律救济程序中考察。

1. 第二审上诉

(1) 第二审上诉的提出

第二审上诉是针对基层法院或州法院作出的第一审判决。根据《德国民事诉讼法》的规定，提起二审上诉必须在原审判决送达后 1 个月内以书面方式提出，而且提出上诉后，还必须在原审判决送达后 2 个月内向第二审上诉法院书面说明上诉理由。这份书面理由应当包括以下内容：其一，提出具体请求，即明确提出对原裁判要求作出变更的具体事项，对原裁判异议的范围；其二，指明违法性和重要性，即指明原裁判违反法律的情况及其重要性；其三，说明上诉理由，即具体说明对原裁判认定事实的完整性和客观性的质疑理由，以及应当重新认定事实的理由；其四，阐明维权手段和理由，即阐明在第二审上诉中将会采取何种维权手段及其事实理由，并且需要阐明这些手段和理由是法律允许在第二审上诉中提出的。

(2) 对第二审上诉的审查

法院依职权审查第二审上诉是否被允许，这决定上诉是否能启动第二审诉讼程序。通常而言，只要上诉符合提出的条件，一般都能启动第二审诉讼程序。但是，《德国民事诉讼法》第 22 条也明确规定了第二审上诉不被允许的两类情况：其一，超过提起第二审上诉或者说没第二审上诉理由的期限，或者不符合形式要求的，上诉法院将裁定不予受理，当事人对这一裁定可以向联邦最高法院提起抗告。其二，第二审上诉法院经过对案件进行一定程度的审查，认为二审上诉不具备基础性意义，对发展法律和保障司法实践的统一不具有必要性，在向上诉人指出这一意见并说明理由，且允许上诉人在一定期限内表达意见的情况下，经审判庭全体法官的一致同意，可以作出驳回第二审上诉的裁定。这一裁定具有法律拘束力，当事人不得再提出异议。

（3）第二审上诉案件的审理程序

根据《德国民事诉讼法》第525条之规定，在法律没有特别规定的情况下，法律对州法院审理的一审案件的规定，适用于第二审上诉案件审理的随后过程，但庭审和解的过程并不是必要的。因此，第二审上诉程序与第一审程序基本相同。只是有些特别规定需要注意：

其一，第二审上诉独任法官审理。第二审上诉程序中，也存在独任法官审理的情况，但是对第二审上诉的审查，即第二审上诉是否被允许，必须由合议庭进行审查。审查通过后，合议庭才能通过裁定将案件交给合议庭中的一名法官进行审理。

其二，第二审上诉程序对事实的审查。原则上，第二审上诉程序应受一审确定的事实的拘束。但是，第二审上诉程序对下列事实也需要进行审查：一是，在第一审程序中已经提出但未确认的事实，如果这类事实具有重要意义，则应予以审查。同时，对一审程序中已经提出并证实的事实，也不能完全排除质疑，在特定条件下，对上述事实也需要进行重新审查。二是，在一审程序中没有举出的事实，只要符合一定条件，经过审查也可以作为第二审上诉的事实依据。具体包括：因一审法院的疏忽或认为不重要导致当事人没举出的事实；由于一审程序存在瑕疵而没有举出的事实；一审中非因当事人的过失而没有举出的事实。

其三，第二审上诉的判决。第二审上诉审查是对一审判决认定的事实和证据以及适用法律是否正确进行全面审查。第二审上诉法院经过审理，根据不同的情况会作出三类裁判：一是撤销原审判决并作出新的判决，适用于原审判决确有错误的情况；二是发回原审法院重审，适用于在当事人提出申请且事实不清的情况；三是驳回上诉，适用于提起第二审上诉的理由不成立的情况。

2. 第三审上诉

（1）第三审上诉的提出

第三审上诉是针对州法院或州高等法院作出的第二审判决适用法律是否正确而提出的，因此第三审上诉又称为法律审。第三审法院为联邦最高法院。根据《德国民事诉讼法》的规定，当事人提起第三审上诉，需要具备两个方面的条件：其一，实质条件，即具备提起上诉的实质理由。具体而言即是指，案件具有原则性的意义或者对司法实践的统一和法律发展具有必要性，也就是说，需要第三审上诉案件审查的法律问题超出了个案意义（在其他案件中可能会反复出现），联邦最高法院对此予以审查，能够为以后类似案件的裁判提供示范作用。其二，期限条件，具体包括提起上诉的期限和说明上诉理由的期限。提起第三审上诉必须在正式的判决书送达后1个月内提起，最迟不得超过宣判后6个月；说明上诉理由必须在正式的判决书送达2个月内，最迟不得超过宣判后5个月。第三审上诉不具备上述条件的，法院将不予受理。需要注意的是，在民事诉讼中德国联邦最高法院并无启动第三审上诉的职权，是否提起第三审上诉遵循当事人自治原则。

（2）第三审上诉的程序

根据《德国民事诉讼法》的规定，第三审上诉的审理按照州法院的一审程序进行。只是，在第三审上诉程序中，没有法官独任审判的情况，也没有必要再进行庭审和解。第三审上诉程序审查的是原判决适用法律是否正确，而不是一个审理案件事实的审级。在通常情况下，第三审上诉法院以第二审上诉法院确定的事实作为裁判的事实依据，其主要任务就是在确定的事实之下，审查原审裁判适用法律的正确性，即是否适用了不应当适用的法律，或者没有适用或错误适用了应当适用的法律，或者对法律作出了错误的解释。

（3）第三审上诉法院的裁判

第三审上诉法院经过审查，认为原审判决适用法律错误时，应当撤销原审判决。在撤销原审判决的同时，既可以自己作出一个新的判决，也可以将案件发回第二审上诉法院。通常而言，在案件事实已经确定的情况下，若仅是适用法律错误，第三审上诉法院在撤销原审判决的同时会作出一个新的判决；若是案件事实还不能确定，则会在撤销原审判决的同时将案件发回第二审上诉法院。案件发回第二审法院后，第三审上诉法院对法律问题的裁判对第二审法院具有拘束力。

3. 抗告

抗告是针对各级法院作出的裁定，即针对的是与程序相关的问题，而第二审上诉和第三审上诉针对的是案件的实体问题。根据《德国民事诉讼法》的规定，抗告分为立即抗告和法律抗告两种，分别对应于第二审上诉和第三审上诉，且在审级上相平行。

（1）立即抗告

根据《德国民事诉讼法》的规定，立即抗告只能针对基层法院和州法院作为一审法院作出的裁判而提出。法律明确规定了当事人或其他诉讼参与人（证人、鉴定人等）可以采取立即抗告的救济手段的情形，如不服关于诉讼费用援助的裁定、推迟诉讼的裁定等。需要注意以下几点：一是，在期限方面，通常而言提起立即抗告应当在裁判送达后2周内提出，最迟不得超过裁判宣告后5个月。二是，在形式要件上，提起抗告须以书面形式提出，并指明抗告具体针对的裁定，且需要说明理由。三是，在提起抗告的方式上，抗告人既可以向原裁定作出的法院提起抗告，也可以直接向抗告法院提起抗告。原裁定作出法院若认为抗告成立，可以修正原裁定，否则其应当立即将抗告移送至抗告法院。四是，在效力上，提起立即抗告原则上不能导致原裁定延缓生效，即原审法院的诉讼程序将在原裁定下继续进行，但是原审法院和抗告法院都可以根据实际情况决定暂停执行原裁定。五是，在对抗告的审查结果上，抗告法院可以作出两种裁定：若认为抗告理由成立，则会撤销原裁定并作出新的裁定，也可以在撤销原裁定的同时要求原审法院重新作出裁定；若认为抗告不成立，则会予以驳回。

（2）法律抗告

根据《德国民事诉讼法》的规定，法律抗告是与第三审并列的程序，在许多方面都直接援引第三审上诉程序。法律抗告审的管辖法院也是联邦最高法院，抗告人应该通过在联邦最高法院有资格代理诉讼的律师，在原裁定送达1个月内，以书面形式提起法律抗告，并在规定的期限内说明抗告理由。需要注意以下几点：一是，法律抗告不能向原裁定作出法院提出，因而作出原裁定的法院也不可能直接对原裁定进行纠正。二是，提出法律抗告的理由，必须是所涉问题具有原则性意义，或者对司法统一和法律发展具有必要性，这与提起第三审上诉的实质理由是相同的。三是，提出法律抗告，只能以原裁定违反法律为依据，法律抗告程序也只是法律审的上诉手段，原审法院对事实的确认，对其具有拘束力。四是，法律抗告审法院经过审查，若认为抗告理由成立，则会以裁定形式撤销原裁定并作出新裁定，或者发回原审法院并责令其作出新的裁定。

4. 再审

再审是针对已经发生法律效力的法院的判决，即上诉期限届满的判决或者是上诉手段已用尽的判决，旨在对已由生效判决处理过的争议进行重新审理。需要注意以下几点：一是，再审的实质理由。启动再审程序的实质理由只能是原审裁判存在特别严重的程序错误，或者存在严重且明显的判决基础的错误。二是，在期限上，当事人必须在知道可以提起再审的原因后1个月内提起再审，但是在判决发生效力5年之后，则都不得再提起再审。三是，再审的具体请求，根据《德国民事诉讼法》的规定，再审程序可以分为无效之诉和恢复之诉两种，前者是基于严重的程序错误，后者是基于明显涉及判决正确性的问题。四是，再审适用的程序，需要根据作出再审判决的法院所处的诉讼程序的审级来确定，比如再审是针对第二审上诉的判决，则审理程序则是第二审上诉程序，不服再审判决的上诉手段则是第三审上诉。五是，再审的裁判，若原审判决存在错误，再审只能以判决的形式撤销原判决并对原法律争议作出新的判决。六是，再审判决的再审之诉，在符合法律规定的条件的情况下，对再审判决仍然可以提起再审之诉，但是，提起再次再审的理由和事实必须跟前次不一样，且提起再审的期限从前一个再审判决送达时起算。

三、民事特别程序

（一）书证和票据程序

《德国民事诉讼法》第四编专门规定了书证和票据程序，其适用范围仅限于要求支付一定数量的货币、交付一定数量的可替代物或者有价证券。可见，这种程序仅适用于给付之诉。在这一程序中，证据种类局限于书证，这是其与普通程序相比更为快捷简便的原因。需要注意的是，书证和票据程序的适用，由当事人自主决定，即当事人既可以选择适用这一程序，也可以选择适用普通程序。

1. 程序之提起

原告在提起诉讼时，若决定选择适用书证和票据程序，必须在诉状中明确表明，且需要附上书面证据材料，这些书面证据材料能够证明其提出的给付请求成立。当然，在程序进行中，原告可以要求将程序转变为普通程序。

2. 举证的限制

在书证和票据程序中，当事人只能提供书证，而不能提供除此之外的任何其他种类的证据。对证据种类的限制，是这一特殊程序的特点，其目的是为了简化和加快诉讼进程。

3. 判决及其效力

当原告不能提供足以支持其给付请求的书证时，或者被告的抗辩足以否定原告的诉讼请求时，原告提起的诉将会被法院判决驳回。但是，此程序中的驳回起诉判决，并不能阻却原告可以普通程序起诉实现其诉求。在言词辩论结束前，原告可以要求法院将诉讼程序转变为普通程序，而且，这一要求无须经被告同意。

此外，还需要注意的是，在书证和票据程序中不允许提出反诉。

（二）督促程序

《德国民事诉讼法》第七编专门规定了督促程序，以督促债务人履行债务。这一程序的目的是为使债权人（督促程序申请人）可以直接提起要求债务人履行债务请求，而无须经过普通诉讼的程序（起诉—言词辩论—判决）就可以获得一项执行的法律依据。

1. 督促程序的提起

申请人（债权人）向法院提出支付令申请，从而启动督促程序。申请人在提出督促申请时要说明以下事项：其一，明确表明要求法院发出督促通知，并指明双方当事人及其代理人；其二，说明要求给付的具体内容，同时还得说明给付要求不受制于对待给付或者自己的对待给付义务已经履行；其三，说明案件适用普通诉讼程序时的管辖法院。

2. 督促程序的管辖

督促程序由申请人的住所地或居住地的基层法院管辖，且与申请人要求支付的货币数额无关。同时，为了程序的便捷和提高效率，《德国民事诉讼法》还规定了以电子设备处理阅读的支付令申请方式；各州州政府还可以确定由一个基层法院集中管辖以电子设备处理阅读方式提出的督促申请。在司法实践中，德国各州都实施了这一规定，将本州法院管辖的督促程序案件确定由少数几个基层法院集中管辖。

3. 督促程序的发展

督促申请提交法院后，由法院的司法协助员负责审查申请，这种审查只是形式意义上的审查。经过审查，若支付申请符合法定要求，法院会向督促申请相对人发出支付令，相对人在收到支付令两周内，要么积极履行给付义务，要么提出异议。若相对人既不提出异议，也不履行给付义务，申请人可以申请法院发出执行通知，申请人可以据此申请法院强制执行。当然，相对人提起异议后，案件就转入普通诉讼程序审理，且案件的管辖法院也需要根据普通诉讼确定管辖法院的规则来确定。

（三）强制执行程序

强制执行程序是民事诉讼程序的一个有机组成部分，但是，又是一个相对独立的民事诉讼程序。这种独立性表现在，其不需要经过前面的审判程序，或者独立于前面的审判程序，也并不需要一个判决。只要有可供强制执行的生效法律文书，这一程序就可能启动。

1. 强制执行程序的法律渊源

强制执行程序的法律渊源主要包括：其一，《德国民事诉讼法》第八编的规定，具体包括一般规定、以货币给付为目的的执行措施、不以货币给付为目的的执行措施、代替宣誓的保证和拘留、扣押和暂时处分；其二，《强制拍卖和强制管理法》，对以不动产为执行标的的情况进行了详细规定；其三，《司法协助员法》，对作为执行员的司法协助员的工作内容进行了规定。

2. 强制执行的主体

（1）执行法院

执行法院是采取执行措施的重要主体，确定执行法院的标准是执行措施行为地的基层法院。在执行程序中，执行法院具有双重职能：其一，在其职责管辖范围内采取执行措施，主要包括：因债权人的货币债权对债务人的债权、不动产和其他财产权采取执行措施；对动产执行后，主导变价所得金钱的分配程序；在动产执行中采取变更查封物品、采取非由执行员主持的其他拍卖方式等。其二，在当事人对执行员的执行措施提出异议时，作出裁决。针对这一裁决，当事人可以向上级法院提起立即抗告。

（2）法院执行员

根据法律规定，除了应由法院采取执行措施的情况以外，都交由法院执行员来实施执行。法院执行员在强制执行程序中可以采取的强制措施包括：对动产采取查封和拍卖措施、收缴纸面票据、消除债务人对抗行为、强行搜查、遇到被执行人反抗时要求警察协助等。但是，在非紧急情况下，执行员搜查债务人住所需要申请执行法院发布命令。

（3）一审诉讼法院

一审诉讼法院对执行标的是债务人的作为、容忍或者不作为的执行措施具有专属管辖权，同时，一审诉讼法院的法官还有权决定对被执行人进行罚款和拘留。当事人对一审法院在执行程序中作出的裁定，可以向上级法院提起立即抗告。此外，在执行程序中提起的诉讼，比如针对执行条款的起诉等，一审诉讼法院具有管辖权。

（4）土地登记部门

当强制执行措施需要在土地登记簿上进行登记时，比如土地的强制抵押，土地登记部门也是执行的主体。在德国，土地登记部门大多设在各个基层法院，其对外也是以基层法院的名义进行活动。只有巴登-符腾堡州设立了正式的土地登记部门的专门机构。

3. 强制执行的条件

强制执行措施，对被执行人具有直接的影响，因此，法律对强制执行规定了严格的条件，具体包括：债权人的申请、执行名义、执行条款、送达被执行人（债务人）等。在此重点分析执行名义、执行条款和送达被执行人三个条件。

（1）执行名义

执行名义，是一种公文文书，该公文文书能够证明债权人实体法上的请求权，且赋予了该项实体请求权通过执行措施得以实现的可能性。执行名义是强制执行的基础，其确定了当事人、实体权利的内容、执行措施所指向的标的等。执行名义的外延包括，法院的最终判决（即某一审级的最后判决，并不要求是最终审级的判决）、法院作出的具有可执行内容的其他裁判文书、庭审和解笔录、仲裁裁决、庭外律师主持达成的和解协议、其他可执行的文书等。

（2）执行条款

执行条款，是指法院判决书官方副本末尾，由法院书记员加注的一段文字，其内容为：此副本交予某某（指明当事人）以供强制执行之用，由书记员签名并加盖法院公章。这是官方对执行名义可执行性的证明，其目的就在于减轻采取执行措施工作的负担，以直接明确的文字向执行机关表明了公文的可执行性。执行条款对执行机关而言，有两方面的作用：其一，省去执行机关对执行名义可执行性审查的工作；其二，执行机关必须遵循执行条款的指示。这意味着，执行机关不能仅根据债权人的申请而采取执行措施，而必须以执行条款作为根据。对所有执行名义而言，执行条款都是必要的，只在执行督促程序中的执行通知、扣押、暂时处分、对诉讼费用的裁定时，才属例外情况。

从功能上来看，执行条款对执行名义的可执行性能够起到证明和宣示的作用，同时还可以发挥转换和补充的功能。具体而言：其一，转换功能，即转换执行名义的功能，在出现权利继受者情况下，需要由执行条款将判决确定的权利人转换为其权利的继受者。否则，当事人需要再次起诉才能获得一项新的执行名义。这是由强制执行的形式审查原则决定的，即执行主体只根据执行条款指明的情况采取执行措施，而不能对权利继受这一实体问题进行判断。其二，补充功能，即补充执行名义的功能，在执行名义的内容取决于发生某种事实的情况时，由执行条件将这一事实明确确定，一般是对日期或对执行提供担保的确定，如自某日开始债权人可申请强制执行、债权人提供某执行担保后可申请强制执行。

（3）送达被执行人

根据德国法律的规定，执行名义送达被执行人是启动执行程序的必备条件。执行名义不同，对送达的要求也不同，具体而言：其一，对于判决来说，必须在执行开始前或执行开始时送达债务人，以便债务人在执行程序中维护自己的利益；其二，对于不依附于判决的可执行文书和诉讼费用的裁定，则必须在执行开始前两周送达债务人；其三，执行条款对执行名义作出了转换和补充时，需要向债务人送达判决书、执行条款和作为证据的公文或公证文书副本，以便债务人了解执行条款作出转换和补充的原因和整个过程。

4. 强制执行的过程和法律救济

强制执行程序的开始，以执行主体对被执行人采取执行行为为标志；强制执行的过程，则是由前后相继的一系列执行行为措施共同组成。以因货币债权对动产的执行为例，执行程序始于执行员对被执行人动产的查封或者对被执行人住所的搜查，而执行的过程则包括搜查、查封、拍卖、交付拍卖所得价款等前后相继的一系列的执行行为。

执行程序中，法律为了平衡保护申请人（债权人）和被执行人（债务人）双方的利益，规定了执行程序中的法律救济方式，主要包括异议、立即抗告、债务人对抗执行之诉、第三人异议之诉等。同时，法律还规定了与上述救济手段相联系的暂停执行程序的紧急措施。《德国民事诉讼法》第 775 条规定了暂停执行程序的条件，如撤销判决、暂停执行程序的裁决、有证据证明债权人的请求权已经实现等。需要注意的是，强制执行程序被暂停以后，若使得执行程序暂停的前提条件不再存在，执行程序并不因此而自动重新继续进行，而必须以债权人提出继续进行的申请为必要条件。

5. 强制执行的种类

《德国民事诉讼法》第八编对强制执行的种类进行了规定：以货币给付为目的的执行、以物的交付或债务人的行为为目的的执行、代替宣誓的保证和拘留①、扣押和暂时处分。不同种类的执行，其具体的执行手段、执行过程和执行形式都不相同，不能混淆。

（1）因货币债权的强制执行

因货币债权的强制执行可以区分为对动产的执行和对不动产的执行两类：

其一，对动产的执行。债权人货币债权的实现，可以通过对债务人其他财产标的进行变价获得价款而实现。这类财产标的包括：债务人对他人拥有的债权；债务人对他人拥有的债法和物权法上的以交付为内容的请求权；债务人要

① 代替宣誓的保证，以前翻译为“公开宣誓”。1970 年以后，这种措施不再被称为宣誓。所以，相对于以前的称谓，这种措施现在叫做“代替宣誓的保证”。参见谢怀栻译：《德意志联邦共和国民事诉讼法》，中国法制出版社 2001 年版，第 248 页脚注。

求他人完成特定行为的请求权；债务人拥有的专利权、著作权、优先购买权、期待权等。上述财产标的，都能够以货币来计算其价值，并可以变现为一定数额的货币，债权人因此能够实现其货币债权。

其二，对不动产的执行。债权人货币债权的实现，还可以通过执行债务人的不动产来实现。这些不动产主要是土地和不动产物权（地上权、住宅所有权等）。与对动产的执行相比，对不动产的执行情况要复杂些，具体而言：一是，在法律渊源上，对不动产执行的法律渊源除了《德国民事诉讼法》之外，还有专门的《强制拍卖和强制管理法》；二是，在涉及的当事人方面，对不动产的执行还会因物权实体法的规定涉及不动产使用承租人、收益承租人等。因此，法律对动产执行和不动产执行规定了不同的规则。对不动产强制执行的措施主要有三：一是，强制抵押，它使得债权人对该不动产拥有抵押权，在拍卖不动产时债权人因此而享有优先受偿权、在债务人破产时债权人享有别除权。二是，强制拍卖，债权人能够以拍卖所得的价款实现自己的债权。三是，强制管理，债权人管理债务人的不动产，比如债务人出租房屋获得租金，以此来满足债权人的债权。

（2）因其他请求权的强制执行

这类强制执行的标的可分为三类：一是，债务人交付某物的请求权，包括交付不可替代物（如特定的不动产）和一定数量的可替代物（比如动产等）。二是，债务人作出某种行为的请求权，具体包括要求债务人为或不为一定的行为或者容忍债权人的某种行为。三是，债务人作出某种意思表示的请求权，即债务人作出某种确定的意思表示，如签订债务合同、不动产转让合同等。

（3）代替宣誓的保证和拘留

代替宣誓的保证，是指在债权人的债权不能通过查封债务人财产得以全面实现的情况下，为了让债权人了解债务人的财产状况，法律规定债务人有义务制作财产目录并作必要的说明，指明应交付的物位于何处，并由法院对此制成笔录，债务人对笔录的真实性作出保证。若债务人拒绝作出这一保证，债权人可以申请法院拘留债务人，拘留的最长期限为6个月。债务人只要作出代宣誓的保证，即可重获自由。

（4）扣押和暂时处分

扣押是对货币债权的保护措施。当不采取扣押措施会使得将来判决的执行变得不可能或者出现严重困难时，债权人可以申请法院作出扣押命令。债权人可以向对案件有管辖权的法院或者需要扣押之物所在地的基层法院提出申请，法院只要确信债权人享有货币请求权，而且存在需要扣押的原因，即影响将来判决的执行，法院就会发布扣押命令。法院也可以要求债权人（申请人）提供扣押担保。

暂时处分措施是对非货币请求权的保障措施。从理论上区分，暂时处分可分为以下三种情况：其一，保全处分。即为了保证将来判决的可执行，对债务人财产处理行为的约束，如当存在债务人恶意转让财产损害债权人债权的情况时，法院对债务人作出禁止转让的命令，或者要求将标的物交由指定的官方管理人实际控制。需要注意的是，保全处分不会将标的物直接交予债权人。其二，规制处分。即是为了对已经存在的法律关系中的某种状态进行规制，主要体现在持续性的法律关系当中，如劳动关系、合伙关系、合伙人或股东之间的关系等，为了避免出现严重不利情况，法院可以对某种法律关系状态作出规制处分。比如，为了防止企业利益持续受损，制止执行企业事务的股东所进行的损害企业利益的行为，可以要求法院暂停该股东行使权利。其三，清偿和给付处分。这一处分措施是在司法实践中形成的，在法律条文中没有明确规定。在关涉债权人的生存或者其严重紧急情况下，法院可要求债务人先满足债权人的给付要求。法院对债务人的此种给付处分，通常出现在抚养关系和侵权关系中，如债权人无生活来源或因侵权行为造成劳动能力之减损或丧失，债权人可要求法院命令债务人（加害人）暂时支付一定的费用。

第四节　德国刑事诉讼制度

一、刑事诉讼概述

（一）刑事诉讼的法律渊源

德国刑事诉讼的法律渊源主要包括：其一，《德国刑事诉讼法》，该法总共由八编组成，包括总则、第一审诉讼程序、法律救济程序、再审、被害人诉讼参与、特别程序、刑罚执行和诉讼费用、超越州界限之检察机关之诉讼记录。其二，《德国基本法》，基本法确立的原则和基本权利是刑事诉讼重要的法律渊源，如第 103 条确立的罪刑法定原则、第 97 条确立的法官独立原则、第 1 条规定的人的尊严神圣不可侵犯、第 2 条规定的每个人都有自由发展其人格的权利、第10条保障公民的通信邮件和通讯秘密、第13条保障公民的住宅不受侵犯等。其三,《欧洲保护人权和基本自由公约》,该公约重申和保障了每个公民在刑事诉讼中的权利,如每个人都有权要求通过正当程序,在公开的法庭面前接受不偏不倚的审判;每个人都应当作无罪推定等。其四,《德国法院组织法》详细规定了刑事法院的组成和管辖、检察机关的设置和管辖、刑事法庭的审理和判决等重要问题。其五,《德国法官法》对法官的种类、任职资格、法官的独立性、法官的权利和义务等作出了详细规定。其六,《德国联邦律师条例》对律师制度作了详尽规定,律师在刑事诉讼中的行为必须符合该条例的要求。其七,德国《青少年法院法》对青少年(14周岁至21周岁)的刑事起诉和审判,规定了不同于适用于成年人的普通刑事诉讼的特殊规则。

(二) 刑事诉讼的原则

刑事诉讼原则,是指由基本法、刑事诉讼法等刑事诉讼法律渊源明文规定或由其条文所蕴含的精神价值可推导出来的,指导刑事诉讼程序参与人进行诉讼活动的根本准则和规范。刑事诉讼原则可分为基本原则和具体原则,前者是指对整个刑事诉讼过程具有指导作用的原则,后者是指对刑事诉讼的个别具体阶段具有指导作用的原则。

1. 刑事诉讼的基本原则

刑事诉讼的基本原则包括法治国原则、听取当事人意见原则、无罪推定原则、不得强迫自证其罪原则、一事不再理原则等。

(1) 法治国原则

《德国基本法》第20条第3款以及其他相关条款确立了法治国原则。在刑事诉讼领域,法治国原则意味着:国家的刑事司法制度要能够有效打击犯罪保障公民的人身财产安全,这就要求国家的刑事司法权力机关要查明案件事实,实现公平正义维护社会秩序;同时,法治国原则也要求国家刑事司法权力不得滥用,而必须尊重公民的基本权利,尤其是犯罪嫌疑人和被告人的基本权利,不得以侵害基本权利的方式追求刑事诉讼目的的实现。因此,在刑事诉讼领域,法治国原则可具体化为以下几项原则:

其一,法官法定和法官独立原则。《德国基本法》和《德国法官法》都规定了这一原则,即法院的管辖权由法律一般性地作出规定,禁止制定特定的法官审理特定的案件;法官审理案件只服从法律和自己的良心,不受其他任何主体的干涉。

其二,正当程序原则。《德国基本法》和《欧洲保护人权和基本自由公约》中明确规定了这一原则，《德国刑事诉讼法》也体现了这一重要原则。这一原则对立法者和司法者都提出了基本要求：立法者制定和修改《德国刑事诉讼法》必须确保整个刑事诉讼构造符合正当程序要求；司法者必须严格遵循《德国刑事诉讼法》的规定确保整个刑事诉讼程序进行都符合正当程序要求。正当程序原则的内涵十分丰富，可以说整部《德国刑事诉讼法》的目的就在于构建一个符合正当程序要求的刑事诉讼程序。在此着重强调由这一原则派生出来的两个原则：当事人诉讼地位平等原则和快速审理原则。当事人诉讼地位平等原则，又称武器平等原则，即刑事诉讼参与人的诉讼地位平等，尤其需要强调的是国家刑事追诉机关与被追诉人的诉讼地位平等，拥有平等的武器，即二者的诉讼权利相当。《德国刑事诉讼法》明确规定了被追诉人享有的一系列程序性权利和辩护权利。快速审理原则，是对刑事诉讼效率的要求，即要求刑事追诉机关快速推进诉讼程序，要求法院严格遵循审限规定，不得无故随意拖延审理，从而避免被追诉人遭受长期讼累。

其三，比例原则。这一原则要求刑事司法权力行使应该是正当的、必要的、适度的。具体而言：（1）正当性。即采取的措施是为了实现刑事诉讼的正当目的。（2）必要性。即所采取的措施是为实现诉讼目的所必要的，除了这一措施，客观上不能采取更为轻缓的措施。（3）适度性。即所采取的措施对权利的侵害程度与行为人的犯罪嫌疑程度、刑事案件的重要程度是相适宜的。

（2）听取当事人意见原则

《德国基本法》第103条第1款明文规定了这一原则，《欧洲保护人权和基本自由公约》中对此也有规定，《德国刑事诉讼法》第33条也明文规定，法院在审判过程中作出裁判时，应当事先听取当事人的意见。对于法院而言，这一原则课以其听取诉讼参与人尤其是被告人对案件事实问题和法律问题作出的陈述、说明和辩解的义务；对于诉讼参与人而言，即意味着其有权对案件事实问题和法律问题发表意见、作出陈述、提出查证申请，并有权了解法院是否采纳其查证申请。

（3）无罪推定原则

《欧洲保护人权和基本自由公约》第6条第2款规定，任何被指控实施犯罪行为的人，在依法定程序被证明有罪之前，视为无罪。德国联邦宪法法院也认为，法治国家原则包含了无罪推定原则。尽管《德国刑事诉讼法》没有明文规定这一原则，但是，无罪推定作为一项基本的刑事诉讼原则在德国法律中有体现，也得到了德国司法部门的信奉。这一原则，旨在确定未经法定诉讼程序证明之前，任何人不得被视为有罪。法院审理具体案件时，在对诉讼证据进行判断的过程中，无罪推定原则具体表现为疑罪从无（从轻），即对于存疑的案件要从有利于被告人的角度进行处理，综合全案证据材料若难以确定被告人构成犯罪，则应按被告人无罪处理；若难以确定被告人构成重罪还是轻罪，则应按轻罪处理。

（4）不得强迫自证其罪原则

《德国刑事诉讼法》第136条第1款规定，被指控人对针对自己提出的刑事指控有权发表意见，也有权保持沉默。第55条第1款规定，证人有权拒绝回答可能会使他自己或其亲属受到刑事追究危险的问题。这表明，刑事诉讼中被指控人和证人都享有不自证其罪的权利。这一原则的核心内涵，即是任何人都无义务自己指控自己、自己证明自己有罪。

（5）一事不再理原则

《德国基本法》第103条第3款规定，任何人都享有不因同一行为而受到重复定罪的权利。因此，这一原则又被称为禁止双重负担原则。一事不再理原则，旨在禁止国家刑事司法权针对同一行为人因同一行为处以两次刑事处罚。

2. 刑事诉讼的具体原则

刑事诉讼的具体原则，是指那些在刑事诉讼的具体诉讼阶段具有指导性的、刑事司法权行使必须遵循的准则。根据刑事诉讼程序的发展过程，可具体分为刑事侦查阶段和刑事审判阶段这两个主要程序阶段。

（1）刑事侦查程序的原则

侦查程序中，指导检察机关和警察进行侦查的具体原则包括国家追诉原则、客观性原则和起诉裁量原则。

其一，国家追诉原则。即针对犯罪行为，由检察机关代表国家来追诉，检察机关和警察部门负有追诉犯罪行为的义务，法院负有根据检察机关的起诉进行审查裁判的义务，检察机关、警察部门和法院都不得违反这一义务。

其二，客观性原则。即要求检察机关和警察部门在行使职权时必须全面客观、不偏不倚，既要查明指向有罪的情况，还应查明指向无罪的情况。

其三，起诉裁量原则。即检察机关根据《德国刑事诉讼法》的规定，在综合全案情况和衡量利益的基础上，有权决定对某些行为不起诉。检察机关裁定不起诉的情形通常都是情节轻微、无追诉必要的案件。

（2）刑事审判程序的原则

刑事审判程序中，指导法官审理裁判活动的具体原则包括公开原则、言词辩论原则、直接原则、自由心证原则和疑罪从无（从轻）原则。

其一，公开原则。即法院的审理和裁判都必须公开进行，但是德国法律也禁止广播、电视台直播审判过程，不允许对庭审进行录音、录像。

其二，言词辩论原则。即所有据以定案的证据都必须在法庭经过诉讼参与人的口头辩论，法院的判决也只能以经过言词辩论的证据为基础，而不能仅建立在检察官移送的案卷的基础上。未经法庭辩论的证据，不得作为判决的依据。

其三，直接原则。即要求法官必须在庭审过程中亲自审查判断证据，不能仅依据案卷材料裁判案件，而且，必须采用最直接、最接近的证据而不能采用替代证据。《德国刑事诉讼法》第 250 条规定了证人证言优先于书面证据的规则。

其四，自由心证原则。《德国刑事诉讼法》第 261 条规定，法官根据其自由的、从审理的整体过程中获得的确信，对证据调查的结果作出裁判。这表明，法官基于言词辩论原则和直接原则，对全案的证据材料进行全面审查，并自由地作出评判，以其内心确信为标准作出裁判。

其五，疑罪从无（从轻）原则。即要求法官对被告人构成犯罪不能形成内心确信时，应当从有利于被告人的角度，宣告其无罪；在难以确信被告人是重罪还是轻罪时，应当按轻罪来处理。

（三）刑事诉讼的阶段

根据《德国刑事诉讼法》的规定，一个完整的普通刑事诉讼程序可划分为前后衔接的四个阶段：侦查程序、审查起诉程序、审判程序、执行程序。

1. 侦查程序

刑事侦查程序，又称为审前程序、准备程序，这一程序由检察机关主导，警察部门在检察机关的指导下对收集固定证据、采取侦查措施、追缉嫌疑人等。在这一程序中，既要收集有利于证成被指控人有罪或罪重的证据材料，也要收集被指控人无罪或罪轻的证据材料。侦查活动的顺序，由侦查机关根据侦查的目的和具体状况来确定。侦查程序终结后，由检察机关代表国家向法院提起公诉，或者决定不起诉从而终止诉讼程序。

2. 审查起诉程序

审查起诉程序，又称为中间程序，即在检察机关向法院提起公诉后，在法院正式启动审判程序之前的这一程序过程。在这一程序中，法院对检察机关的公诉和申请进行审查，并就是否启动审判程序作出裁定。

3. 审判程序

审判程序自法院签发启动裁定时正式开始，法院在这一程序中通过言词辩论等来认定案件的事实，并在此基础上作出内容明确的实体裁判。这一程序是整个刑事诉讼程序中的核心，因而又被称为主要程序，以区别于审前程序和中间程序，法院在这一程序中的审理也被称为主要审理。

4. 执行程序

法院经过审查，对被告人作出有罪的判决，当这一判决正式生效后，刑事诉讼程序就进入刑事判决的执行程序。这一程序包括了全部实施生效刑事裁判的措施。需要注意的是，在德国负责刑罚实施的机关是检察机关，但是具体执行刑罚的机构则是监狱。

二、刑事诉讼程序

（一）刑事诉讼侦查程序

在德国，刑事侦查程序由检察机关主导，警察部门在检察机关领导下配合进行侦查活动。侦查程序和紧接着的法院审查起诉程序（又叫中间程序）因都是在法院正式审判程序之前，故又称为审前程序。审前程序的目的有两个，一是收集犯罪证据，为后续的程序做准备；二是对案件进行初次甄别，将不需要进入审判程序的案件筛选出来。这其中，检察机关主导的侦查程序是第一次甄别筛选，法院的审查起诉程序（中间程序）则是第二次筛选，目的就是为了更好保障犯罪嫌疑人的权利，使其不致轻易地接受刑事审判。刑事审判则是第三次筛选，犯罪嫌疑人、被追诉人和被告人的权利能够得到全程的保障。由于侦查程序是整个审前程序的主要部分，因此本书主要介绍侦查程序，附带介绍中间程序。

刑事侦查的目的是为了查清犯罪事实、获取和保全证据材料、抓获犯罪嫌疑人，为了实现这一目的，侦查机关必须采取相关的侦查措施。这些措施会对犯罪嫌疑人和其他相关人的基本权利造成侵犯。为了在查获犯罪和保障人权之间实现平衡，划清刑事侦查权力的边界，《德国刑事诉讼法》对侦查措施的运用作出了详细的规定。

1. 对人身自由的限制措施

《德国刑事诉讼法》规定了三种限制人身自由的措施：为查明身份而暂时剥夺自由、暂时拘留和侦查羁押。

（1）为查明身份而暂时剥夺自由

《德国刑事诉讼法》第163条规定，检察机关和警察部门对其怀疑已实施犯罪行为的人，为查明其身份可以暂时剥夺其自由。这一措施与我国的“留置”措施比较相似。为查明身份而暂时剥夺自由的措施，不得超过为查明身份所必要的时间，最长不得超过12小时。被采取措施的人，有权要求即时将情况告知其亲属或其他信赖的人。除非这会影响侦查目的之实现，否则不得拒绝。

检察官和警察为查明身份有权命令采取必要的措施，但是，只有在通过常规手段，如搜查证件，不能查明身份时，才可以进行搜查、拘留、提取指纹和拍照。为了查清犯罪事实，对于无犯罪行为嫌疑的人也可以采取这一措施，以确认他们的身份，但是，除非有可能查到违禁品，不得违背其意志进行搜查和提取指纹。在查明身份后，根据被采取措施的人是不是犯罪嫌疑人，对验明身份的文件材料需要作出不同的处理：确认是犯罪嫌疑人的，其材料可以作为证据；被排除嫌疑的，则相关材料必须销毁。

（2）暂时拘捕

《德国刑事诉讼法》第127条规定了暂时拘留措施，这一措施的目的是拘捕嫌疑人以便检察机关或警察能够启动对他的侦查程序。《德国刑事诉讼法》明确规定了适用暂时拘捕的条件：其一，犯罪嫌疑人正在实施犯罪行为被发现或被追捕；其二，嫌疑人可能会逃脱德国法律的制裁，如逃离德国法院的管辖，或者毁灭证据。《德国刑事诉讼法》还规定了普通公民也可以拘捕犯罪嫌疑人，但是只能针对现行犯或正在被追捕的犯罪嫌疑人。

犯罪嫌疑人被拘捕后，必须尽快带至基层法院法官面前，时间不得迟于拘捕后的次日。法官在询问犯罪嫌疑人过程中，应当指出对其不利的情况，并告知其有权对指控作出陈述，也有权保持沉默。在询问犯罪嫌疑人并听取其陈述后，法官根据具体情况，决定对其实行羁押措施还是将其释放。

（3）侦查羁押

侦查羁押，又称审前羁押，是限制人身自由最为严厉的一种措施。这一措施类似于我国批准逮捕之后的羁押。对被指控人进行羁押必须满足实质要件和程序要件。

①羁押实质要件：首先，被指控人必须具有作案的重大嫌疑。其次，必须存在《德国刑事诉讼法》第112条第2款和第112a条第1款规定的法定羁押理由。即使符合了上述两项实质性的羁押条件，法官签发羁押令时还必须遵守适度原则，即为了查明事实真相，尽快开展刑事诉讼活动，非羁押犯罪嫌疑人不可。此外，《德国刑事诉讼法》还规定了暂缓执行羁押制度，是指法官虽然以有逃逸危险签发了羁押令，但是如果可以充分期待，羁押的目的也能通过其

他不如此严厉的非羁押手段达到，那么羁押令就应当暂缓执行。

②羁押的程序要件：为防止嫌疑人受到不当羁押，法律规定只有法官才有权签发羁押令。在侦查过程中，羁押令由侦查法官签发；在检察机关已经提起正式的起诉后，羁押令由审判法官签发。羁押令必须以书面形式签发。法官签发羁押令，通常由检察机关提出申请。但在法官无法联系到检察官，并且延迟会发生危险的情况下，法官也可依职权签发羁押令。羁押令签发后，由警察执行。

犯罪嫌疑人不服法院的羁押令的，有权获得救济。通常有两种方式：其一，他可以就羁押令提起上诉，这种上诉通常由地区法院不经口头审理而作出裁决。其二，可以申请签发羁押令的法官对羁押令进行复议，这种申请可以由被羁押人随时提出。

2. 搜查

搜查是侦查阶段一项必要和常用的侦查措施。一旦具备了足够的事实证明发生了刑事犯罪行为，只要某件物品可能被作为未来刑事诉讼中的证据，或者作为被收缴或追缴的客体，而这些物品又没有被放置在容易发现的地方，或者有关人员并未自愿交付该物品，就应当进行搜查。

搜查针对的对象首先是犯罪嫌疑人，犯罪嫌疑人通常是涉嫌实施犯罪行为的主犯，但也可以是共犯，或者是具有庇护、藏匿或窝赃嫌疑的人。搜查针对的物品，包括犯罪嫌疑人的住宅和其他房间，还包括属于犯罪嫌疑人的所有物品。搜查的目的主要有两个：一个是为了抓捕犯罪嫌疑人，另一个是为了查找、收集证据材料。

搜查令必须以书面形式作出，并且必须注明搜查的地点和希望找到的物品。搜查的命令，原则上只能由法官下达。但是如果迟延会发生危险的，检察机关及其侦查人员即警察也有权下达搜查令。对犯罪嫌疑人以外的其他人搜查令，只能由法官下达，如迟延会发生危险，检察机关也有权下达，单作为检察机关侦查人员的警察则无权下达。

受到搜查影响的公民可以要求对搜查的合法性进行司法审查。如果搜查是依法院的搜查令进行的，被搜查者可以向州法院提出抗告。如果搜查是由检察官或警察命令进行的，则被搜查者可以要求事后进行司法确认。

3. 扣押物品

扣押是指侦查机关通过正式的保全手段，将特定物品收归官方保管的行为。在侦查程序中，侦查机关需要对涉案的物品进行扣押和保全。根据扣押的不同目的，可以分为旨在获取和保全证据的扣押、出于收缴或追缴目的进行的扣押。在程序方面，扣押令原则上只能由法院下达。只有在延迟会产生危险时，才可由检察机关及其侦查人员下达该命令。

4. 身体检查

由于人的身体状况可以成为重要的证据，刑事诉讼法允许检查嫌疑人或证人的身体，即使犯罪嫌疑人和其他相关人表示反对，因此也可称之为强制性身体检查。身体检查主要包括：对身体进行简单的检查，如搜身；抽血或提取细胞组织及其他侵入身体的措施；拍摄相片、提取指纹、测量及其他措施；DNA检测；DNA 身份鉴定。

由于强制性身体检查措施对犯罪嫌疑人、其他相关人甚至不特定多数人的人身权、隐私权和其他人格权构成严重侵犯，因此实施这种情形体检有严格的实体要件和程序要件要求。原则上只有法院才有权下达强制性身体检查的命令。

5. 对私人通信的监控

常用的监控手段主要有：检查邮件；监控和记录电子通信；其他电子监控和记录。

（二）刑事诉讼第一审程序

1. 公诉

（1）检察机关提起公诉

根据《德国刑事诉讼法》第 170 条第 1 款之规定，当侦查的结果提供了"充分理由"时，检察院有义务向刑事法院正式提起公诉。原则上公诉必须采用书面形式，起诉书由三部分组成：对被告相关行为的描述；对这一行为所违反的刑法条款的引用；以及指控所依据的证据总结，包括与量刑有关的证据。在两种情况下可以进行口头起诉：征得法院和被告人的同意后，在审判中对原先的起诉进行修改；以及检察官决定对法律和事实都很简单的刑事案件使用简易程序。

起诉是基本原则，不起诉是例外。依据德国现行刑事诉讼法，以下几类案件，检察机关可以决定不起诉：①犯罪情节绝对轻微或相对轻微，检察机关认为无追诉必要的案件；②行为人在国外事实的犯罪，或行为人已引渡给外国审判的犯罪，出于维护国家利益不需要追诉的案件；③虽然应当追诉，但其他公共利益比追诉犯罪具有优先性的案件；④犯罪情节比较轻微或不太严重，追诉犯罪的公共利益通过其他方式得到弥补的案件；⑤被害人可以自行对犯罪进行追诉的案件。

(2) 法院对公诉进行审查

检察院提起公诉之后，法院应当将起诉书副本送达被告人，然后审查检察官提交的卷宗，审查证据是否充分，以此决定是否将被告人提交审判。主要存在以下三种情形：①法院认为证据充分，可以进入审判阶段，则裁定开始审理案件，必要时可以在检察院提出的事实的基础上，变更其法律评断。②法院认为指控中不存在需要维护的公共利益，则有权撤销案件，但必须征得检察官的同意。③法院认为被告人没有“足够的犯罪行为嫌疑”时，可以拒绝受理案件。在此情形下，检察院有权对法院的裁定立即提出抗告。

2. 审判

口头和公开的审判是德国刑事诉讼程序的核心。在现代程序中，所有的证据都要在审判中提交，所有与判决有关的事项都要经过辩论。

(1) 审判遵循的主要原则

①公开原则。《德国法院组织法》第 169 条规定，审判包括判决应当公开，但是不允许为了发行目的制作庭审的录音录像。公开原则适用于所有对成年人的审判，以及部分庭外审理阶段，如法庭勘查犯罪地点。但审判程序的其他阶段，例如审前的司法听证，法庭委托法官询问证人，以及法庭评议都不对公众公开。而且在对成年人的审判中，如果涉及一定敏感问题，例如职业秘密、个人隐私等，法庭也可以禁止公众和媒体记者参与部分审判。

②口头原则。《德国刑事诉讼法》强调判决只能建立在审判中经过口头辩论的事项的基础之上。即使是文件，在审判中也必须被宣读；还有属于“常识性”的事项，只有在审判中经过辩论才能在判决中引用。口头原则要求在审判开始之后法庭组成不得改变。如其中任何一位法官不能参加，则审判必须重新开始，因为替代的法官无法获知审判早期阶段介绍的口头信息。

③集中审理原则。集中审理原则是与口头原则紧密相关的另一个原则。因为法庭判决必须建立在通过审判过程中得来的生动印象的基础之上，所以审判不能被长时间间隔，以免法官淡忘了在审判中的所见所闻。《德国刑事诉讼法》第 229 条第 1 款规定，正在进行的审判最多延期 10 日。只有当审判已经进行至少 10 日时，才允许一次中断 30 日。如果法庭没有遵守这一严格的时间规定，审判必须重新开始。

(2) 审判的主要步骤

在审判开始时，由审判长确认被告人、辩护人及其他诉讼参与人是否已经到庭，确认证据是否已经调取，告知证人如实作证的义务，并要求其在法庭外等候传唤。当证人离开法庭时，由审判长确定被告人的身份。接下来由检察官宣读起诉书，审判长随后告知被告人可以自行决定针对公诉进行陈述或者保持沉默的权利，被告人对起诉发表意见的，则依一般规定对他进行讯问，在审判长结束对被告人的讯问之后，他将许可其他法官、检察官、被害人的代理人和辩护律师向被告提出其他问题。

讯问被告人之后就是举证、质证、认证活动，由审判长决定证据的出示顺序，由诉讼参与人提出证据并互相进行质询，证人和专家证人像被告人一样接受询问和质疑。在这一阶段，诉讼参与人特别是被告人，可以在任何时候向法庭提出查证申请，要求法庭收集其他证据。只有在法律明文规定的情况下，法庭才能驳回其查证申请。主要有以下几种情况：收集证据不合法；证据不适当或无法获取；无须查明的显而易见的事实；提出申请是为了拖延诉讼；对裁判没有意义或者已被证明的事实。

展示全部证据之后，审判长结束举证程序，并由双方当事人进行总结陈述。首先由检察官对举证、质证的情况进行总结，并提出定罪量刑的意见，然后由代理人和辩护人向法庭作出陈述，最后，由被告人本人进行最终的陈述。在总结陈述之后，审判长宣布休庭。

3. 法庭评议

休庭后法庭进行秘密评议。评议由审判长主持，通常先由审判长或报告法官对证据和庭审争议问题进行总结，然后由其他法官发表意见。除法律另有规定外，法院应以绝对多数票作出判决。如果在罪和罚的问题上无法达成一致，对被告人不利的裁决需要 2/3 多数通过；在程序问题和诉讼费用问题上，投票需要达到绝对多数；在由 2 名法官和 2 名参审员组成的法庭中，如果最终票数为 2∶2，则审判长的投票具有决定性；在刑罚问题上形成两种以上不同意见，且没有一种意见构成多数的，则以较轻缓的意见为主；在裁决最为严重的刑事案件的刑事合议庭中，2 名法官的少数票就可以否决有罪裁定。无论投票结果如何，判决被视为整个法庭的决定。不同意见不作记录，对当事人和公众都不公开。

4. 宣布判决

审判的最后阶段是公开宣布法庭判决。法庭必须将定罪和量刑意见写成书面判决，由审判长在公开的法庭上宣读。判决应当在审理终结时宣布，最迟必须在审理终结后的第 11 天宣布，否则应当重新开始审理。

宣布判决后 5 周内，法庭必须对定罪和量刑的理由作出书面解释。解释必须涵盖判决的所有方面，包括对证据的总体评价。如果对判决没有提起上诉，法院只要列明其认定为真实的事实以及所适用的刑法条文。

（三）刑事诉讼法律救济程序

1. 第二审上诉

第二审上诉是指对于一审法院作出的判决，如果表示不服，无论是被告人，还是作为公诉人的检察机关，都有权向上一级法院提起上诉。任何一方当事人只需在判决宣告后一周内提交一封只有一句话的信（“我据此对判决提出上诉”）①，就可以使上诉法院对是否有罪及其刑罚开始一个新的审判。如果一审法院是基层法院，应向州法院上诉。不服州法院一审判决的，应向州高等法院提出上诉；不服州高等法院的一审判决的，则应向联邦最高法院提出上诉。

2. 法律审上诉

法律审上诉，是一种对上诉内容有限制的上诉。与第二审上诉可以针对事实认定以及法律适用提出不同，法律审上诉只能针对法律错误而提出。因此，审判庭错误的或者不完全的事实认定原则上不能作为对法律错误上诉的根据。对法律错误的上诉必须以书面形式提交，而且必须附带着或者随后提交由律师起草的对上诉理由的解释，上诉人必须提出审判法庭的法律错误属于实体性法律的错误适用还是程序性法律的错误适用。从理论上说，对任何一个审级的法院作出的刑事判决都可以提出法律错误上诉。

3. 抗告

抗告（Beschwerde）是针对法院在审判程序中作出的除判决以外的程序性裁定、决定、处分提出的一种法律救济手段。对审判法庭在判决之前所作的决定不能以抗告的形式提出上诉，只能将其与被上诉的判决联系起来进行审查。

抗告分普通抗告、立即抗告和再抗告三种形式。（1）普通抗告，又称无期限的抗告，指的就是通常情况下的抗告；（2）立即抗告，这种上诉必须在有关决定宣告后一周内内提出。立即抗告适用于法院在审判前作出的一些重要的司法决定，特别是拒绝接受起诉和拒绝将案件交付正式审判的裁定；（3）再抗告，也称进一步抗告，是指不服抗告法院作出的裁定而再向州高等法院提出抗告。

4. 再审程序

法院作出的刑事判决发生法律效力后，诉讼程序终结。在通常情况下，诉

---

① ［德］托马斯·魏根特：《德国刑事诉讼程序》，岳礼玲、温小洁译，中国政法大学出版社2004年版，第220页。

讼程序终结后，法院不可能再对原案进行再审了。只有在例外的情况下为了防止明显的误判，由利害关系人提出申请，案件才能重新审理。一般情况下提出再审的理由具体包括：（1）对判决具有重要意义的文书是不真实的或者伪造的；（2）证人或鉴定人提供的证言或作出的鉴定意见违反了宣誓义务或者犯有故意作虚假证言之罪的；（3）法官或参审人员有违反其职责之故意犯罪的。再审作为一种纠错程序，将案件的实体公正性置于生效判决的法律确定性之上。因此，再审程序旨在审核案件的全部事实，而不像法律审上诉那样仅审核案件的法律错误。

三、刑事诉讼特别程序

特别程序是指不需要公诉人参与或者进行完整审判的诉讼，在这些程序中，虽然查明事实真相仍然是判决的基础，但是查明案情的过程可以简化。现行德国刑事诉讼法规定的特别程序主要包括：自诉程序、快速程序、刑事处罚令程序。

（一）自诉程序

自诉是指对于一些不严重的犯罪，被害人可以代替公诉人提起刑事控告。

1. 自诉程序的适用范围

《德国刑事诉讼法》第 374 条规定，对于一些不严重的犯罪，不必由检察机关提起公诉，被害人可以自行提起刑事控告。这些犯罪主要包括：破坏住宅安宁罪；侮辱罪；侵害通信秘密罪；伤害身体罪；跟踪罪；胁迫罪；商业受贿或商业行贿罪；损毁物品罪；引人误解的广告罪；泄露商业秘密或经营秘密罪；侵害样品罪；诱使泄密罪和自愿泄密罪以及大部分侵犯知识产权的犯罪。

2. 与普通刑事诉讼程序的区别

原则上，自诉程序与普通刑事诉讼程序没有区别，法院负责收集必要的证据并在证据的基础上形成判决，而当事人享有上诉权。但是，还是有以下一些不同：

第一，案件没有正式的侦查阶段，自诉人在调查方面没有任何强制手段。他必须提出正式的起诉书，但不需要对调查结果进行概括。在审判中，法院没有义务同意当事人的举证申请，但必须决定案件调查的范围，以便查明案件真相。

第二，自诉人可以在任何时候撤回起诉。法院也可以在任何时候撤销案件，如果法院认为被告人的罪行是微不足道的，甚至可以不经自诉人的同意。

第三，在自诉案件中，如果检察机关认为，对相关犯罪进行追诉符合公共利益，则任何时候都可以接管这一案件，从而转换为普通的公诉案件。

第四，自诉人提起诉讼时，要预先支付预期的审判费用，交纳押金作为被告人支出费用的担保。如果被告人被判无罪，由自诉人负担审判费用和被告人的律师费，如果案件因为罪行轻微而被撤销，这些费用仍要由自诉人负担。

第五，对于大多数自诉案件，自诉人必须到官方调解人那里申请进行调解听证，只有当另一方当事人不出席听证或者该听证未达成解决方案时，才可以提起指控，法庭也才会接受自诉人的起诉。

（二）快速程序

快速程序是指为了提高诉讼效率，减轻刑事司法机关的工作负担，缩短犯罪嫌疑人的审前羁押时间，对于案件事实简单，证据明确没有争议，能够证明犯罪嫌疑人有罪的案件所适用的一种特别程序。

1. 快速程序的适用范围

快速程序适用于基层法院管辖的轻罪案件。案件通常由基层法院的刑事法官独任审理，也可以由参审庭审理。由于该程序的进行速度降低了被告人充分辩护的可能性，因此适用该程序的是最高刑罚被判处一年监禁或者吊销驾驶执照的犯罪。

2. 与普通刑事诉讼程序的区别

与普通诉讼程序相比，快速程序具有以下几个方面的特点。第一，检察机关不需要向法院提交书面的起诉书，而只需要在审理开始之时，以口头形式提起公诉。第二，如果被告人处于在押状态或者自愿出庭参加审判，就不需要对他进行传唤。只有在不到庭参加审理或者没有被押解到法院的情况下，才应当对他进行传唤，并且传唤期限缩短为 24 小时。第三，简化举证程序。对于证人、鉴定人等的讯问，可以不直接进行，而在征得出席庭审现场的被告人、辩护人和检察机关同意的前提下，代之以宣读以前讯问的笔录以及载有由他们发表的书面表示的文件。第四，被告人和辩护人的查证申请权被限制，证据调查的范围由刑事法官决定。

（三）刑事处罚令

刑事处罚令，是指德国立法机关为减轻刑事司法机关负担、解决普通刑事诉讼程序过于冗长繁琐等难题，由《德国刑事诉讼法》第 407 条至第 412 条规定的一项重要的特别程序。

1. 适用条件

适用刑事处罚令程序的刑事案件，都是轻罪。根据《德国法院组织法》规定，这些轻罪由基层法院管辖，通常由刑事法官独任审理，有些情况下也可以由参审法庭审理。检察机关在受理案件后，认为可以使用刑事处罚令程序处理的，就应当向法院提出适用刑事处罚令程序的申请，可以在不对案件进行审理的情况下，按照检察官提出的草案签发书面的刑事处罚令。

《德国刑事诉讼法》对通过刑事处罚令科处的刑法种类，作出了明确的限制，规定只能单处或并处下类刑事责任：罚金、附保留处罚的警告、禁止驾驶、追缴、收缴、销毁、废弃、公布有罪判决以及针对法人等科处罚款；剥夺驾驶执照，但禁驾期不超过2年；免予刑事处罚。

2. 内容和效力

刑事处罚令的内容实际上是检察官刑事处罚令的内容。当检察官结束了案件的侦查并认为证据足以定罪时，他会起草类似于起诉书的刑事处罚令，其中描述了被告人的相关行为，引用了可以适用的刑法条文并类举了指控的各项证据。由法院对检察机关提出的刑事处罚令草案予以签发。《德国刑事诉讼法》第409条规定，刑事处罚令应当包括下列内容：被告人及其他从属参与人的个人情况；辩护人的姓名；指控被告人所犯行为的名称，实施该行为的时间和地点以及犯罪行为的法定特征；适用的法律名称及法律条款；证据；判处的法律后果；关于提出异议的权利告知以及此规定的期限和形式，以及关于如果不对刑事处罚令依法提出异议，刑事处罚令即发生法律效力并且可以执行的说明。

刑事处罚令由初级法院签发，相当于判决。但是刑事处罚令的基础并不是在审判中查明事实，而是以检察官的书面文件为基础签发。如果被告人不愿意接受刑事处罚令中建议的处理结果，则可以要求进行审判，从这个意义上说，刑事处罚令只是一种暂时的判决。

3. 与普通刑事诉讼程序的区别

作为特别程序，刑事处罚令程序与普通刑事程序相比，主要具有以下几个特点：检察机关申请刑事处罚令被视同于公诉，提出申请就是提起公诉；法院不需要作出启动审判程序的裁定；只要法院认为对于签发刑事处罚令不存在疑虑，不需要依法对被告人进行讯问，不需要进行审判，直接采纳检察机关的申请，签发刑事处罚令，并将刑事处罚令书面送达被告人。

第五节　德国行政诉讼制度

一、德国行政诉讼概述

（一）行政诉讼的含义

至于行政诉讼的含义，德国《行政法院法》进行了明确规定，其第 40 条明文规定："行政诉讼法是关于被划入特殊法律途径亦即行政诉讼途径的法律争议的程序法。"在这一概念中，其实包含"行政"和"诉讼"两个要素，而它们本身的含义尚需要进一步明确。

行政诉讼法以普通行政法所定义的行政概念为前提，但其真正的关键点却不是"行政"，而是非宪法性质的公法争议——只要这种争议未被划归其他法律途径。因此，行政诉讼法这一概念的含义，并不是通过"行政"，而是通过"公法争议"来彰显的。通常情况下，只有一个行政诉讼参加人是公共行政主体，而另一方则是个体，亦即公民、法人或其他组织。

行政诉讼法不是关于行政的程序法，而是关于行政法院的程序法。①

（二）行政诉讼的原则

行政诉讼的原则是指那些贯穿行政诉讼始终，对行政诉讼产生重要影响的一些基本准则。在德国，主要有法定听证原则、程序公平原则、调查原则、处分原则、职权进行原则以及言词原则、直接原则和公开原则。

1. 法定听证原则

法定听证常常被称为与基本权利相同的权利，主要体现在一些特别重要的关于程序问题的法律规定和法官法原则中。《德国基本法》第 103 条对这条原则进行了规定，即在法院每一个人都有权要求听证。法定听证是一个富于传统的表述，但从根本上讲，这一表述如今已经不能完全反映丰富的实际保障内容。因为它不仅是指，法院应给予公民谦和的审判，而且还指，参加人在法院可以用所有可供他们选择的攻击和防卫手段。

2. 程序公平原则

程序公平、参加人机会均等和法定听证三者之间的关系，是如此密不可

① 参见［德］弗里德赫尔穆·胡芬：《行政诉讼法》，莫光华译，法律出版社 2003 年版。

分，以至于多数时候，人们不得不放弃把平等性作为程序原则予以单独阐述的企图。事实上，对法定听证原则的保障，同时也总是意味着，参加人之间的程序公平，必须体现于信息权、发表意见的同等机会和对法院的影响等方面。从而，在行政诉讼中对某一参加人的不平等对待，不仅是《德国基本法》第 3 条，而且也是《德国基本法》第 103 条所排斥的做法。程序公平原则主要包括均衡性的程序公正、法院职员的中立与公正两个内容。

3. 调查原则

行政诉讼也适用调查原则，即法院依职权调查案件。法院调查时不受参加人的陈述与举证申请的拘束。如同在刑事程序、财政和社会法院程序中所表明的那样，一个正确的行政决定代表公共利益的前提，就是它客观上的正确性和全面的事实调查。因此，行政法院的出发点就是：假设存在一个客观先在的事实，必要时它可以不依赖于当事双方得到“查证”。调查原则的真正含义主要不在于对案件的客观正确的查证，而在于对案件澄清的全面性、公开性和中立性。

4. 处分原则

从诉讼请求本身并由此也从诉讼标的来看，行政诉讼中适用处分原则。也就是说，就诉讼标的而言，法院受当事人请求的约束。这些请求能够决定行政诉讼的范围，以及诉讼的开始与结束。处分原则的相反概念是职权原则，即法院依职权对诉讼标的作出决定。处分原则的最重要结果是：法院通常只能依申请行事，而且它不得超越诉讼请求作出裁判，或者对未被申请的事项作出宣判，原告可以变更诉讼。甚至，在言词审理中提出请求后，经被告同意，这也是可能的。

5. 职权进行原则

在所提出的诉讼请求范围内，诉讼由法院决定，也即诉讼受“职权进行”原则主宰。法院自己，而非当事人，对诉讼和判决的送达、期间设定、事实调查等方面负责。与此紧密相关的是集中原则。也就是说，法院有义务，尽可能集中并且尽快地实施程序。例如：必须充分地为言词审理做准备，以便能让它不仅顺利地一次完成，而且随后还要能尽快地作出裁判。

6. 言词原则、直接原则

行政法院原则上基于言词审理进行裁判。与此相反的，则是依据案卷状况进行的一种纯书面的程序。言词原则的意思是：应在言词审理中，就案件的事实和法律方面进行讨论，参加人可以对此发表意见。与言词原则紧密相关的是直接原则。该原则规定，包括取证在内的行政诉讼程序，只能在法院进行：“法院在言词审理中取证”。这就从根本上排斥了把取证任务转移给报告编制法官的做法。

7. 公开原则

根据《行政法院法》第55条和《德国法院组织法》第169条，行政法院公开审理案件。公开原则基本上是行政诉讼以及整个审判程序的一个最古老的原则。它意味着法院的案件审理应在任何人——于案件审理期间——都可以进入的一个空间中进行。对公开原则的限制，产生于空间上的限制，特别是法院空间容量的有限性，有时也出于保护公共与私人秘密的考虑。

（三）行政诉讼的管辖

行政法院中的管辖权规则虽然简单，但却是十分严格的。尤为重要的是，行政诉讼法认可的只是专有管辖，也即不存在管辖约定。在任何程序中，法院都必须依职权审查它的管辖权。此处的宪法基础是法定法官原则。①

1. 事务管辖

事务管辖是指将程序分配到同一种审判机关内部的相应法院；对行政法院而言，也就是：初级行政法院—高等行政法院—联邦行政法院。确定管辖权的依据是诉讼标的。

（1）基本规则是《行政法院法》第45条：只要法律未作其他不同规定，初级行政法院总是具有第一审管辖权。也就是说，初级行政法院的实质管辖的确定依据，并不是争议标的之价额。对《行政法院法》第46~50条中没有明文列举的情形，初级行政法院的管辖权尚不确定。对于那些已经列举的例外规定，由于《德国基本法》第101条第1款的存在，也只能作限制性解释。

（2）高等/高级行政法院的管辖权，根据《行政法院法》第46条和第47条尤其是第48条确定。根据《行政法院法》第46条，高等行政法院作为上诉审级，审理对初级行政法院判决不服的普通上诉、抗告以及第145条中所指情况下的法律审上诉——如果普通上诉按《行政法院法》第131条受到了限制。根据《行政法院法》第47条，高等行政法院的第一审管辖权总是针对规范审查程序。在实践中尤其重要的是，根据《行政法院法》第48条，高等行政法院的第一审管辖权得到了强烈的扩展。据此规定，高等法院对涉及下列方面的所有争议，都具有第一审管辖权：核能设施、发电站、架空电线、以发电站垃圾处理法为基础的计划确定决议、机场、铁路、有轨电车和联邦长途公路。自1993年以来，立法者多次发现，有必要在第48条的适用范围内进行解

---

① 参见［德］弗里德赫尔穆·胡芬：《行政诉讼法》，莫光华译，法律出版社2003年版。

释和扩展。于是，根据《行政法院法》第 48 条第 1 款第 2 项，高等行政法院也可以审理取代计划确认的审批，以及一个计划所必要的各种审批和许可，即使它们涉及一些与计划具有空间或经营关系的次要设施。这也适用于涉及补充的保护性预防措施的争议。此外，各州还可以通过法律规定：涉及上述情形中的财产安置的争议，也由高等行政法院第一审管辖。

（3）根据《行政法院法》第 49 条，联邦行政法院作为上诉审法院，审理对高等行政法院判决不服的法律审上诉，或者根据《行政法院法》第 134、135 条，对初级行政法院判决不服的法律审上诉。联邦与州之间，以及州与州之间发生的非宪法性公法争议，均由联邦行政法院第一审和终审管辖。

2. 地域管辖

地域管辖权是指由同一审级内部的哪一个法院审理争议标的。地域管辖由《行政法院法》第 52 条调整。该条款建立了一个复杂的“规则—例外—系统”。以下没有按照法律顺序，而是按照案例分析步骤的顺序，对这些规则分别予以概述。

（1）对于涉及不动产，或者涉及某种与地域相关的权利或法律关系的争议，按照《行政法院法》第 52 条第 1 款的规定，起决定作用的是地域关系。根据正确的理解，这也适用于涉及从某一块土地上产生的环境污染或不利影响的案件。

（2）对因公职关系或者其他职务关系提起的诉讼，行政法院管辖权的确定依据，是原告任职时的住所所在地，如无此住所，则是原告现住所所在地。

（3）对于针对联邦机关、联邦直属的公法团体、机构或者财团之行政行为的撤销之诉，管辖权的确定依据，是该联邦机关的驻地。但在避难案件中，应根据避难程序法由外国人暂居地法院享有管辖权。

（4）对于所有撤销之诉——作为补充也包括继续确认之诉——而言，作出行政行为时所在辖区的行政法院均拥有地域管辖权。涉及跨地区行政行为时，如管辖权有“重叠”，确定依据则是被施加负担者住所所在地。

（5）对于所有其他诉讼，被告在其辖区内拥有驻地的法院享有地域管辖区。在例外情况下，如果被告是公民，则确定依据就是该公民的住所或者暂居地。

倘若有管辖权的法院因法律或者事务上的原因，无法实施管辖权，或者由于不清楚各法院辖区的界线，而不能确定哪一个法院具有管辖权，或者多个法院都认为自己拥有管辖权，或者都认为不归自己管辖——出现这些情况时，则按《行政法院法》第 53 条第 1 款，由直接上级法院确定管辖权的归属。如果根据第52条不能产生地域管辖权，则由联邦行政法院指定有管辖权的法院。

二、德国行政诉讼之种类

（一）撤销之诉

作为一种要求撤销国家——为公民设置担保——的个别调整的诉，撤销之诉是行政诉讼的“经典”诉讼种类。它以通过撤销为原告设定负担的行政行为的方式来形成权利，也就是要达到消除《行政程序法》第43条意义上的行政行为之效力的目的。

撤销之诉的前提是，必须存在《行政程序法》第35条意义上的行政行为。因此，单凭原告认为或者声称，行政机关针对他作出了调整性的行为，这是不够的。对于确定一个适当的诉讼种类而言，重要的是行政机关已经以哪一种形式，客观上采取了行动；而不是行政机关本来应该以哪一种形式采取行动。如果行政机关选择了错误的形式，那么，这就是一个理由具备性方面的问题，而非诉之适当性的问题。

根据《行政程序法》第35条的合法定义，对于撤销之诉的适当性而言，最重要的是，被诉措施应具有以下特征，即这些措施是：一种调整；一种国家权力行为；一种个别情况；由行政机关作出的；具有对外效力。①

（二）义务之诉

原告可以以义务之诉请求法院判决行政机关作出被拒绝的，或者停止作为的行政行为。从类型上看，义务之诉是一种请求作出一个行政行为的给付之诉，但是，却不可以因此就将它跟一般给付之诉相混淆。与撤销之诉不同的是，法院在此并不通过判决形成法律状况。准确地说，法院判决被告作出一个行政行为，并由此对实体上的法律状况——在诉讼具备理由的范围内——产生影响。比较而言，义务之诉本身的历史并不算长，因为这一诉讼种类并不源于经典的干预行政，而是产生于给付行政。在干预的范围的内，适用的是——以原则上带有许可保留的预防性禁令为内容的——“自由模式”。也就是说，只要一种行为没有基于法律被禁止，它也就是被允许的。利害关系人可以通过撤销之诉反对一个这样的禁令。

① 参见［德］弗里德赫尔穆·胡芬：《行政诉讼法》，莫光华译，法律出版社2003年版。

（三）停止作为之诉——一般的防御之诉

如果原告希望停止作出或者中止一个对他不利的权力行为，而该行为并非行政行为，那么，为此就要考虑采用作为一般给付之诉之亚类的停止作为之诉。其宪法背景是《德国基本法》第 19 条第 4 款第 1 句。据此，公民必须可以针对任何一种权力行为提起防御之诉，而无须考虑它是不是行政行为。

如同请求积极作为的一般给付之诉一样，作为“消极的给付之诉”的停止作为之诉，在《行政法院法》第 42、43 条中也没有明文规定。但是，它在若干规定中都得到了认可，或者被作为前提。因此，它在原则上是适当的。1960 年颁布的《行政法院法》，已经将它作为一般给付之诉，其主要包括：针对国家管理的事实行为的停止作为之诉、针对行政行为和规范的预防性停止作为之诉等。

（四）一般的给付之诉

原则上可以通过一般给付之诉要求国家行政作出除行政行为以外的其他所有行为。在许多情况中，这种诉讼涉及的都是事实性行政行为；但是，也应考虑到，此外还可能涉及许多其他的行政活动形式，甚至包括要求颁布规范的给付之诉；而且被告也不必总是行政机关，因为，给付之诉也同样可能发生在若干公法主体之间，或者行政机关与公民之间；甚至在“内部法律争议”中也采用一般给付之诉解决问题——但其学理上的基础并不总是足够清晰。因此，这种诉讼已经逐渐成为“诉讼上的多用途武器”，它无论如何都远不只是一种纯粹的“兜底性诉讼”。

（五）确认之诉

确认之诉的理由很复杂。这首先是因为，在确认之诉这一概念背后隐藏着许多不同的诉讼种类，所有确认之诉的共同点是，只要求法院作出一个声明性的裁判。法院并不形成什么，也不宣布义务，它只是确定一种有约束力的法律状况。

确认之诉主要包括：（1）一般的确认之诉（被动适格、法律关系存在与否、权利侵害、裁判时机成熟）；（2）预防性确认之诉（被动适格、将被采取的措施的违法性、权利侵害、裁判时机成熟）；（3）无效性确认之诉（被动适格、自始无效、权利侵害）；（4）继续确认之诉（被动适格、违法性、权利侵害、裁判时机成熟）；（5）中间确认之诉。

三、德国行政诉讼程序

（一）第一审程序

1. 起诉及其效力

在行政法院进行的第一审程序，以诉的提起作为开始。在行政诉讼中，诉讼拘束并不是随着诉被送达“对方当事人”才出现的，而是随着诉到达法院产生的。这是行政诉讼与民事诉讼的最重要区别。诉讼拘束意味着这一案件拘束于这一个法院，其范围取决于诉讼标的。对于诉讼拘束而言，必要的是起诉的有效性，而不是诉的适法性。

2. 言词审理之前的程序

随着诉的到达，诉就开始受“职权进行”原则的约束，也就是说，自此以后，它就处于法院的“照料”下。为此，法院应该按照必要的步骤，促使程序向前推进，同时积极为言词审理做准备。

首先，法院内部的业务分配。原则上适用合议原则，即法庭必须采取行动并作出决定。但是这一原则正在被逐渐打破。之所以会如此，特别是由于行政法院法为首席法官、主办法官和独任法官只委派了重要任务。对于首席法官，其在行政诉讼中具有双重任务：第一，他必须为法庭的决定做准备，凡是涉及这类决定的问题，以及那些依法应由法院本身决定和采取的措施方面的问题，都得请示他。第二，他在程序指挥方面也具有重要的功能，比如促请原告对诉做必要的补充、促请参加人呈交诉状等；对于主办法官，他只是一名由首席法官指定的法官。虽然首席法官的责任范围很宽，但在实践中，程序的进展主要取决于他，是真正驱动程序前进的“马达”；对于独任法官，他在必要时可以单独裁判，而不仅仅是为法院裁判做准备。在第一审程序中，从被委任直到程序结束期间，他本身就是“诉讼法院”。

其次，命令和裁定。根据《行政法院法》第87条第1款，在言词审理之前，首席法官或主办法官就已经可以作出所有必要的命令，以使案件尽可能在一次言词审理中得到解决。这些命令包括：传唤参加讨论、促请补充和解释已经准备的书状、补充答复、命令呈验文书、传唤证人和鉴定人等。

再次，诉状送达被告及被告答辩。如果诉状符合要求，则首席法官就布置将其送达被告。送达的同时应告知被告，他必须以书面形式作出答辩。在行政诉讼中，虽然送达对于诉讼拘束关系无决定作用，但它却是参加人地位的证明。

复次，法院进行的事实调查。由于实际情况的多样性，对言词审理前的事实调查范围，现在几乎已经无法作出具有普遍性的描述。现代行政诉讼的案情通常是由各种互相矛盾的证言、数据、利益以及对它们的评价组成的。但是，这种局面也并不能改变如下规则的重要性：法院必须自己依职权调查对具体案件必要的案情因素。为此，除了证书，法院还可以使用证人、鉴定人和勘验手段。在法院调查中，法院必须穷尽所有可供使用的，或者必要的可能性，同时应尽可能地消除行政机关的调查瑕疵。但事实调查的具体边界，却游移于所提供的事实因素之合法性、有用性或重要性中，并由此最终存在于比例原则中。

最后，查阅卷宗。行政法院的程序对参加人是公开的。因此，参加人在原则上有权查阅法院卷宗和呈交给法院的文卷。这项权利是法定听证和程序平等原则的重要组成部分。

3. 程序的合并与分开

根据《行政法院法》第 93 条，法院可以通过裁定，将在该法院就相同标的，发生拘束的数个诉讼，与一个共同的审理和决定合并，并且再分开。法院也可命令，将一个诉讼中的数个申请分别在相互独立的诉讼中审理并予以判决。由此可见，在相应前提得到满足的情况下，合并还是分开由法院自己裁量。

4. 程序中止、中断和终止

进行中的程序可以中止、中断和终止。它们使得在一个本身有拘束的诉讼进行期间，对法律或事实关系的必要澄清成为可能。为此，适用《行政法院法》第 173 条，结合《德国民事诉讼法》第 239 条以及其他相关规定，情形如下：

首先，中止。主要存在于如下几种情况：第一，对诉讼争执的判决之部分或全部取决于另一法律关系存在与否，而该法律关系又是另一具有诉讼拘束的案件之标的，或须由某一行政机关作出确认；第二，必须补作前置程序，而且这种补作还有可能；第三，在适法的不作为之诉中，如果行政机关提出一个充分的延误理由；第四，如果决定有赖于一个有诉讼拘束的，以《行政法院法》第 47 条为依据的规范审查程序先行终结，等等。

其次，中断。在行政诉讼中，中断程序的情况可能是：当事人一方死亡且其权利承受人尚未承受程序；因宣告破产，丧失诉讼能力；在高等行政法院或联邦行政法院诉讼时欠缺律师。

最后，终止。法院可以命令程序终止，如果双方当事人请求终止，或者由于双方正在达成和解，或者出于其他重大理由，法院认为终止程序是适当的。

其他重大理由如：预期中的法律修订，或者联邦宪法法院即将在一个对本案裁判很重要的程序中作出决定。

5. 言词审理

首先，言词审理的准备。广义上而言，主要指整个程序，尤其是基于《行政法院法》第 87 条的必要措施和决定。为准备在预定期日进行的真正言词审理，须由首席法官采取如下措施：指定期日，传唤参加人；必要时命令本人到场，必要时指定审理地点，等等。

其次，言词审理的进行。在言词审理正式开始之前，首先宣布在审案件的名称，然后由首席法官宣布开始并指挥言词审理，其主持权限是广泛且不可替代的。宣布案件名称后，首席法官或者主办法官说明案件卷宗的主要内容，然后参加人开始发言，提出自己的请求并说明相应理由。接着，首席法官应同参加人讨论案件的事实和法律问题。言词审理必须全程制作笔录，这是强制性的规定。在围绕争议案件的讨论完毕后，由首席法官宣布言词审理结束。

6. 评议、裁判

言词审理结束后，法院就进入评议阶段并为最终裁判做准备。评议和表决原则上应该秘密进行。法院应当按照自诉程序之整体结果的自由心证作出裁判。最终裁判通过表决产生，参与表决的，只能是那些参加作为裁判之基础的言词审理的法官和名誉法官。根据诉的种类，判决可分为：形成判决、给付判决和确认判决；另外，与诉讼种类无关的判决种类划分方式：终局判决、中间判决、部分判决以及理由判决，等等。

（二）上诉程序

1. 普通上诉

普通上诉的标的就是第一审判决。因此，它是行政诉讼中的首要法律救济手段。普通上诉不同于法律审上诉，它包括完整的法律和事实审查。也就是说，诉讼在上一级法院重新全面进行。部分判决、中间判决和法院裁决，都有可能称为普通上诉标的。但是，不可以仅将这些判决中的裁判理由或者理由中的部分，作为上诉标的。

虽然，行政诉讼途径开启与否，不再由普通上诉法院检查，但法院对普通上诉的管辖权，仍然是普通上诉的实质裁判条件之一。根据《行政法院法》第 124 条，对普通上诉有管辖权的，总是高等行政法院。由于每一个联邦州都只有唯一一个高等行政法院或高级行政法院，此时的地域管辖权就不再是问题。

另外，普通上诉申请必须获得高等法院的认可，才是适当的。根据《行政法院法》第124条第2款规定，只有在如下几种情况下，普通上诉才会被认可：第一，对判决的正确性存在严重疑问；第二，案件显示出存在事实或法律上的特殊困难；第三，诉讼具有原则上的意义；第四，该判决偏离高等法院、联邦行政法院、联邦最高法院联合审判庭或联邦宪法法院的某一判例，并以该偏离为基础；第四，存在可能影响普通上诉法院之评判的一个程序缺陷，对此可形成新的判决。

关于普通上诉的程序，原则上适用第一审程序，包括预备程序和言词审理。经过审理，如果普通上诉不适法，应予驳回，但事先应先听取参加人的意见；只要普通上诉没有因为不适法而被驳回，或在裁定程序中作出决定而终结，就可进入言词审理阶段。法院通过判决对争执作出裁判，也可以考虑采用其他判决形式。普通上诉判决可以认可、撤销或变更第一审判决，但也不得超越请求范围。《行政法院法》第129条就含有禁止加重改判的规定——除非被告也提起了普通上诉或附带普通上诉。

2. 法律审上诉

法律审上诉是对高等行政法院的判决进行法律上的审查。在行政诉讼中，法律审上诉也需要经过特殊认可。受理法律审上诉的法院始终是联邦行政法院。

对法律审上诉有管辖权的法院，始终是联邦行政法院。对不认可法律审上诉的抗告应首先向高等行政法院提起。

法律审上诉只有基于特殊的认可才可进行。获得认可的条件是：基于高等行政法院的裁判；基于一个成功的不认可法律审上诉时的抗告。

类似于普通上诉，在法律审上诉程序中，就效力而言也需要细加区分：抗告的提起会阻止判决产生既判力；转移效果是随着不许抗告裁定的作出或者法律审上诉从高等行政法院转到联邦行政法院才出现的；对于延缓效力适用《行政法院法》第80b条。其余情况准用关于普通上诉程序的规定。它们本身又部分参照第一审程序。

对于法律审上诉的裁判本身，适用以下规定：对不适法的法律审上诉，通过裁定予以驳回，例如：对于迟误法律审上诉理由说明期限的情况；对不具备理由的法律审上诉，通过判决予以驳回；法律审上诉具备理由的，联邦行政法院可以根据第144条第3款对案件作出裁判：撤销或者变更判决。也可以撤销判决，同时将案件发回重审及重新裁判。受理发回重审案件的法院，受法律审上诉法院的评判之约束。越级上诉案件发回重审的，根据第144条第5款，也可将案件发回原来有普通上诉管辖权的那个“被越过的”法院重审及裁判。

（三）再审程序

就其系统上的地位而言，本不应把再审放在“法律救济手段”这一编来讨论，因为针对已经随着确定的终局判决而终结的程序，再也没有法律救济手段可言。再审是一种非正式的法律救济，其目的就是：在特定条件下，通过无效之诉或者恢复原状之诉撤销一个已经确定的决定，并重新开始诉讼程序。不应将此处的再审与行政机关自己重新开始程序相混淆。

《行政法院法》中对再审没有专门规定。第 153 条在此意义上指示参照《德国民事诉讼法》第四编。如果没有特别重大的程序瑕疵。可以考虑采用无效之诉。但实践中更为重要的则是恢复原状之诉，例如，倘若事后证明参加人违反誓言义务，或有贿赂公职人员或者类似的严重违法行为，或者作为判决基础的证书是伪造或变造的等。

第六节　德国其他专门诉讼制度

一、德国财税诉讼制度

（一）德国财税诉讼概述

1. 德国独立财税诉讼制度以及财税法院的建立

德国具有独立的财税诉讼制度以及完善的财税法院体系，其主要法律依据为 1965 年所颁布的《财税法院法》。德国财税诉讼的历史可以追溯至 15 世纪末期，但其真正确立处理税收事务的独立法院则是在第二次世界大战之后。1949 年 5 月，《德国基本法》获得通过，标志着德意志联邦共和国的正式成立，同时也意味着建立一个全国统一、独立的最高税收法院成为可能。根据《德国基本法》第 108 条第 6 款的规定，财税诉讼系统由联邦法统一规范。但是，各州财税法院的管理与运行问题并未得到有效的解决。为了有效应对这一问题，德国联邦议会于 1950 年 6 月通过制定法律的形式成立了联邦财税法院，作为联邦的最高法院之一，但是在组织形式上却仍屈居在联邦财政部之下。这样的安排使得财税法院没有获得完全的独立性，也无法在有关税收争议裁判中保持绝对的中立，该项情形一直持续到 1970 年才有所改变。在州这一层面上，寻求州财税法院的独立是各州处理税收争议问题的主流。1958 年 1 月，随着

《财税诉讼领域措施法》以及与之相对应的各州法律的生效，各州财税法院正式成为独立的法院，在组织人事方面与财税行政机关彻底分离开来。1966 年 1 月 1 日，《财税法院法》正式施行，德国由此真正拥有了独立的财税法院系统，财税争议解决规则也得以明确，标志着财税诉讼制度的正式确立。①

2. 德国独立财税法院的组织

德国财税法院独立行使司法权，与立法、行政相对应，其主要功能为保护公民财税权利、监督财税行政机关。财税法院划分为两个层级：一是联邦财税法院，二是州财税法院。联邦财税法院是整个是整个财税法院系统的最高层级，承担着统一全国财税法法律适用、促进财税法律发展的重要职能，并对上告、针对不予上告的不服抗告以及一般抗告等作出裁判，给予充分的法律救济。各州财税法院主要审理关于财税诉讼的一审案件，每州至少设有一个，在人口较多、财税争议频出的州则视情况设置两至三个财税法院，如巴伐利亚州、北威州。

与财税法院的设置层级相对应，财税诉讼采取了二审制的审级结构，具体规定在《财税法院法》第 2 条。与其他诉讼不同的是，财税诉讼不论诉讼标的的大小以及被告的主体身份，只要诉请的争议属于财税法院的管辖范围内，就由各州财税法院进行一审审理。由于财税诉讼的特殊构造，使得州级财税法院与德国普通诉讼体系中的州高等法院享有相同的层级。与之对应，联邦财税法院自然与联邦最高法院的地位相当。在法院的审判组织上，财税法院与其他普通法院一致，主要采取的是合议制。在案件事实较为简单、清晰，法律适用并不存在明显困难与争议的情况下，也可以采用法官独任制。

3. 德国财税诉讼的类型与原则

德国财税诉讼的类型与原则基本与民事诉讼相一致。德国《财税法院法》第 41 条列举了最为重要的三种诉讼类型，即形成之诉、给付之诉以及确认之诉。形成之诉系指改变了诉讼原告权利义务关系的诉讼。给付之诉是指当事人请求法院通过判决使得诉讼被告为或者不为一定行为来履行其应尽的义务。确认之诉则是通过法院确认当事人之间的某种法律关系存在或者不存在。除此之外，财税诉讼还规定了两种比较重要的诉讼形式，即规定于《财税法院法》第 40 条的撤销之诉和义务之诉。撤销之诉是形成之诉的主要形式，在财税案件中最为常见，主要指当事人请求法院改变因财税行政机关作出具体行政行为形成的法律关系。需要指出的是，税务行政复议是提起财税诉讼必经的前置程

① 邵建东主编：《德国司法制度》，厦门大学出版社 2010 年版，第 482 页。

序。义务之诉是给付之诉的特殊形式，主要是指纳税义务人向法院提请使财税机关作出特定行为的诉讼。除此之外，还有较为少见的不作为之诉、继续确认之诉以及狭义的给付之诉。

德国财税诉讼的原则主要有五个。一是调查原则，系指财税法院可以依照法律的规定尽职行使调查案件的相应职权，不受诉讼参与人的陈述以及证据申请的约束，并可以请求诉讼参与人给予配合。二是处分原则，系指诉讼参与人依法享有行使自身诉讼权利的充分自由，不受他人干涉。当然，处分原则也存在一定的限制，即没有调解程序。但是在当事人达成合意的情形下，可以进行和解。① 三是效率原则，即财税法院所有审理程序都必须严格依照法律所规定期限，以此避免司法资源的浪费。四是言词审理原则，即法官在案件审理中必须基于当事人的言词作为审判的依据，不经言词审理不得作出裁判。五是法定听审原则，即在法院的居中裁判下，诉讼参与人在听审过程中可以自由陈述个人的主张、呈示证据，并就争议焦点进行辩论，以此来维护自身的合法权益。

（二）德国财税诉讼的适法性

1. 法院受案范围

财税法院所受理的争议案件必须具有公法性质。德国《财税法院法》第33条以列举方式规定了财税法院的受案范围。主要包括：关于财政税收所产生的争议问题；除税收之外由具体行政行为的执行所产生的争议；有关《税收咨询法》所规定事项所引起的公法性争议；其他法律所规定的公法性争议。

2. 法院管辖权

德国财税法院的管辖主要由《财税法院法》规定，当事人不得自行约定管辖问题，主要分为事务管辖和地域管辖。事务管辖旨在解决不同诉讼种类由相对应的诉讼法院受理的问题。财税法院的事务管辖范围实际上就是属于财税诉讼受案范围的案件。地域管辖旨在解决不同州财税法院之间的审理分工问题。地域管辖有一般和特殊之分。一般地域管辖是指州财税法院对其辖区内对财税行政机关依职权或者依申请作出的行政行为所产生的争议具有管辖权。特殊地域管辖系指当联邦最高财税机关为被告时，则由原告住所地的财税法院管辖。在涉及海关税收、消费税以及财政专属事项的案件，则由纳税义务的事实构成地的州财税法院管辖。

3. 诉讼参与人

---

① Vgl. BFH vom 06. 02. 1991，BStBL Ⅱ，1991，673.

诉讼参与人的权利能力，即诉讼参与人能力，系指具有参与财税诉讼，享有财税诉讼权利、承担财税诉讼义务的能力。德国《财税法院法》第57条对财税诉讼的参与人作出了较为全面的规定。具体有四类，包括原告、被告、第三人以及其他利益相关人。诉讼参与人的诉讼能力，也可称为行为能力，与德国民事诉讼上规定的民事行为能力是一致的。

（三）德国财税诉讼的程序

具有诉权的当事人向财税法院提起诉讼，必须以书面形式提起。起诉书必须包含原告、被告、诉讼请求的标的等内容。对支持请求的事实与证据必须予以一定的说明，同时还应附上与行政行为相关的文件以及其他证据。具有管辖权的财税法院受理案件后，则正式进入财税诉讼的司法程序。

1. 特殊的前置程序

依据《财税法院法》第44条的规定，当事人提起撤销之诉与义务之诉时必须经过诉讼途径外的法律救济。也就是说，在撤销之诉与义务之诉进入法院之前，原则上需要穷尽法律外的救济途径。法律外的救济途径规定在德国《租税通则》中，目前只有税收行政复议这一种救济手段。税收行政复议属于行政程序的一种，是实现行政监督、纠错，节约司法资源的有效方式。纳税义务人对相关行政行为不服的，可以以书面或者笔录形式向财税复议机关提出复议申请。

2. 法庭审理与裁判

法院的审理主要是言词审理。根据《财税法院法》第90条第1款的规定，财税法院必须基于言词审理作出相应的裁判。只有在不以判决形式结案或者经过诉讼参与人的一致同意时，才可以不经言词审理。在案件审理的过程中，诉讼双方必须依据所承担的证明责任提交证据，证明其所诉请的主张并展开质证与辩论。

在言词审理结束后，由职业法官与荣誉法官组成的合议庭开始进行合议。合议以不公开方式进行。每位法官都具有完全的独立性，依据法律以及自己的专业素养进行判断。在合议过程中，每位法官独立形成的意见将被得到充分的讨论。如果不能达成一致意见，则通过投票方式决定最终的裁判意见，每位法官都具有同等的表决权。

德国财税法院主要的裁判形式包括判决、裁定、决定、命令以及处分。判决是财税法院作出裁判的最主要形式。判决书由起首部分、主文、主要法律事实、判决理由以及法律救济手段五部分构成。财税法院的判决主要包含五个方面：第一，撤销具体行政行为；第二，消除具体行政行为的后果；第三，解决主要争议后确定行为违法；第四，重新计算税额；第五，将案件退回至财税机关。

3. 法律救济

如果当事人对一审裁判结果不服，可以向联邦财税法院提出上诉。当事人必须以书面形式提出上诉，期限为判决送达之日起1个月之内。联邦财税法院在收到上诉申请后必须对上诉申请进行实质审查，重点审查是否符合上诉规定、上诉人的权利是否受到损害这两方面的内容。在法院接受当事人的上诉申请后，则进入实质审理阶段。联邦财税法院主要对州财税法院的判决进行法律上的审查。德国《财税法院法》第115条规定了可以上诉的理由，主要包括：第一，财税争议本身具有群体性意义；第二，对法律的统一适用具有规范作用；第三，裁判存在重大程序性错误。一般情况下，是否能提起上诉由原审州财税法院来进行判断。若不允许原告上诉，则原告可以针对不予上诉这一决定提起抗诉。除了上诉之外，如果案件确实存在重大程序错误或者确有证据证明案件错误，则可以依据《德国民事诉讼法》的规定启动再审。再审法院可以撤销已经发生效力的判决并重新作出裁判，审判程序与一审程序相同。

二、德国劳动诉讼制度

（一）德国劳动诉讼制度概述

1. 德国劳动法院制度的发展

以1926年《劳动法院法》的颁布为标志，德国在世界范围内率先为劳动争议解决创设了独立的司法救济途径，并建立起了专门审理劳动争议的劳动法院。在此后的发展历史中，为了适应社会实践的需要，《劳动法院法》分别于1953年和1979年进行了新的修订，为德国劳动法院以及劳动诉讼制度与时俱进的发展、社会劳动争议纠纷的有效解决打下了坚实的基础。虽然《劳动法院法》在三十多年间历经了两次修订，但是这部法律的整体结构以及主要内容并没有很大的变化，修改的内容也集中在部分不能适应社会发展需要的条款以及程序的简化之上。时至今日，德国所适用的仍是1979年所修订的版本。

2. 德国劳动法院的组织结构

德国劳动法院采用的是三层级的审理结构，根据1979年《劳动法院法》第1条的规定，劳动争议案件的司法审判权由基层劳动法院、州劳动法院以及联邦劳动法院行使。案件的审理主要采取审判庭的形式，由职业法官和荣誉法官共同组成。职业法官由具备法官一般任职条件的人员担任，通常要求通过德国国家司法考试并具备与劳动领域相关的法律实践。荣誉法官分别产生于雇主与雇员阶层，分属于劳动关系中的相对方，具有丰富的社会实践工作经验。被任命的荣誉法官任期为 5 年。

3. 德国劳动法院的管辖权

劳动诉讼在内容以及形式上都与民事诉讼相似，但是却有着本质上的不同，是与民事诉讼相独立的诉讼途径。在德国的诉讼过程中，对法院管辖权的确定必须区分劳动争议案件归属于哪种审理程序，即适用判决程序还是裁定程序。在确定事项属性及程序之后才能明确是否属于劳动法院管辖范围之内。除此之外，《劳动法院法》还有对地域管辖的规定。

4. 判决程序

在劳动争议案件中，最为常见的适用程序为判决程序。《劳动法院法》第 2 条明确规定了可以诉诸劳动法院的具体情形以及劳动法院的管辖范围。主要有以下 4 种：（1）专属管辖。专属管辖即指案件必须由劳动法院专门审理，不能通过其他诉讼途径解决争议。具体包括两大类纠纷，一是有关劳资合同的劳动争议，二是有关雇主和雇员之间的劳动争议。（2）基于雇员发明和著作权争议的管辖。（3）选择性管辖。《劳动法院法》在第 2 条第 3 款、第 4 款中规定了两种特殊的选择性管辖情形。一是关联诉讼，即当事人的诉讼请求与《劳动法院法》中所管辖的劳动争议具有法律上的联系或者利益相关联，则当事人也可以针对相关联的非劳动争议事项提起诉讼。二是非雇员身份人员的诉讼，这种诉讼往往发生在具有事前约定的私法法人中，在司法实务上较为少见。（4）基于权利继受所产生的管辖，一般是涉及劳动争议的权利继受问题。

5. 裁定程序

裁定程序中的管辖主要有两种。第一是专属管辖，《劳动法院法》第 2a 条列举了 4 类：一是根据《企业组织法》所引发的争议；二是根据《高级职业委员会法》所引发的争议；三是根据《参与决定法》所引发的争议；四是关于团体是否具有缔结劳动合同的能力及其相关事项的管辖判断。第二是因权利继受而产生的管辖权，与判决程序中的继受管辖类似。

6. 地域管辖

在明确判决程序和裁定程序的管辖范围之后，还需分别确认劳动法院的地域管辖问题。判决程序中的地域管辖问题主要参照《德国民事诉讼法》中的管辖规定，主要依据当事人的普通审判籍和特殊审判籍确定，并具有选择权。在《德国民事诉讼法》第一章中有详细描述，不再赘述。裁定程序中规定了劳动法院对在其管辖区域内的企业具有专属的地域管辖，企业的范围参照《企业组织法》的规定。

（二）德国劳动法院的诉讼程序

德国劳动法院的诉讼程序脱胎于民事诉讼程序，主要可以分为审判程序和裁定程序，与管辖问题相对应。因为劳动诉讼的程序在《劳动法院法》未作规定的情形下可以援引《德国民事诉讼法》关于审理程序的规定，故在此只作简要介绍。

1. 审判程序

（1）诉讼参与人适格条件

劳动诉讼中的当事人的诉讼权利能力要求与民事诉讼一致，具有劳动权利能力当然具有当事人能力。一般范围包括私法上的自然人和法人、公法上的法人以及工会、雇主团体和劳资各方团体的联合组织。劳动诉讼中的当事人诉讼行为能力与民事诉讼中的规定一致。诉讼代理人包括律师，工会、雇主团体以及劳资团体的代表等其他符合法律规定的人员。需要注意的是，在联邦劳动法院所进行的诉讼必须由律师担任诉讼代理人。

（2）一审判决程序

①起诉

根据《劳动法院法》的规定，劳动诉讼的一审程序原则上可以适用《德国民事诉讼法》关于审理程序的规定。但是劳动诉讼毕竟与民事诉讼不同，因此也有着自身独特的程序规定。劳动诉讼基于保护属于弱势群体的劳动者一方的立法宗旨，在程序上为劳动者提供了相当便捷的司法救济措施。一般情况下，当事人应当以书面形式向法院提起诉讼以启动司法程序。当事人也可以通过传真、电子文件或者口头形式提起诉讼。劳动诉讼起诉的必备内容与民事诉讼基本相同。

②调解

在当事人提起诉讼之后，如果属于法院管辖范围之内，那么在开庭前必须由审判长确定日期进行强制调解。调解是法律规定的必经程序，既是高效合理解决纠纷的必要手段，同时也是为后续开庭辩论质证做好充分的准备。调解程序由职业法官担任的审判长主持，荣誉法官无须参与其中。如果达成调解，则必须缔结和解协议，并按法院规定做成笔录。除此之外，当事人也可通过承认对方诉讼请求、放弃权利请求等方式终止诉讼。

③审理

如果调解并未成功，法院也必须将相关事实与过程记录在案，之后进入法庭实质审理阶段。法庭审理阶段的程序与要求与民事诉讼基本一致。在法庭辩论、质证程序结束后，审判庭一般应当当庭宣判。在符合法律规定的条件下，可以在3周之内宣判。在极为特殊的情形下，可以推迟至3周之后宣判。至于劳动诉讼的费用，因为劳动诉讼自身的特殊性质，所以远远低于民事诉讼。败诉一方无须给予额外的因诉讼而产生经济补偿，也无须承担对方参与诉讼的相关费用。

（3）第二审程序

第二审程序是劳动诉讼的司法救济程序，当事人如果对一审判决结果不服，可以向州劳动法院提起上诉。第二审上诉具有阻止一审判决发生效力的作用。当事人必须在法律规定期限内以书面形式提起，并且应当陈述上诉理由。同时，只有当上诉符合一定的条件时才能够被法院受理。

可以准许提起上诉的条件是：①一审法院的判决书中明确提出可以上诉。②当事人对所应承担的“不服标的额”超过600欧元。③有关劳动关系是否存续或者解除劳动关系的争议案件。④连续两次缺席判决的情形。

应当准许提起上诉的情形：①争议案件涉及面广，具有群体性特征。②涉及劳资双方合同。③一审法院在审理案件时，明显偏离既定事实或者偏离上级法院固有的判决。当上诉法院受理案件后，不对一审判决进行合法性审查，只对重要的证据进行调查并根据《劳动法院法》对上诉的规定作出相应的裁判。

（4）第三审程序

第三审程序是当事人对上诉判决不服而向联邦劳动法院提起上诉的审理程序。第三审程序需要对二审判决进行全面的法律审查，但是对案件的事实问题仅作有限的审查。联邦劳动法院进行第三审旨在维护联邦法律在全国的统一适用，推动法制统一与发展，并通过个案纠错维护法律公正。是否准予进行第三审上诉的情形与二审上诉的条件基本一致。第三审程序可以以判决形式终结，也可以调解结案。

2. 裁定程序

裁定程序属于劳动诉讼中的一种特别诉讼程序。是否适用裁判程序，取决于当事人所递交起诉状中标的物的描述。如果该标的的说明符合《劳动法院法》第2a条的规定，则适用裁判程序，反之则适用判决程序。一般来说，最为典型的适用裁判程序的情形是企业委员会行使参与决定权所产生的争议，主要分为权利事项争议和调整事项争议。其中，权利事项争议是劳动法院最常进行裁定的类型。

当事人提起裁定程序必须以书面形式或者笔录形式提出申请。与审判程序不同的是，在提起裁定程序后，调解并不是必须进行的程序。当事人可以提起调解请求，审判长可以依据情况决定是否展开调解。如不进行调解，则指定开庭日期进行公开审理。经过当事人的一致同意，法官也可采取书面审理的形式。裁定终结的情形主要有 4 种：一是当事人撤回裁定申请；二是当事人达成和解；三是所有当事人宣布争议已经解决；四是经法院审理后作出裁定，裁定的效力与判决一致。如果当事人不服法院裁定，可以通过向州劳动法院提出抗告。对州法院的裁定不服，可向联邦劳动法院提出法律抗告。

三、德国社会诉讼制度

1. 德国社会法典

德国社会法主要指调整国家社会保障事务或者社会福利服务的法律部门。早在 19 世纪中期，德国就已经有了关于劳动保护方面的法律。此后，随着历史的发展，德国又陆续制定了多部关于社会保障领域的法律。第二次世界大战以后，德国社会法领域的法律数量众多，但是零碎、分散。针对这一现实状况，德国立法机关着手将所有社会法领域的单行法律进行汇总与编纂，形成了今天所广为人知的德国社会法典。

2. 德国社会诉讼与社会法院

社会诉讼是德国五大诉讼中建立时间最短的司法制度。根据《德国基本法》第 92 条的规定，德国相继成立了联邦社会法院以及各州的社会法院、基层法院。为了进一步规范社会法院的司法活动，明确社会诉讼的司法程序，德国于 1953 年 9 月制定颁布社会法院法，由此正式确立了德国的社会诉讼制度。

社会法院受理的争议主要集中在社会法领域，即由于社会法所产生的权利义务关系的纠纷。主要管辖范围有两类：一是广义上的社会福利问题，二是有关社会保障的事务。德国社会法院分为三个层级，分别是联邦社会法院、州社会法院以及基层社会法院。基层法院是德国社会诉讼的一审法院，主要负责审理辖区内关于社会法领域所产生争议。基层法院的主要审判组织为审判庭，由 1 名职业法官和 2 名荣誉法官组成。州社会法院是二审法院，每州设置一家，或者若干个州可共同设立。州社会法院可以有派出法庭。州社会法院的主要职责在于审理社会诉讼当事人不服一审判决提出的上诉与抗告。联邦社会法院是社会法院系统的最高层级，是最后的第三审级。在第三审程序中，联邦社会法院不再对案件中的事实问题进行审查，仅对法律问题作出相应的裁判。

3. 德国社会法院的诉讼程序

德国社会法院的诉讼程序与劳动诉讼以及民事诉讼基本一致，原则上也能够适用相同的诉讼规则。但是基于社会诉讼的社会法性质，还是具有一定的特殊之处，下面予以简要的介绍。

4. 诉讼种类

德国社会诉讼具有明显的公益性与社会性，因此原告是享有社会保障与社会福利权利的公民，被告为履行特定义务的行政机关。因此，社会诉讼中当事人所提请的多为给付之诉，即要求特定行政机关履行社会法所规定相关保障义务。当然，撤销之诉也同样存在于社会诉讼中，即当事人可以请求行政主体撤销之前所作出的行政行为，以此来得到救济。撤销之诉可与给付之诉一并提出。

5. 诉讼程序

在社会诉讼的三级审理中，所有层级的法院审判庭必须有荣誉法官参与其中，以此来充分保障司法程序的公正。社会诉讼作为一种特殊的行政诉讼，法律上为其设置了特殊的前置程序。公民在提请法院予以司法救济之前，必须先行请求当地提供社会服务的行政机关或者管理机构进行调查取证并作出相应决定书。在案件进入法院实质审理阶段之后，社会法院在审理案件时必须坚持适用依职调查原则，遵循实体真实优先于程序真实的原则，全面了解案件情况。

6. 诉讼参与人

社会诉讼中，在基层与州社会法院审理的案件，当事人不必委托社会法专业律师进行诉讼。只要在联邦社会法院进行审理的案件才必须由专业的律师出庭。在整个社会诉讼的设计中，社会法院法还规定了便于原告起诉原则，为当事人及时有效提起社会诉讼给予了程序方便。

第五章 澳大利亚司法制度

第一节 澳大利亚司法制度概述

一、司法主权

1823年，新南威尔士州和塔斯马尼亚州建立最高法院，下级法院也依照英国司法等级建立。此前，澳大利亚的法院在本质上是军事化法庭。在1901年以前没有统一的制度来规范针对地方最高法院的上诉。而考虑到成本和迟延的问题，诉讼当事人也难以向枢密院（Privy Council）寻求有效救济。缺乏一个中央的、本土的上诉法院是联邦运动的一大动因。①

在澳大利亚联邦成立之前，各殖民地的最高立法权和最高司法权分别由英国议会和枢密院执掌。英国枢密院司法委员会受理来自殖民地的上诉，行使终审权。其在英国本土的司法管辖权早在1641年就被立法取消，但对殖民地的司法管辖权主要是终审权却保留下来。因此在很长时间里，虽然各州司法在制度上摆脱了总督控制，并且独立于立法和行政，但却仍然受制于英国。随着联邦成立，澳大利亚逐步成为主权独立的新国家，司法主权的问题凸显。1926年，总督不再根据英国的建议行事；1942年，澳大利亚联邦议会通过立法明确规定澳大利亚自行决定是否适用英国议会的立法；1986年，英国议会和澳大利亚联邦议会各自通过了双方协定的立法，宣布英国任何法律的效力从此不及于澳大利亚，其名义上的枢密院终审权随之彻底废止。②

---

① Mary Crock and Ronald McCallum, *Australia's Federal Courts: Their Origins, Structure and Jurisdiction*, 46 *South Carolina Law Review*, 1994-1995, pp. 723-724.

② 董开军：《澳大利亚联邦司法制度研究报告（上）》，载《中国司法》2005年第3期。

二、司法独立

澳大利亚宪法体制依赖宪法的、法律的和习俗的方式保证司法独立。在联邦层面，通过在管理自身总体预算和执行自身事务方面足够的自治来加强各法院作为整体的独立。① 1979 年高等法院法使法官能以议会拨付的资金管理法院，使法院更加独立于政府。② 联邦法官在法庭和其他相关法律机构有各种岗位，包括行政上诉裁判庭（Administrative Appeals Tribunal）。过去，联邦法官也被指定执行一系列非司法职能。法官由于其被认为的公平及经验与技术而被委任这类事务，而这种任命也可能危害法官执行其司法角色的能力。法官有权选择是否接受此类职责，这类职责不应占用过多司法时间、损害法官诚实执行司法职责的能力或司法制度的公正。这种限制源于司法独立原则，要求阻止其他分支对司法职能运行的损害。司法独立在保障权利、自由与法治，保障联邦制和机构效率，保障正当程序和司法独立方面具有重要价值。③ 抽象意义上的司法权分离对澳大利亚宪法制度产生一系列影响。其中最直接体现在机构设置方面：宪法第三章对法院的定义和对法院可以做什么的限制都没有将裁判所（Tribunals）作为司法的其中一部分对待，而是默认将其归于行政分支。④

第二节　澳大利亚的审判制度

联邦宪法区分了联邦司法权与州司法权。联邦司法权有 9 项内容，其中 5 项是直接授予高等法院的初始司法权（第 75 条），另外 4 项是由议会裁量授予法院的管辖权（第 76 条）。这 2 条规定的所有事项都可以被授予州法院或其他联邦法院行使［第 77（1）、（3）条］。高等法院建立后，联邦立法排除了联邦管辖权所覆盖领域的州管辖权并以联邦管辖权取代，以此控制州法院就

① Cheryl Saunders, *The Constitution of Australia: A Contextual Analysis*, Hart Publishing, Oxford and Portland, Oregon, pp. 192-194.

② Anthony Mason AC KBE, *The High Court of Australia: A Personal Impression of Its First 100 Years*, 27 Melb. U. L. Rev. 864, 2003, p. 868.

③ Cheryl Saunders, *The Constitution of Australia: A Contextual Analysis*, Hart Publishing, Oxford and Portland, Oregon, pp. 195-196.

④ Cheryl Saunders, *The Constitution of Australia: A Contextual Analysis*, Hart Publishing, Oxford and Portland, Oregon, p. 201.

这些事项向枢密院申诉。① 现在不存在联邦宪法“产生的”或“涉及其解释”的州管辖权，但联邦法院和各层级州法院有明确的联邦管辖权来执行宪法审查。根据宪法第 73 条，高等法院有宽泛的上诉管辖权，来自于联邦法院和州法院。因此宪法争议可以直接或通过上诉进入高等法院。高等法院如果认为合适，可以处理进入其初始管辖权的事项，也可以将事项移交给一个合适的下级法院。②

一、法院组织体系

澳大利亚联邦宪法第 71 条规定了司法权与法院的内容：联邦的司法权属于名为澳大利亚高等法院（The High Court of Australia）的联邦最高法院（Federal Supreme Court）、议会设置的其他联邦法院以及授予管辖权的其他联邦法院。高等法院由 1 名首席大法官和至少 2 名其他法官组成，名额由议会决定。宪法规定联邦司法权授予三个层级的法院：高等法院、其他联邦法院和州法院。

（一）高等法院

澳大利亚高等法院是联邦掌握最高司法权力的机关，主要任务是解释和适用法律，审理涉及宪法效力的案件及联邦内的重大案件。同时高等法院也是上诉法院，受理联邦和州法院的上诉案件。澳大利亚高等法院位于澳大利亚司法制度的顶点。它分配联邦法院的权限，是澳大利亚宪法的最终裁决者，也是上诉案件的终审法院。与美国最高法院不同的是，澳大利亚高等法院还受理来自州最高法院的上诉。因此，它能统一澳大利亚的普通法。1903 年，联邦议会通过司法法（Judiciary Act）建立高等法院，由 1 名首席法官和 2 名其他法官组成。1905 年另任命 2 名法官。1912 年高等法院达到现在的规模，由 1 名首席法官和另外 6 名法官组成。③

---

① Cheryl Saunders, *The Constitution of Australia——A Contextual Analysis*, Hart Publishing, Oxford and Portland, Oregon, p. 77.

② Cheryl Saunders, *The Constitution of Australia——A Contextual Analysis*, Hart Publishing, Oxford and Portland, Oregon, p. 78.

③ Mary Crock and Ronald McCallum, *Australia's Federal Courts: Their Origins, Structure and Jurisdiction*, 46 *South Carolina Law Review*, 1994-1995, pp. 729-730.

（二）联邦法院

近一个世纪以来，澳大利亚努力理顺联邦法院与联邦管辖权、州最高法院管辖权之间的关系。在联邦成立近百年后，尽管还存在一些问题，但联邦和州法院和谐共处，这主要依赖于州与联邦法院和政府的合作。20 世纪 60 年代联邦政府的责任不断增加，意味着在高等法院层级之下对联邦管辖权的需求也不断增加。① 高等法院作为享有原始管辖权的联邦法院和作为地方初审法院的第一上诉法院的角色并不恰当，并承担着过重的负担，违背了其作为宪法解释者和上诉终审法院的主要职能。② 1976 年联邦议会通过联邦法院法（Federal Court of Australia Act 1976）建立澳大利亚的联邦法院（Federal Court），基于以下重要因素：（1）总有一些与联邦有关的特殊事项是议会决定属于联邦法院专属管辖权的，最典型的是通过调解和仲裁的方式处理超出任何一州范围的劳资争议。早期此类案件由 1904 年成立的联邦调解与仲裁法院（Commonwealth Court of Conciliation and Arbitration）处理，1956 年后在联邦劳资法领域区分司法与仲裁功能，从而建立了联邦劳资法院（Commonwealth Industrial Court）。随着 20 世纪 70 年代“新行政法”的发展，1975 年建立行政上诉裁判庭（Administrative Appeals Tribunal）审查特定事项，对裁判法律问题的上诉由劳资法院管辖。③ 联邦法院吸收联邦劳资法院和联邦破产法院的管辖权，是合理又便利的。（2）高等法院原始管辖权案件在不断增长，尤其是税收和专利事项，独任法官经常审理申请宪法令状、申请专利扩展、税收上诉、个人伤害行为等方面的案件。另外是来自首都领地和北领地的上诉，由高等法院作为第一上诉法院是不合适的。联邦法院可以作为联邦法律特殊领域的中间上诉法院，也可以减轻高等法院受理上诉案件的压力，使其能集中于上诉和宪法案件

---

① Mary Crock and Ronald McCallum, *Australia's Federal Courts: Their Origins, Structure and Jurisdiction*, 46 *South Carolina Law Review*, 1994-1995, pp. 719-720.

② The Hon Chief Justice Michael E J Black AC, *The Federal Court of Australia: The First 30 Years A Survey on Occasion of Two Anniversaries*, 31 *Melbourne Law Review* 1017, 2007, pp. 1019-1020.

③ The Hon Chief Justice Michael E J Black AC, *The Federal Court of Australia: The First 30 Years—A Survey on Occasion of Two Anniversaries*, 31 *Melbourne Law Review* 1017, 2007, pp. 1022-1024.

方面的工作。① 澳大利亚联邦法院具有宽泛的管辖权，许多裁决重塑了澳大利亚的法律图景。

（三）州法院

每个州法院层级包括一个在顶端的最高法院和至少两个层级的下级法院。有些州有处理土地和环境争议等方面问题的专门法院。新南威尔士州、维多利亚州、昆士兰州和西澳大利亚州还成立了上诉法院。州宪法框架对州法院制度的规定是不完整的。虽然除了塔斯马尼亚州之外的其他各州都在其宪法中提到了法院，但绝大多数条款主要处理法官的任期与罢免问题，将其他问题留给建立各法院的立法来规定。关于州法院的宪法条款只在新南威尔士州和维多利亚州受制于特殊的修改程序，前者要求公民投票赞成，后者要求绝对议会多数同意。② 就州宪而言，适用于州法院的宪法规则远不如适用于联邦法院系统的宪法规则严格。州议会可以授予法院非司法权，也可以授予不必然是法院的机构司法权，可以任命法官到非司法职位，也可以任命代理的或临时的法官。州司法权与非司法权的混合很常见。③

二、人员配置

联邦宪法第 72 条规定了法官的任命、任期和酬劳。高等法院和由议会设置的其他法院的法官由委员会的总督任命。除议会两院在同一会期内以被证实的行为不端或无能力为由请求罢免法官并经总督同意外，不得撤销法官职务。法官享受议会规定的酬劳且在任期期限内不得减少。此外，1903 年司法法规定，高等法院法官应该是或曾经是州最高法院法官或法律从业者。高等法院法官的任期在其 70 岁时结束，已满 70 岁的人不得被任命为高等法院法官。被任命为议会所设立法院的法官，其任职期限为该法院法官任职的最高年龄界限。如果已满该法院法官任职的最高年龄，则不能被任命。议会可以制定法律规定所要求的最高年龄小于 70 岁，可以随时废除或修改这样的法律，但不能影响

① The Hon Chief Justice Michael E J Black AC, *The Federal Court of Australia: The First 30 Years—A Survey on Occasion of Two Anniversaries*, 31 *Melbourne Law Review* 1017, 2007, pp. 1025-1026.

② Cheryl Saunders, *The Constitution of Australia: A Contextual Analysis*, Hart Publishing, Oxford and Portland, Oregon, p. 208.

③ Cheryl Saunders, *The Constitution of Australia: A Contextual Analysis*, Hart Publishing, Oxford and Portland, Oregon, p. 209.

在此之前已任命法官的任职期限。高等法院和议会所设立法院的法官可以亲笔致函总督辞去职务。

联邦宪法第三章规定法官由总督任命，第七章又规定总督根据政府建议行事。政府提出法官人选前，一般要征询重要法律职业团体及有关首席大法官的意见。法官职务的解除须经议会两院通过并报总督签署公布。对法官的监督机制一类是传统的针对审判业务的上诉监督，另一类是受理对法官个人行为投诉的监督。如新南威尔士州设立司法委员会，专门受理和调查关于法官不胜任、枉法、偏见等问题的投诉。对属实的情节严重行为，司法委员会可以通过司法部向议会提出罢免法官的建议。①

三、法院的管辖权

（一）高等法院管辖权

联邦高等法院具有解释宪法的权力，可以对议会通过的法律进行违宪审查。高等法院是联邦宪法的裁决者，也是对澳大利亚法律所有问题上诉的终审法院。它不仅受理来自联邦法院的上诉，而且是州法院裁决上诉的终审法院。高等法院在宪法下有着双重角色。它是最终上诉法院，也是宪法法院，对宪法案件和宪法及联邦法授予的其他案件拥有原始管辖权。

1. 初审管辖权

联邦宪法第 75 条和第 76 条确定了 9 种管辖权，有些是根据内容确定，有些是根据当事人的性质确定。第 75 条规定了高等法院的初审权：（1）任何条约引发的事项；（2）影响领事或外国其他代表的事项；（3）联邦或代表联邦的个人为诉讼的一方当事人的事项；（4）各州之间、不同州的居民之间或州与另一州的居民之间的事项；（5）申请对联邦官员发出令状或禁令的事项。第 76 条规定了其他初审管辖事项，议会可以制定法律将以下事项的初审权授予高等法院：（1）由本宪法引发或关于宪法解释的事项；（2）由议会制定的法律引发的事项；（3）关于海事和海事管辖权的事项；（4）关于不同州法律对同一问题主张权利的事项。第 77 条规定对于前两条规定的事项，议会可以制定法律确定：（1）除高等法院以外的任何联邦法院的管辖权；（2）除了属于或被授予州法院之外的任何联邦法院管辖权范围；（3）将联邦管辖权授予

① 董开军：《澳大利亚联邦司法制度研究报告（上）》，载《中国司法》2005 年第 3 期。

州法院。

2. 上诉管辖权

联邦宪法第73条规定了高等法院的上诉管辖权：除议会另有规定外，高等法院对下列判决、裁决、命令的上诉，有审判权和决定权：（1）行使高等法院初审权的任何法官所作出的；（2）其他联邦法院或行使联邦管辖权的法院作出的，州的最高法院作出的，或在联邦成立时其判决可以上诉到枢密院的任何州的任何法院作出的；（3）州际委员会作出的，但只限于法律问题。高等法院对以上案件的判决是最后的和决定性的。

（二）联邦法院管辖权

1. 初审和上诉管辖权

关于联邦管辖权的分配，有个备受争议的问题是联邦主义是否要求司法分支权力在联邦与州之间的划分。Owen Dixon认为，“不管是从司法原则角度还是从司法的实际与效率角度，划分州法院和联邦法院都是不合理的”。他认为法院应被设立为独立的机构，不对联邦或任何州负责。① 而Kenneth Wheare考察澳大利亚、加拿大、瑞士和美国宪法之后认为：如果严格适用联邦原则，则应建立二元制。一套法院适用和解释政府的法律，另一套法院适用和解释各州的法律。事实上这四个联邦国家中只有美国接近于适用该原则。②

联邦法院法并没有授予联邦法院任何初审管辖权，而是规定议会可以授予联邦法院其认为合适的初审或共同管辖权。联邦法院初审管辖权的主要领域包括破产、反垄断和消费者保护、知识产权、非歧视立法下执行规则的制定、税收、海军、公司法、对政府行政决定的司法审查和对各种联邦法庭的监督。同时联邦法院拥有重要的上诉管辖权。联邦法院成为澳大利亚法律体制的重要部分，主要原因是联邦议会对联邦权力的行使不断增强。另一原因是联邦法院通过关联管辖权（Associated Jurisdiction）和附加管辖权（Accrued Jurisdiction）

---

① Sir Owen Dixon, *The Law and the Constitution*, 51 *Law Q. Rev*. 590, 606, 1935. 转引自Brian R. Opeskin, *Federal Jurisdiction in Australian Courts: Policies and Prospects*, 46 *South Carolina Law Review* 765, 1995, p. 780.

② K. C. Wheare, ed., Federal Government 68-69 (3d), 1953. 转引自Brian R. Opeskin, *Federal Jurisdiction in Australian Courts: Policies and Prospects*, 46 *South Carolina Law Review* 765, 1995, p. 780.

审理大量案件。关联管辖权使法院能审理在联邦法下其管辖权之外的关联事项。附加管辖权使法院能审理与其管辖权内事项同时发生的普通法诉求，如果该普通法事项是一项附加的不可分割的诉求。① 1975年通过家庭法院法（The Family Court Act）设立家庭法院，该法的制定依据是宪法第51条第（21）项和第（22）项规定的离婚与婚姻权力。其授予法院对婚姻的存续和双方的财产、婚姻中子女的监护事项的管辖权，即使这些并不附随于离婚过程。在1975—1987年间，通过修改家庭法院法和与州订立合作协议解决家庭法院的管辖权问题和宪法难题。其中最复杂的领域是财产争议，部分原因是缺乏对联邦处理家庭财产事项的权力的参照。通过管辖权的交叉授予（Jurisdictional Cross-vesting），在涉及复杂的公司管理职位或破产案件中的某些问题已得到处理。② 为减轻联邦法院的负担，1999年设立联邦治安法院（Federal Magistrates Court），主要处理标的较小的案件和简单案件，也处理一些关于儿童抚养、破产法、消费者保护法等内容的案件。③

1997年司法法修改，授予联邦法院对以下事项的原始管辖权：联邦寻求一项命令或宣告的事项；产生于宪法或涉及解释宪法的事项；产生于（联邦）议会制定的任何法律的事项。④ 1999年法律和司法立法修改法（Law and Justice Legislation Amendment Act）修改此项，排除刑事事项。由于其对宪法发展的直接贡献和向高等法院传送案件的支持性角色，联邦法院成为一个重要的宪法法院。如今联邦法院还处理涉及行政、公司、竞争、消费者保护、知识产权、人权、税收和劳资关系法等事项的案件。破产事项之前是法院的主要工作领域之一，现在绝大多数由联邦治安法院审理，但联邦法院对此类案件仍然享有重要的上诉管辖权。1993年土著权利法（Native Title Act）给法院工作增加了一个全新面向，联邦法院获得管辖权审理和裁决有关土著权利的申请。从数量角度而言，移民案件是联邦法院多年来工作的重要部分，起初主要根据行政

---

① Mary Crock and Ronald McCallum, *Australia's Federal Courts: Their Origins, Structure and Jurisdiction*, 46 *South Carolina Law Review*, 1994-1995, pp. 750-752.

② Mary Crock and Ronald McCallum, *Australia's Federal Courts: Their Origins, Structure and Jurisdiction*, 46 *South Carolina Law Review*, 1994-1995, pp. 755-756.

③ 高丽蓉、阮丹生：《澳大利亚司法制度及刑事诉讼程序》，载《国家检察官学院学报》2002年第10卷第2期。

④ Judiciary Act S39B（1A）（a）（b）（c）.

裁决法进入法院，之后则有 1958 年移民法（Migration Act）作为依据。① 除了审查来自自身裁决的上诉案件，联邦法院还对来自州最高法院关于知识产权、引渡、联邦选举法及联邦劳资关系法的案件享有排他上诉管辖权，并审理来自州治安法庭关于联邦劳资关系案件的上诉。②

近年来，联邦议会影响州与联邦法院关于联邦管辖权事项的管辖权分配的能力不断增强。尽管联邦管辖权的事项由宪法规定，但这些事项的范围持续扩大。第 76 条第（2）项规定：任何产生于联邦法律的事项都属于联邦管辖权事项。法院以允许联邦立法行为进一步扩张的方式解释联邦立法权的范围。③ 如今联邦立法机构在规制商业和私人生活方面的角色日趋重要，复杂的联邦法律管理着公司、商业行为、破产和家庭关系等广泛领域。④ 议会设立的高等法院之外的联邦层级法院都具有专业性特征，明显体现于家庭法院和劳资关系法院。联邦法院也有专业的功能，尽管体现并不明显，因为其管辖权基于联邦议会 100 多部法律的授予。⑤

2. 关联管辖权与附加管辖权

关联管辖权类似于美国法院的悬而未决管辖权（Pendent Jurisdiction）。联邦法院法第 32（1）条规定："在宪法允许范围内，授予法院对其管辖权引起的关联事项的管辖权。"关于其他联邦法院的管辖权也有类似条款。高等法院之外的联邦法院的管辖权只在议会法律授予的具体领域内，关联管辖权条款将法院管辖权在个案中扩展到关联的联邦问题。联邦法院是否能通过附加管辖权原则对非联邦事项行使管辖权是受到质疑的。通过一系列关键案件，高等法院

① The Hon Chief Justice Michael E J Black AC, *The Federal Court of Australia: The First 30 Years: A Survey on Occasion of Two Anniversaries*, 31 *Melbourne Law Review* 1017, 2007, pp. 1032-1035.

② The Hon Chief Justice Michael E J Black AC, *The Federal Court of Australia: The First 30 Years—A Survey on Occasion of Two Anniversaries*, 31 *Melbourne Law Review* 1017, 2007, p. 1039.

③ Brian R. Opeskin, *Federal Jurisdiction in Australian Courts: Policies and Prospects*, 46 *South Carolina Law Review* 765, 1995, p. 765.

④ Brian R. Opeskin, *Federal Jurisdiction in Australian Courts: Policies and Prospects*, 46 *South Carolina Law Review* 765, 1995, p. 767.

⑤ Brian R. Opeskin, *Federal Jurisdiction in Australian Courts: Policies and Prospects*, 46 *South Carolina Law Review* 765, 1995, p. 776-778.

发展出关于附加管辖权的宽泛概念。①

关于关联管辖权与附加管辖权的性质与运行，主要有以下几个论点：第一，联邦法院有权裁决整个“事件”，包括关于联邦事项与非联邦事项的主张，只要后者是附属的并与前者是不可分的。第二，事项是否可分主要参考双方诉求及诉讼程序来决定，可考察其是否来源于“共同的交易和事实”。第三，关联管辖权的行使是自由决定的，尽管需要合理理由。第四，关于联邦事项的主张是其中的“重要方面”，是真实善意的，不是为吸引对非联邦事项主张管辖权的似是而非的尝试。第五，一旦法院合理占有该“事件”，即使涉及联邦事项的主张被拒绝，法院仍然可以决定非联邦事项的主张。第六，关联管辖权原则不仅适用于原告与被告之间的主张，而且适用于第三方的主张。② 20世纪70年代，随着联邦层级法院的出现和发展，产生了一些法律争议，尤其是根据联邦法律和根据普通法提出的诉求之间的争议。学理回应是联邦法院享有管辖权的某“事项”产生的所有法律诉求，属于其“附属”管辖权的范围。1988年立法作出更彻底的回应，联邦和各州制定补充立法“交叉授予”管辖权，使参与的法院能处理他们适于受理的所有诉讼。③

（三）州法院管辖权

州法院系统分为初级法院、中级法院和最高法院3个层级：（1）州初级法院处理简单的民事案件和轻微的刑事案件。有的州只有一种初级法院，既受理简单民事案件也受理轻微刑事案件；有的州有两种初级法院，轻微罪法院受理刑事案件，当地法院受理民事案件。对于比较严重的刑事案件，法院有权“预审”以确定其是否可能构成公诉案件，如认为可能则提交较高审级法院处理。（2）州中级法院处理复杂的民事案件和严重的刑事案件。在各州称谓不尽一致，有的称地区法院，有的称市法院，但都既受理民事案件也受理刑事案件。除了受理一审案件外，还审理不服初级法院判决的上诉案件。（3）州最高法院受理最复杂的民事案件和最严重的刑事案件。同时它也是很重要的上诉

---

① Brian R. Opeskin, *Federal Jurisdiction in Australian Courts: Policies and Prospects*, 46 *South Carolina Law Review* 765, 1995, p. 801.

② Brian R. Opeskin, *Federal Jurisdiction in Australian Courts: Policies and Prospects*, 46 *South Carolina Law Review* 765, 1995, p. 803.

③ Cheryl Saunders, *The Constitution of Australia: A Contextual Analysis*, Hart Publishing, Oxford and Portland, Oregon, pp. 191-192.

法院，受理不服中级法院裁判的上诉和不服本院一审裁判的上诉。① 此外各州都设有和解法庭处理小权利请求索赔。另设有处理专业性案件的特别法庭，如商事法庭、儿童法庭、遗嘱检验法庭。②

同时，州法院还享有部分联邦管辖权。直到20世纪下半叶，联邦只在破产和劳资关系的高度专业领域建立了自己的法院。绝大多数联邦管辖权由州法院行使，尽管有些更敏感的联邦事务只能由高等法院根据其初审管辖权审理。③ 联邦宪法允许联邦议会将联邦管辖权授予州法院，这是澳大利亚司法一个与众不同的特征。1903年司法法第38条和第39条将大多数联邦管辖权授予州法院，同时取消州法院可能拥有的关于同样事项的州管辖权。④ 直到现在州法院仍然处理相当比例的联邦民事案件和刑事案件。

（四）管辖权的交叉授予制度

1987年法院管辖权（交叉授权）法［The Jurisdiction of Courts（Cross-vesting）Act］建立了州高级法院与联邦法院的交叉授权制度，是澳大利亚司法制度的一个重要特征，并带来重要改变。该制度由2个主要方面组成：交叉授权参与法院的管辖权事项和在这些法院之间的诉讼转移。参与该制度的有两个联邦层级法院（联邦法院和家庭法院）、6个州的最高法院和2个领地的最高法院，排除了高等法院、劳资关系法院和绝大部分低层级法院。联邦法将联邦法院和家庭法院的管辖权授予各州最高法院，州法将对“州事项”的原始和上诉管辖权授予联邦法院和家庭法院。各州最高法院管辖权交叉授权，但联邦法院与家庭法院之间的管辖权并不交叉授权。

交叉授权制度的合宪性受到质疑。将联邦管辖权授予州法院没有问题，但联邦法院是否能行使州管辖权则更为复杂。肯定的观点认为联邦法院的司法权力有宪法第三章规定之外的来源，如来自州的授权。否定的观点则认为宪法第

---

① 董开军：《澳大利亚联邦司法制度研究报告（上）》，载《中国司法》2005年第3期。

② 高丽蓉、阮丹生：《澳大利亚司法制度及刑事诉讼程序》，载《国家检察官学院学报》2002年第10卷第2期。

③ Cheryl Saunders, *The Constitution of Australia: A Contextual Analysis*, Hart Publishing, Oxford and Portland, Oregon, p. 191.

④ Cheryl Saunders, *The Constitution of Australia: A Contextual Analysis*, Hart Publishing, Oxford and Portland, Oregon, p. 211.

75 条和第 76 条已穷尽列举了联邦法院原始管辖权的范围。① 关于管辖权的一般转移制度，法院有义务将审理中的事项转移给另一个参与法院，如果另一法院更适合审理该事项。其间考虑的因素包括另一法院的相关诉讼情形、没有交叉授权时另一法院是否有管辖权、对某项联邦法的解释是否存在争论等。转移条款的一个重要例外是关于“特殊联邦事项”，如受限制的贸易实践事项和对联邦行政行为的司法审查产生的事项。当一项特殊联邦事项在州最高法院审理中，法院必须将该事项转移给联邦法院或其他专门法院，除非其作出决定保留该事项。② 交叉授权制度扩大了州与联邦法院共享管辖权的范围，对管辖权划分有着更为平衡的影响。

四、司法审查权

（一）司法审查权的根据

司法审查是澳大利亚联邦制度的重要组成部分。高等法院通过解释和适用宪法的一系列重要裁决，确认联邦和州权力的界限，裁决管辖权争议，使国家动态的经济和政治力量保持在宪法范围内。③ 司法审查隐含于司法权和至上原则之中。法院确保联邦在许多领域的至高权力，同时将其权力限制于这些领域。法院被授予裁决联邦争议的重要职能，主要基于两个原因：消极而言，这个职能不能被授予其他任何机构；积极而言，法院拥有的独立、学问、经验等适合于这一角色。司法审查将政治争议转化到传统上的非政治舞台来解决。④ 联邦政府和州政府都可能超越其管辖权范围，因此强大法院的司法审查对保持两级政府受到制约至关重要。在两级政府之间划分权力使各自在规定范围内统治，需要一些机制调和冲突的主张和解决纠纷，这个机制必须独立于任何一级

---

① Brian R. Opeskin, *Federal Jurisdiction in Australian Courts: Policies and Prospects*, 46 *South Carolina Law Review* 765, 1995, p. 810.

② Brian R. Opeskin, *Federal Jurisdiction in Australian Courts: Policies and Prospects*, 46 *South Carolina Law Review* 765, 1995, p. 812.

③ B. Galligan, *Judicial Review in the Australian Federal System: Its Origin and Function*, 10 *Federal Law Review* 367, 1979, p. 367.

④ B. Galligan, *Judicial Review in the Australian Federal System: Its Origin and Function*, 10 *Federal Law Review* 367, 1979, p. 371.

政府以确保平衡。① 高等法院有权将其管辖权内先前的、另外的或其认为不适合由自己处理的问题，移交给其他联邦法院或州法院，也有权将发生在其他法院的宪法争议收回由自己审理。②

高等法院司法审查权的合法性几乎未受质疑。1977 年联邦议会制定行政裁决（司法审查）法［Administrative Decisions（Judicial Review）Act（the ADJR Act）］。然而联邦宪法里没有条款明确授权司法审查。学界从文本和理论的角度为高等法院司法审查权寻找依据。从文本角度提出司法审查权来源于宪法里几个条款的隐含意义：③（1）宪法序言（Covering Clause）第 5 条规定"本法和联邦议会根据宪法制定的其他法律，不管任何州的法律有任何规定，都对各州和联邦各地的法院、法官和人民有约束力"。该条规定"根据宪法制定"的联邦法律是有约束力的。据此法官必须有权判断某项法律是否"根据宪法"制定来决定该法是否有约束力。（2）宪法第 76 条第（1）项授权联邦议会授予高等法院对"本宪法引发的或涉及本宪法解释的"事项的管辖权，隐含承认法院有责任裁决联邦法律是否合宪。（3）宪法第 75 条授予高等法院原始管辖权。根据联邦宪法，争议事项的最终决定者是高等法院。（4）宪法第 109 条规定州法与联邦法律不一致的部分无效，意味着法院可以判定与联邦法律不一致的州法无效。

从理论角度最为普遍是从立法意图角度为高等法院司法审查权的存在提供理由，认为制宪者意图使高等法院享有此权力。④"这是司法职能的性质赋予法院的责任。联邦议会和州议会不是主权实体；它们是权力有限的立法机构，任何超越其权力试图通过的法律都不是法律，只是无效的不用被遵守之物。这些权力是否被逾越的问题被作为案件提出时，是一个纯粹的司法问题，必须由法院宣告。这个原则是 1803 年在美国马伯里诉麦迪逊案确立的。"⑤ 高等法院

① B. Galligan, *Judicial Review in the Australian Federal System: Its Origin and Function*, 10 *Federal Law Review* 367, 1979, pp. 394-397.

② Judiciary Act S44、S40.

③ Kathleen E. Foley, *Australian Judicial Review*, 6 *Washington University Global Studies Law Review* 281, 2007, pp. 285-287.

④ Kathleen E. Foley, *Australian Judicial Review*, 6 *Washington University Global Studies Law Review* 281, 2007, p. 287.

⑤ Sir John Quick & Sir Robert R. Garran, *The Annotated Constitution of the Australian Commonwealth* 791 (1901).

也依靠联邦主义性质主张司法审查权是澳大利亚宪法结构的必要部分。①

在宪法文本和外在资源里有足够证据说明宪法审查是在预期内的。责任政府与宪法审查之间的张力是个很复杂的问题，是议会主权传统和公众对选举所产生政府的更高程度信任的共生混合。但议会主权从来不是澳大利亚宪法安排的特征，在单一制中对选举产生的机构充分尊重宪法原则的信任并不自动适用于联邦宪法的设置。②

（二）司法审查权的运行

司法审查权不由高等法院独享，低层级法院同样拥有和行使裁决宪法问题的权力。可以向低层级法院起诉再移交给高等法院，也可以在低层级法院裁决后上诉至高等法院，或者基于高等法院的原始管辖权向高等法院提起诉讼。

高等法院司法审查路径的发展历程可以分为形成时期、梅森法院时期和格里森法院时期这三个阶段：（1）形成时期：澳大利亚法律主义深深根植于英国普通法传统。其主要特点为受规则驱动，关注先例，认为政策和政治问题最好留给立法者，法官只负责适用法律。③ 在 1920 年工程师案④（Engineers' Case）中，高等法院多数意见反对隐含豁免原则（Implied Immunity Doctrine），支持联邦议会有权制定约束州的法律，这是法院在宪法解释路径发展上的重要一步。法院认为应强调宪法语词的自然含义，应从“宪法的制定背景、普通法的混合机构和优于其的制定法中寻求指引”。⑤ （2）梅森法院（Mason Court）时期：这个阶段宪法裁决更重视实质和宪法条款的目的，更依赖历史材料，更开放地质疑英国先例，更强烈地考虑政策问题的意愿。作为一个被认为更具“创造性”的法院，梅森法院在宪法解释方面持有更开放的观念，在作出裁决时也更愿意参考外国案例法和考虑国际法上的发展。在梅森就职首席法官之前，法院通过一系列重要裁决扩展联邦立法权。与其他宪法制度明显不

---

① The Queen v. Kirby; (1956) 94 CLR 254.

② Cheryl Saunders, *The Constitution of Australia: A Contextual Analysis*, Hart Publishing, Oxford and Portland, Oregon, p. 76.

③ Sir Daryl Dawson & Mark Nicholls, *Sir Owen Dixon and Judicial Method*, 15 *MELB. U. L. REV*, 1986, pp. 543-545.

④ Amalgamated Society of Engineers v. Adelaide Steamship Co. Ltd. (1920) 28 CLR 129.

⑤ Kathleen E. Foley, *Australian Judicial Review*, 6 *Washington University Global Studies Law Review* 281, 2007, pp. 297-298.

同，制宪者未将权利法案纳入宪法，澳大利亚宪法体系不包含个人权利领域的大量内容，而主要是关于联邦与州议会、政府和法院之间的关系。① 而梅森法院将关注点从联邦主义转向一个很不同的领域，即宪法对个体的保护。② 这为澳大利亚宪法裁决创造了新的可能性，包括宪法权利和自由体系的发展，尤其是承认隐含的政治交流自由。③（3）格里森法院（Gleeson Court）时期：这个阶段法院否定梅森法院发展的宪法权利和自由体系，更重视宪法第三章及对联邦和州立法权的隐含暗示，重新建立了法律主义的统治。其路径主要是文本主义，强调宪法的文本与结构。它不试图通过确定制宪者的主观意图来回答宪法解释的问题，也不认为对宪法条款的原始理解是决定性的。④

高等法院司法审查权的行使以持久的承认法律主义为特征，只被梅森法院短暂打断。在高等法院形成时期，工程师案确立了严格法律主义的方法论，自此主导法院的宪法裁决。伴随着高等法院真正成为澳大利亚司法系统的顶点和澳大利亚国家及国际意识的增长，梅森法院采用了更强势的途径行使司法管辖权。格里森法院重新回到法律主义，此外关注点从权利导向转为源自宪法第三章的原则的发展。如何评价法院的司法审查路径？司法审查在澳大利亚法律体系中的安全地位是否归因于澳大利宪法关注联邦制而非对个体权利的宪法保护？这都是值得思考的问题。⑤

高等法院的宪法解释路径体现出在其他宪法制度中类似存在的张力：通过司法审查的宪法发展与正式文本修改；解释其他法律文本的原则与承认宪法的特殊要求；宪法制定者的意图与后来者的考虑；法院支持宪法的责任与选举产生的机构为公共利益行动的责任。在澳大利亚，两种宪法传统之间的文化差异加剧了紧张关系，要求法院进行精妙平衡。这种张力产生被称为“法律主义”

① Kathleen E. Foley, *Australian Judicial Review*, 6 *Washington University Global Studies Law Review* 281, 2007, p. 285.

② Kathleen E. Foley, *Australian Judicial Review*, 6 *Washington University Global Studies Law Review* 281, 2007, pp. 305-307.

③ Kathleen E. Foley, *Australian Judicial Review*, 6 *Washington University Global Studies Law Review* 281, 2007, p. 314.

④ Kathleen E. Foley, *Australian Judicial Review*, 6 *Washington University Global Studies Law Review* 281, 2007, pp. 316-317.

⑤ Kathleen E. Foley, *Australian Judicial Review*, 6 *Washington University Global Studies Law Review* 281, 2007, pp. 337-338.

的宪法解释路径。法律主义没有具体限制，其应用经常是一个程度问题。① 具体可分为以下发展阶段：（1）1903—1920：这个阶段被宪法并未具体规定的两个联邦主义相关的问题主导。一是一个范围的政府的法律适用于其他机构的程度；二是列举的联邦权力与未明确规定的保留给州的权力之间的界限，尤其是当列举范围模糊时通过一个宽泛解释干预州活动已确定领域的情形。第一届高等法院的三名法官都参与了宪法的制定，其中两名分别是 1891 年和 1897—1898 年宪法会议的领导者。他们认为一般而言应尽可能以不影响宪法留给州的权力的方式解释联邦权力。其后另两名法官加入法院，直到 1920 年他们所持的不同观点占优势。②（2）1920—1944 年：澳大利亚独立运动正在进行中，战争经历激发了国家意识。标志这个时期开端的是工程师案的裁决，形成宪法解释尤其是对待联邦立法权的新途径。"自然地根据制定宪法的环境，运用普通法和优于其的成文法知识"解释宪法，排除与宪法文本和普通法原则无关的含义。联邦法律应被给予充分的效力，绝大多数情形下联邦法律可以约束州的机构。"二战"期间法院支持联邦单方面接管州征收所得税权力的立法，是对工程师案方法论的经典运用。③ 法官 Owen Dixon 于 1944 年回归高等法院，其后 20 年其智识主导法院裁决。（3）1944—1981 年：在 Dixon 的影响下，最接近其描述为"普通法的严格逻辑和高超技艺"的澳大利亚法律主义达到顶峰，要求法官努力适用外在的标准。④（4）1981—1998 年：这个阶段受到宪法运行环境两个改变的影响。一是 1986 年澳大利亚立法使高等法院成为关于澳大利亚法律所有问题上诉的终审法院，使法院有机会行使一个上诉终审法院的传统职能，宣布关于特定事项的法律，纠正司法的明显失误。二是国际化和全球化现象，澳大利亚为一方当事人的国际条约显著增加。⑤ 在这个阶段，高等法院的解释方法有所转变。Mason 在担任首席法官不久后的一次演讲中指出

① Cheryl Saunders, *The Constitution of Australia: A Contextual Analysis*, Hart Publishing, Oxford and Portland, Oregon, p. 83.

② Cheryl Saunders, *The Constitution of Australia: A Contextual Analysis*, Hart Publishing, Oxford and Portland, Oregon, p. 84.

③ Cheryl Saunders, *The Constitution of Australia: A Contextual Analysis*, Hart Publishing, Oxford and Portland, Oregon, p. 85.

④ Cheryl Saunders, *The Constitution of Australia: A Contextual Analysis*, Hart Publishing, Oxford and Portland, Oregon, p. 86.

⑤ Cheryl Saunders, *The Constitution of Australia: A Contextual Analysis*, Hart Publishing, Oxford and Portland, Oregon, p. 87.

法院已经脱离“严格的形式主义”，承认其法律制定角色，认为法官有责任发展法律。同时司法说理的风格应该有助于理解判决。明确承认上诉终审法院的创造性角色对应于法院方法论的显著转变。最明显的是，法院准备审查实体而非形式，以考虑目的补充文本分析，有时为更多主观需求的均衡而牺牲虚幻的客观性，选择司法行为道路时依赖政策考虑。三是法官以更重视民主社会中人民的角色的方式，对“从更为基本和固定的法律原则中推理新结论”表现出更大胆量。最受争议是从宪法的司法权分离中找到一些对自由和正当程序的保护。① 更新奇的发展是从宪法依赖的代议制与责任政府引申出对政治交流自由的保障。四是在至少一个案件（Mabo 案（第二号））中，法院抛弃了固定的法律原则。方法论的转变和案件中的更明确立场和高调姿态造成了相当大的矛盾和选举所产生分支之间的更大摩擦。② （5）1998 年以来：这一阶段法院解释方法的特征是有时更求助于高度技术性的法律论证，依赖历史分析支持的作出裁决的法律标准，否定其他考虑的相关性，相应地不重视司法选择。法律主义被重新肯定为法院的指导性方法论。③

从方法论的角度，可以从法律主义、现实主义和实用法律主义理解法院宪法解释的不同路径：（1）法律主义（Legalism）：普遍认为法律主义是澳大利亚宪法裁决的正统原则。合适的“外部”标准最明显体现于宪法和法律的文本与先例。法院还可以从更广泛的来源寻求支持，包括基础性的固定的法律原则。除了这个核心的要求，法律主义本身是有流动性的。在光谱的一端渐渐变为形式主义和文本主义，另一端是“严格逻辑”和“高超技艺”允许的多样的分析选择。④ （2）现实主义（Realism）：法院的考虑范围从超越法律与宪法原则到同时期环境、慎重地到“社区”价值的方面。这个阶段解释方法的特殊性不应被夸大。考虑不具有法律特征的外部因素，包括隐含承认司法裁量在

① Cheryl Saunders, *The Constitution of Australia*: *A Contextual Analysis*, Hart Publishing, Oxford and Portland, Oregon, p. 88.

② Cheryl Saunders, *The Constitution of Australia*: *A Contextual Analysis*, Hart Publishing, Oxford and Portland, Oregon, p. 89.

③ Cheryl Saunders, *The Constitution of Australia*: *A Contextual Analysis*, Hart Publishing, Oxford and Portland, Oregon, p. 90.

④ Cheryl Saunders, *The Constitution of Australia*: *A Contextual Analysis*, Hart Publishing, Oxford and Portland, Oregon, p. 91.

其他阶段也不罕见。① (3) 实用法律主义 (Realistic Legalism): 实用法律主义认为，一部确定的宪法对联邦是必要的，宪法审查对解决有关联邦框架的争议是必需的。在此后近 80 年里，联邦问题主导着澳大利亚宪法。② 在后期对法院“司法能动主义”的批评减弱，可以归因于法院回到更为法律主义的说理方式和重新强调宪法的联邦特征为司法审查提供正当性。③ 联邦建立后最初 20 年关于解释方法的争论中，法院一直对宪法条款偏向更为宽泛的解释，除非有明确迹象认为不应如此。这个路径对分配给联邦的立法权事项范围扩大产生重要影响，导致从工程师案判决以来联邦权力的扩张。④

(三) 司法审查对联邦管辖权的扩展

澳大利亚宪法历史的一个显著特点是宪法自发端起就经历了大量权力从州向联邦政府转移的变化。这种转移是在立法主动的环境下通过司法方式实现的。而几乎所有倾向于集中权力的提议都遭到选民拒绝。甚至可以说，澳大利亚的公民投票历史显示了大众对背离宪法原初设定的抵触。这些事实指向群体愿望与宪法发展之间令人惊讶的不一致。⑤ 高等法院法官的组成使其分外容易受中央集权压力的影响。法官由联邦行政任命，主要从与联邦活动相关的行业中选出，显示出对联邦政府目标的自然赞同。⑥

高等法院采用的字面解释主义促成联邦立法权范围的重大变化。字面解释主义经常被认为是法庭保守主义的表现。这个问题首先取决于对保守的认识。如果认为坚持严格的解释学方法是保守的一个标志，这个裁决可能被认为是保

① Cheryl Saunders, *The Constitution of Australia: A Contextual Analysis*, Hart Publishing, Oxford and Portland, Oregon, p. 92.

② Cheryl Saunders, *The Constitution of Australia: A Contextual Analysis*, *Hart Publishing*, Oxford and Portland, Oregon, p. 93.

③ Cheryl Saunders, *The Constitution of Australia: A Contextual Analysis*, Hart Publishing, Oxford and Portland, Oregon, pp. 94-95.

④ Cheryl Saunders, *The Constitution of Australia: A Contextual Analysis*, Hart Publishing, Oxford and Portland, Oregon, pp. 95-96.

⑤ L. J. MarkCooray & Suri Ratnapala, *The High Court and the Constitution: Literalism and Beyond*, in Gregory Craven ed., *The Convention Debates 1891-1898: Commentaries, Indices and Guide*, Legal Books Pty. Ltd., Sydney, 1986. p. 203.

⑥ L. J. MarkCooray & Suri Ratnapala, *The High Court and the Constitution: Literalism and Beyond*, in Gregory Craven ed., *The Convention Debates* 1891-1898: *Commentaries, Indices and Guide*, Legal Books Pty. Ltd., Sydney, 1986. p. 206.

守的。如果认为保守主义包括忠于条文制定者的意图，这个裁决则是革命性的。其次从这种路径的实际政治后果来评价，其无疑是推动社会和政治行为的无视传统的新理论。工程师案的最深远影响是通过对联邦宪法第51条下联邦立法权的宽泛解读授予联邦最高权威，推翻制宪者设定的联邦主义的宪法性均衡，将联邦政府从宪法性限制中解放出来，认可联邦立法权的灵活运用。对第51条的字面解读和独立解读提供了最有助于扩张联邦立法权的方法。① 工程师案否定隐含禁止原则和州保留权力原则，基于联邦宪法第109条主张联邦法律对不一致州法的最高性。它支持责任政府原则作为宪法的含义。工程师案裁决时，澳大利亚是一个全国统一体并有国家认同的意识，扩展联邦权力是合理的。文义解释结合对联邦权力的宽泛解释，导致联邦在与州的关系中居于主导地位。②

通过一系列权力的司法授予，联邦管辖权得到扩展。主要体现于以下方面：

1. 宪法中的宪法：法院将宪法第51条和其他授予联邦权力的条款提升到宪法上级规范的地位。这种优先使这些条款实际上成为宪法中“超越宪法”(Super-constitution) 的条款。这些条款将以可能推翻隐含于联邦宪法性安排的规范的方式，得到宽泛的和字面的解读。这是扩大联邦权力的基本前提。③

2. 延伸授权条款的含义：Herald and Weekly Times Ltd. v. Commonwealth 案的裁决打开了联邦对不直接在其管理范围内事务进行间接控制的一大片领域。Murphyores Incorporated Pty. Ltd. v. Commonwealth 案允许联邦间接采取措施保护环境。在 Fairfax v. Federal Commissioner of Taxation 案中，通过司法授予间接权力的范围在征税权方面更为明显。法官 Latham 在“银行国有案”中预料到授予联邦扩张的征税权的深远影响：如果联邦议会通过的任何征税法律被认为有效，则征税权能使联邦议会以对特定行为征税的方式，通过针对任何事项的立法。联邦被允许针对其职权外的事项立法，通过将该事项与其权力内某

① L. J. MarkCooray & Suri Ratnapala, *The High Court and the Constitution: Literalism and Beyond*, in Gregory Craven ed., *The Convention Debates 1891-1898: Commentaries, Indices and Guide*, Legal Books Pty. Ltd., Sydney, 1986. p. 211.

② Anthony Mason AC KBE, *The High Court of Australia: A Personal Impression of Its First 100 Years*, 27 *Melb. U. L. Rev.* 864, 2003, pp. 872-873.

③ L. J. MarkCooray & Suri Ratnapala, *The High Court and the Constitution: Literalism and Beyond*, in Gregory Craven ed., *The Convention Debates 1891-1898: Commentaries, Indices and Guide*, Legal Books Pty. Ltd., Sydney, 1986. p. 212.

事项联系起来的方式。①

3. 放弃审问目的与相关性的责任：高等法院一直拒绝审查立法的目的，只要其在形式上与规定的事项是同一的。它也不愿审查法律与对象之间的联系。结果是留给联邦议会基于主观标准决定自身权力限制的宽泛裁量权。法院在战时授予联邦对国内管理事实上无限制的权力。在 King v. Foster 案中，法院认为防御权可以被用以“对共同体广泛和详尽的控制，不仅关于战争服务与供给，而且关于一般工业、食物、服装、住宿和财政、经济与社会条件”。这种对战时防御权的扩张解释也被用来为深远影响了联邦权力平衡的统一税计划（Uniform Tax Plan）提供正当性。在和平时期法院更注重对防御权的监督，但允许联邦在“冷战”环境下控制首都事务和与防御对象共同参与商业活动。②

4. 宪法第 109 条之下的独有权：宪法规定了联邦与州在众多领域的共享立法权，但第 109 条规定联邦与州法律不一致时，联邦法律优先。然而宪法没有从预期联邦可能通过立法领域先占州管辖权。因此高等法院的早期裁决通过确认不可能同时违背州与联邦法律来尽力允许州与联邦法律的共存。在 Clyde Engineering Co. Ltd. v. Cowburn 案中出现可预见的向联邦的倾斜，法院阐明“覆盖领域”（Covering the Field）原则，即如果联邦公开覆盖某特定对象的意图，州将被完全排除在该领域之外。用 John Bradsen 的话来说：“结果是共享权力可以并且很多已经事实上被联邦立法转化为联邦独有权”。③

5. 在执行中创造的立法权：通过运用关于“对外事务”的立法权来扩展联邦权力边界。从 R. v. Burgess；ex parte Henry 到 Commonwealth v. Tasmania（the Franklin Dam Case）的一系列案件中，高等法院支持联邦政府终结一项国际协议会导致关于条约事项的立法权产生。由于国际条约的广泛存在，该权力的潜在领域几乎是无限制的。法院字面解释“对外事务”，认为该权力是“独

① L. J. MarkCooray & Suri Ratnapala, *The High Court and the Constitution*: *Literalism and Beyond*, in Gregory Craven ed., *The Convention Debates 1891-1898*: *Commentaries*, *Indices and Guide*, Legal Books Pty. Ltd., Sydney, 1986. pp. 213-214.

② L. J. MarkCooray & Suri Ratnapala, *The High Court and the Constitution*: *Literalism and Beyond*, in Gregory Craven ed., *The Convention Debates 1891-1898*: *Commentaries*, *Indices and Guide*, Legal Books Pty. Ltd., Sydney, 1986, pp. 214-215.

③ L. J. MarkCooray& Suri Ratnapala, *The High Court and the Constitution*: *Literalism and Beyond*, in Gregory Craven ed., *The Convention Debates 1891-1898*: *Commentaries*, *Indices and Guide*, Legal Books Pty. Ltd., Sydney, 1986. p. 215.

立的”和“永久的”。在这些案例中法院内部的不同意见在于立法权是来源于任何类型的条约还是仅来源于具有某种特定国际性特征的条约。在 Franklin Dam 案之后法院多数意见承认联邦的权力，只要在国际法上存在有约束力的义务。国际条约的条款没有直接的国内效力，除非根据宪法条款来执行。因此一个主权国家的法院将首先寻求宪法的指导原则和条款，由此决定执行条约的方法——是否执行要求联邦立法、州立法、宪法修改或者是这几种措施的结合。①

6. 对州际贸易和商业的权力：高等法院的字面解释主义和能动主义事实上重写宪法和赋予联邦更多权力，明显体现在第 92 条保护的州际贸易、商业和交往的自由方面。法院支持一种政策导向的途径允许联邦在相当程度上管理州际贸易。支持限制州际贸易的一个理论是第 92 条不是关于个体贸易自由，而是商品在边界之间的流动。只要流动未受阻碍，个体贸易自由就是有效的。②

7. 拨款权：宪法没有确定联邦行政权的范围。在 Victoria v. Commonwealth（Australia Assistance Plan）案中，高等法院迈出重要一步，承认联邦有权独自处理其无法立法的事项。此案中，澳大利亚资助计划是一个行政计划，建立“社会发展区域委员会”（Regional Councils of Social Development）来以统一收入基金（Consolidated Revenue Fund）拨付的资金提供社会福利服务。联邦对该事项没有直接立法权。为了支持拨款和开支的有效性，法官 McTiernan 和 Murphy 支持联邦有不受限制的权力为任何目的拨款和以行政权实现这种目的。法官 Barwick、Gibbs 和 Mason 认为，对拨款权的限制将让步于联邦来源于所列举之外的权力，这些权力是联邦作为一个国家所固有的。可以看出高等法院开始愿意在立法权之外为不断扩展的联邦权力寻求正当性。③

8. 财政控制：在高等法院判决 South Australia v. Commonwealth（the First

---

① L. J. MarkCooray& Suri Ratnapala, *The High Court and the Constitution: Literalism and Beyond*, in Gregory Craven ed., *The Convention Debates 1891-1898: Commentaries, Indices and Guide*, Legal Books Pty. Ltd., Sydney, 1986. pp. 216-217.

② L. J. MarkCooray& Suri Ratnapala, *The High Court and the Constitution: Literalism and Beyond*, in Gregory Craven ed., *The Convention Debates 1891-1898: Commentaries, Indices and Guide*, Legal Books Pty. Ltd., Sydney, 1986. pp. 217-218.

③ L. J. MarkCooray& Suri Ratnapala, *The High Court and the Constitution: Literalism and Beyond*, in Gregory Craven ed., *The Convention Debates 1891-1898: Commentaries, Indices and Guide*, Legal Books Pty. Ltd., Sydney, 1986. pp. 218-219.

Uniform Tax Case）之后不久，有学者预言州将最终走到主要由行政机构组成的地位，所有事项的主要政策路线将由联邦决定。自此高等法院在立法主动的环境中将联邦带往实现这个预言的道路。除了允许联邦正式行使州的保留权力，法院还通过联邦权力的明显滥用宽容了州的经济下滑和政治颓势。统一税案通过确认一系列将国家充分的所得税潜力交给联邦的立法有效，剥夺了州独立税收的主要来源。州剩下的收入基础又在一系列案件中被进一步削弱，以 Bolton v. Madsen 案达到顶点。这些案例通过逐步扩大联邦征收关税（Customs）和消费税（Excise Duties）的独有权力，限制州征收营业税（Sales Taxes）的权力。然而，筹集收入只是财政权的一个方面。另一个方面是为达成政治目标使用收入的能力。高等法院在 New South Wales v. Commonwealth 案中支持联邦将盈余放在特定账户而不分配给州。随着州对联邦的财政依赖不断增强，联邦再通过将州的支出限制于完成联邦政策目标来控制州的经济政策。这通过从 Victoria v. Commonwealth（Roads case）到 Victoria v. Commonwealth（Second Uniform Tax Case）的一系列案件完成，法院认可联邦通过宪法第 96 条受约束的拨款，进入住宅、道路、健康、教育和科研等宪法未授予联邦权力的领域。通过确认这些措施合法，法院视自己为不受宪法隐含的联邦平衡或第 51（2）条和第 99 条明确禁止对州歧视的约束。①

第三节 澳大利亚的检察制度

一、检察院组织体系

澳大利亚的公诉制度相对集中，检察机关在其中发挥着主导作用，法律授权的其他一些政府机关也可以行使公诉职能。1973 年塔斯马尼亚州建立独立的起诉机构，任命专门的起诉官。随后各州分别通过立法由政府任命总检察长和专门的检察官。澳大利亚只有联邦检察署和州检察署两级检察机关，它们之间不存在法律或行政上的上下级关系，只有工作上的合作关系。联邦检察署成立于 1984 年，隶属于司法部，但司法部长一般不过问具体的检察事务，只负责检察官的任命建议、财政拨款、联邦检察官管辖范围的确定及检察政策的制

① L. J. MarkCooray& Suri Ratnapala, *The High Court and the Constitution*: *Literalism and Beyond*, in Gregory Craven ed. , *The Convention Debates 1891-1898*: *Commentaries*, *Indices and Guide*, Legal Books Pty. Ltd. , Sydney, 1986. p. 219.

定等。检察署具有相当强的独立性和公开性。如检察长法第 8 条规定，司法部长有权对检察署发布指导和指示，但应在与检察长协商后发布，并且必须以书面形式。检察署最基本的职责是对违反联邦刑事法律，包括违反公司法的行为提起公诉，并有追回犯罪所得联邦财产的责任。检察分署同样负责起诉和民事财产的追索起诉工作，内设起诉科、法人犯罪科、犯罪财产科及行政科等机构。① 联邦检察署是行使公诉权的专门机关，没有调查或侦查权。总检察长及检察署依法独立行使起诉权，并通过检察长对案件独立负责制、终身任命制等立法规定保障其独立性。总检察长通过律政司向议会做年度工作报告，接受质询。联邦和州的检察署都依法制定各自的起诉规则作为检察官应遵守的准则。

检察署由检察长、副检察长、检察官、起诉律师、副起诉律师、助理起诉律师、事务律师及综合服务部门工作人员等组成。检察长、副检察长和起诉律师都是法定职位，根据立法规定指派。通常包括上诉庭、研究部、顾问部、6组和证人援助部等组织机构。上诉庭为检察长向法院提起上诉准备案件；研究部就法律问题向检察院内的起诉律师和检察官提供信息和咨询，并备有一套信息化的法律研究系统供全体人员使用；顾问部就各类上诉案件向检察长提供专家意见；6 组负责起诉警察和其他公务员犯罪案件；证人援助部为暴力案件受害人和在检察长起诉案件中要求出庭作证的弱势证人提供援助。②

各州只有一个检察总署，在其内部根据地域设立办公室在不同地区的法庭办理案件。州检察总署的最高长官是总检察长。总检察长和大检察官均由政府任命，律政总长可以提名，专门处理投诉的巡视委员会可以在任命前行使否决权。检察总署办理的所有刑事案件在起诉书上必须以总检察长的名义起诉。在具体案件处理上，总检察长可以授权不同级别的律师决定不同程度的事项，但决定刑事诉讼程序终止、无罪撤回等重要事项只能由总检察长行使。检察总署的法律工作人员大致可以分为大检察官和一般律师。通常大检察官首先必须是出庭律师才有权在正式审判特别是有陪审团的审判中代表总检察长出庭。③

---

① Nicholas Cowdery：《澳大利亚司法制度概况》，载《检察风云（法制新闻月刊）》2000 年第 5 期。

② 季美君：《澳大利亚的检察制度》，载《人民检察》2004 年第 1 期。

③ 冉云梅：《澳大利亚检察机构及检察官的设置与管理》，载《北京政法职业学院学报》2007 年第 1 期。

二、检察院职权

联邦与州的检察机关分别负责违反联邦和州法律的刑事犯罪检控工作。经司法部长同意或州法律授权，联邦检察机关也可以检控违反州法的犯罪。检控事项有两大类：一是情节比较严重或需要在州最高法院或联邦法院审理的普通刑事案件；二是商事经济犯罪。在刑事犯罪的管辖上，联邦检察总署负责管辖叛国罪、恐怖主义犯罪、毒品走私、社会保险欺诈、税收欺诈、医疗诈骗、贩卖人口等方面的案件以及联邦立法规定及侵犯联邦财产与权利的犯罪案件。其他多数类型的案件都由各州自主立法管辖。对谋杀等严重刑事案件提起公诉必须经总检察长的签署。联邦检察署有权监督和干预所有涉及联邦犯罪的指控或公诉工作，如有权中止警察机关或其他机关已经提起的公诉，并有权干预私人的自诉。①

刑事案件分为可正式起诉和不可正式起诉案件。大量轻微案件属于不可正式起诉案件，警察机关侦查终结后直接向地方法庭起诉，此项工作由警察机关中独立于侦察活动的专门人员承担，以简易程序审理和判决；可正式起诉案件由检察官负责审查起诉，经地方法庭初步审理后递交地区法庭或高级法庭。对于特殊专业经济领域的犯罪，具有一定调查权的专业监管机关如证券投资委员会，对较轻的违反公司法的犯罪行为，可以直接向法院起诉，在自行起诉时通常向检察署通报并接受咨询；严重的则要提交联邦检察署提起公诉。

第四节　澳大利亚司法程序

一、刑事审判程序

刑事诉讼阶段可以大致分为警察发现并调查案件、检察官决定是否提起公诉和法院审判。法庭审理分为对即决案件的审理和对公诉案件的审理。即决犯罪一般指处罚为罚款或监禁 2 年以下的犯罪行为，由地方法院的治安法官审理，治安法院审理刑事案件无须陪审团参加。在高等法院、州最高法院、联邦高等法院审理的刑事案件中，除被告自愿选择由法官审理并经检察长同意外，

① 董开军：《澳大利亚联邦司法制度研究报告（上）》，载《中国司法》2005 年第 3 期。

一般有陪审团参加并就事实问题作出决定，法官决定哪些证据依法可以采纳。法庭审理一般经过法庭调查、法庭辩论和判决三个阶段，证人证言要经过主询问、反询问和再调查等程序。刑事诉讼任何一方当事人不服法院判决即可上诉，但上诉只能针对法律问题。上诉审中双方律师出席就法律问题进行辩论。一般而言，若检察署认为原审判决太轻，上诉法院会倾向于保持与原审法院的一致性。但如果原审判决适用法律原则错误或判决明显过轻，上诉法院则会改变原审判决。①

二、行政审判程序

在解决社会矛盾纠纷尤其是行政纠纷方面，澳大利亚有一套相当完善的行政裁决制度，即行政裁判庭（Administrative Tribunals）制度。联邦和各州分别建立了各种行政裁判庭，有的裁判庭是综合性的，既裁判行政纠纷也裁判民事纠纷。行政裁判庭适用专门程序解决纠纷，并采取或参照法院审判案件的一些原则与程序。对行政裁判庭裁决中的法律问题，当事人可以向联邦法院提起上诉。行政裁判庭根据议会立法设立，在联邦层级设有行政上诉裁判庭、反不正当竞争裁判庭、移民复审裁判庭、社会保障上诉裁判庭等十几个行政裁判庭。其中根据1975年行政上诉裁判庭法设立的联邦行政上诉裁判庭是综合性的最高行政裁判庭，对联邦政府部门、其他行政裁判庭以及某些情况下各州作出的行政行为依法进行实体审查。澳大利亚司法制度注重满足民众的司法需求，如突出对家庭关系的司法调整、强调对政府行为的法律监督、倡导纠纷解决的非诉讼方式、重视社区法律服务等。②

在澳大利亚联邦管辖权之下，替代性纠纷解决机制（ADR）已经颇为充分和完善。劳资纠纷已经有很长一段时间通过调解和仲裁解决，调解和协商是家事诉讼的必经程序，调解也是土著权利纠纷解决的重要方式。1995年成立全国替代性纠纷解决机制咨询委员会（The National Alternative Dispute Resolution Advisory Council）以促进非诉讼纠纷解决的发展。澳大利亚ADR的一个特征是以联邦法庭、政府和行业监察官项目、社区为基础的ADR的发达，另一特征是司法中ADR的发达。1987年开始联邦法庭建立ADR项目，主要是

① 高丽蓉、阮丹生:《澳大利亚司法制度及刑事诉讼程序》，载《国家检察官学院学报》2002年第10卷第2期。

② 董开军:《澳大利亚联邦司法制度研究报告（下）》，载《中国司法》2005年第4期。

通过法院登记员主持调解。1991 年法院调解和仲裁法规定法院可以经双方当事人同意将诉讼全部或部分提交仲裁或调解。1997 年联邦法院法经过再次修订，授权法官指引当事人进行调解，可以不经当事人同意即将诉讼的全部或部分提交调解。家事法院从 1976 年开始提供全面的商谈与和解服务。此外，ADR 被纳入案件管理改革机制，促使案件分流至调解、和解、案件评估或仲裁，审前程序和中间听审的大量使用也有助于促进和解。①

行政审判程序经历了一系列程序改革：案件管理、个案备审制度（Individual Docket System）和专家小组（Specialist Panels）。个案备审制度的基本原则是每个案件从一开始被分配给一个特定法官，该法官负责管理该案件直到最后的处理。这个制度旨在节约时间和成本，管理案件的法官对案件的熟悉消除了每次重新解释案件的需要；还旨在使案件的全部进展途径的一致，方便组织或迅速解决对话冲突。② 根据 1979 年高等法院法第 17（1）条的规定，高等法院依法管理自己的事务。高等法院自我管理的成功导致从 1990 年 7 月 1 日起对联邦法院、家庭法院和行政上诉庭进行独立管理的授权。首席法官负责法院的管理，司法常务官（Registrar）予以协助。司法常务官由总督根据首席法官的建议任命。③ 法院财政管理由司法常务官直接负责，法律责任则由首席法官负责。④ 然而，法庭财务人员参与的法官财务委员会也参与财务管理，此外还有审级委员会。法院账目受到外部审计和澳大利亚审计办公室（Australian Audit Office）的监督。⑤ 随着这些年的发展，法官委员会（Judges' Commit-

---

① 辜恩臻：《澳大利亚 ADR 的发展与启示（上）》，载广州仲裁委员会主编：《仲裁研究》第十二辑，法律出版社 2007 年版，第 79~81 页。

② The Hon Chief Justice Michael E J Black AC, *The Federal Court of Australia*: *The First 30 Years*: *A Survey on Occasion of Two Anniversaries*, 31 *Melbourne Law Review* 1017, 2007, p. 1041.

③ The Hon Chief Justice Michael E J Black AC, *The Federal Court of Australia*: *The First 30 Years*: *A Survey on Occasion of Two Anniversaries*, 31 *Melbourne Law Review* 1017, 2007, p. 1044.

④ 司法常务官的责任源于 1997 年财政管理和责任法（Financial Management and Accountability）；首席法官的责任源于 1976 年澳大利亚联邦法院法。

⑤ The Hon Chief Justice Michael E J Black AC, *The Federal Court of Australia*: *The First 30 Years*: *A Survey on Occasion of Two Anniversaries*, 31 *Melbourne Law Review* 1017, 2007, p. 1046.

tees）逐渐在法院管理中扮演日益重要的角色，法官对法院管理共同负责。①

三、司法问责程序

新南威尔士州建立了独立于行政机关和审判机关的司法委员会和反腐败委员会，司法委员会直接对议会负责。司法委员会受理并调查公众对法官的投诉，但无权通过罚款、降职等手段进行司法问责。任何人都可以向司法委员会进行问责投诉，投诉应以书面形式提出。司法委员会受理投诉后告知被投诉的法官，并进行预先调查，之后进入预审阶段。根据审查结果作出驳回投诉的决定或分为轻微类与严重类，提交州长、议会或司法负责人处理。经调查核实情节严重的，由州长作出免职决定或由参众两院决定处理方式。情节较轻的，由司法负责人对法官给予劝告，或在其供职法庭内作出行政安排。针对法官腐败行为的投诉通常由反腐独立委员会进行司法问责。②

① The Hon Chief Justice Michael E J Black AC, *The Federal Court of Australia: The First 30 years: A Survey on Occasion of Two Anniversaries*, 31 *Melbourne Law Review* 1017, 2007, p. 1045.

② 胡志斌：《域外司法问责制度的考察与启示——以美国、加拿大、澳大利亚、德国、法国、日本为样本》，载《湖南警察学院学报》2014 年第 26 卷第 1 期。

第六章　日本司法制度

日本近代法制文明肇始于明治维新，以西方发达资本主义国家法律制度为模板，先后继受以法国、德国为代表的大陆法系和以英国、美国为代表的英美法系，进而构筑起了“即使用今天的眼光来看，也不得不为起草者聪明的头脑和丰富的学识而感叹”的法律体系。① 作为典型三权分立之国家，日本国宪法明确规定司法权属于最高裁判所及其由法律规定设置的下级裁判所，最高裁判所有权就有关诉讼手续、辩护士、裁判所内部纪律以及司法事务处理等事项制定规则，检察官必须遵守最高裁判所制定的规则。② 因此，狭义的日本司法制度仅指与日本最高裁判所及其下属裁判所有关的审判制度。然而，审判制度并不是独立存在的，它涉及与两造相关的检察官制度、辩护士制度、警察制度等与司法诉讼相关的法律制度。从这个角度而言，广义的日本司法制度还应当包括除审判制度之外的检察官制度、辩护士制度、警察制度等相关司法制度。尽管如此，但是日本司法制度之灵魂在于日本的审判制度和检察制度，即以最高裁判所为代表的审判制度和以最高检察厅为代表的检察制度。因此，日本司法制度的笔墨主要集中于介绍日本的审判制度和检察制度。

第一节　日本司法制度之沿革

日本司法制度近代化始于从幕府封建制到以天皇为中心的明治维新政权的

---

① ［日］川岛武宜:《日本人的法律意识》，岩波书店 1967 年版，第 4 页。转引自华夏、赵立新、［日］真田芳宪:《日本的法律继受与法律文化的变迁》，中国政法大学出版社 2005 年版，第 7 页。

② 该规定为日本国宪法第 76 条、第 77 条之规定。第 66 条第 1 款规定，一切司法权属于最高裁判所及由法律规定设置的下级裁判所。第 77 条规定，最高裁判所有权就有关诉讼手续、辩护士、裁判所内部纪律以及司法事务处理等事项制定规则。检察官必须遵守最高裁判所制定的规则。最高裁判所得将制定有关下级裁判所规则的权限委托给下级裁判所。

政治变动。日本维新政权在"脱亚入欧"的强国思路指导之下，广泛地继受法国、德国、美国等欧美发达资本主义国家法律制度，并结合当时之国情，形成了独具特色的近代日本司法体系。日本司法制度近代化大致可以分为两个阶段，即奠基阶段和完善阶段。

一、奠基阶段

奠基阶段亦可称为江藤新平司法改革。1870年日本设立中央司法机构——司法省，开始仿效法、德等欧洲资本主义大国进行系列司法改革。1871年江藤新平出任司法卿，开始积极推动日本司法权独立，初步构建起了日本近代司法体系。这一时期最大的司法成就如下：（1）法律制度基本建立。制定并颁布了大日本帝国宪法（又称明治宪法）等主要法典，初步建构起了日本法律体系。例如，在刑事法律制度方面颁布了新律纲领、改定律例、刑事诉讼法典、刑法典等刑事法律；在民商事法律制度方面编撰了商法典、民事诉讼法典、民法典、租地法、租房法、信托法、破产法等民商事法律；在司法制度方面制定了裁判所构成法、陪审法。①（2）司法审判开始独立。1871年5月江藤新平提出《司法事务5条》，开启了司法行政与裁判的分类。同年9月5日，司法省颁布《司法省职制及事务章程》，为近代司法权独立奠定了坚实的基础。（3）近代审判机构体系基本确立。1875年根据大阪会议精神设置大审院。大审院在设立之初，受法国法学家波阿索纳德的影响，②成为了不仅对下级裁判所判决有撤销权，还拥有对国事犯和重大涉外案件的初审终审权。③此后，逐渐颁行控诉上告程序、裁判事务须知等系列法令，逐步构建起了大审院、上等裁判所、府县裁判所、区裁判所四级审判体系。1932年后，日本政府日益军国主义化，法律制度中的民主因子被法西斯专制思想所取代，传统的法律精神和法律原则被歪曲或者被否认。

二、完善阶段

完善阶段始于第二次世界大战结束后。战败后的日本被美国占领，被美国

---

① 何勤华主编：《外国法制史》（第四版），法律出版社2006年版，第323页。

② 参见［日］牧英正、藤原明久：《日本法制史》，青林书院1999年版，第317页。

③ 大审院可以对国事犯和重大涉外案件设立临时裁判所进行初审，且该审判为终审判决。参见华夏、赵立新、［日］真田芳宪：《日本的法律继受与法律文化的变迁》，中国政法大学出版社2005年版，第94页。

以“盟军”名义进行军事管制。此时，美式思想和文化源源不断地渗透进日本，日本司法体制也随之发生重大转折，开始逐渐从欧式大陆法系转向英美法系。这一时期司法制度改革主要成就有：（1）现代法律制度体系逐步建立。战后，日本在法律制度方面进行了一系列的改革。例如，在法律制度方面，废除了治安维持法、国家总动员法等一系列带有法西斯专制色彩的法律，颁行了符合现代民主精神的日本国宪法、国会法、内阁法、选举法等基本法律；对包括民法、刑法在内的主要法典进行了大幅度的修改，补充了具有民主要义的法律原则；颁布禁止垄断法等经济法规，改革和重组日本经济。① （2）司法制度民主化。芦部信喜曾这样评价战后日本司法制度，认为日本国宪法下的审判制度，具有以下四个方面的特色：一是扩大了司法权的范围；二是强化了司法权的独立；三是导入了违宪审查制；四是确立了公开审判制度。② 战后的日本开始了司法制度的重建过程。1947年颁布了新的裁判所法和检察厅法，标志着裁判所与检察厅在组织上的明确分离。大审院检事局、控诉院检事局和地方裁判所检事局随之更名为最高检察厅、高等检察厅和地方检察厅。其后，颁行了刑事诉讼法，在刑事诉讼程序上，强化了当事人诉讼结构，废除了预审制度。同时，审判机关也发生根本性的转变，成为民主主义和自由主义为基调的法制机器。具体而言，赋予了裁判所完全的司法权；司法审判机构更加健全合理，创立了家庭审判庭、少年审判庭合二为一的家庭裁判所，设置了简易裁判所，逐渐形成了现行的日本司法审判机构体系。③

但是，也如某些日本学者所言，战后日本司法体制“具有明显的法律专家集团运营的特点。这一体制对于国家来说是非常有效率的，但是，对于国民来说，则是遥不可及的存在”。④ 因此，为了破解战后司法实践中诉讼效率低下、志愿成为裁判官人数逐年减少等诸多问题，日本分别于20世纪60年代和世纪之交还分别进行了两次司法改革。其中，处于世纪之交的战后第三次司法

---

① 参见何勤华主编：《外国法制史》（第四版），法律出版社2006年版，第325~326页。

② 芦部信喜『憲法』岩波書店1996年，254頁。

③ 参见冷罗生：《日本现代审判制度》，中国政法大学出版社2003年版，第26页。

④ 参见［日］佐藤文哉『座談会：裁判員制度をめぐって』、『ジュリスト』2004年6月1日1268号、2頁。转引自丁相顺：《日本“裁判员”制度建立的背景、过程及其特征》，载《法学家》2007年第3期。

改革影响尤为深远。① 此次司法改革是以 1987 年推进司法考试改革为实质起点，② 以《日本司法制度改革审议会意见书——支撑 21 世纪日本的司法制度》为成熟标志的司法制度改革。③ 特别是《日本司法制度改革审议会意见书——支撑 21 世纪日本的司法制度》确立了第三次司法改革的两大基本理念，即“过度事前限制、调整型社会转换为事后监视、救济型社会”和“国民之统治客体意识转换为统治主体意识”。④ 这次司法改革在一定程度上积极将裁判所从“精密司法”的判决作坊转变成“民主司法”的公共领域、从只容许“内行看门道”的剧场转变成也容许“外行看热闹”的广场，使日本除了国会这个政治性审议的论坛之外另行设置一个规范性推理的论坛。⑤

第二节　日本的审判制度

日本现行的司法体系脱胎于“麦克阿瑟草案”意志下的日本国宪法及其衍生的裁判所法。当然这种变革相较于战前拖着“封建辫子”的日本司法制度而言，有着显而易见的进步意义。⑥ 它们首先明确规定了如审判独立、公开

---

① 战后日本进行了三次司法改革：第一次为前文所论述之盟军司令麦克阿瑟主导的以“麦克阿瑟草案”为蓝本的日本司法改革，第二次为 20 世纪 60 年代由日本辩护士联合会倡导的有关法曹一元制等内容的司法改革，第三次是世纪之交的司法革新，它实质上是对 20 世纪 60 年代未完成之司法改革的继续。

② 有的日本学者则认为第三次司法改革始于从矢口洪一被任命为日本最高法院长官。矢口洪一任职后积极推进国民的司法参与，即提倡重新导入陪审制度、废除记者可以在法庭内摄影和记录的相关规则。参见野村二郎『日本の裁判官』講談社 1994 年，186 頁。

③ 该意见书于 2001 年 6 月 12 日发表，包括序言、此次司法制度改革的基本理念和方向、满足国民期望的司法制度、支撑司法制度法曹的应有状况、建立国民性基础、此次司法制度改革的推进、结束语七个部分组成。参见司法制度改革審議会『司法制度改革審議会意見書——21 世紀の日本を支える司法制度』、『法律時報増刊　シリーズ司法改革書Ⅲ』日本評論社 2001 年、215 頁。

④ 参见司法制度改革審議会『司法制度改革審議会意見書——21 世紀の日本を支える司法制度』、『法律時報増刊　シリーズ司法改革書Ⅲ』日本評論社 2001 年，216-217 頁。

⑤ 参见季卫东：《世纪之交日本司法改革的述评》，载《环球法律评论》2002 年第 1 期。

⑥ 例如，废除了明治宪法体制下分立的行政法院和特别法院体系，实行单一法院制；设立了独立的检察官制度，检察官不再是司法官，而成为国家行政官吏，地位受到新宪法的保护；确立了律师自治原则，废除了律师处于国家严密监督下的旧体制，等等。

审判等民主审判原则，赋予了如裁判官的身份保障、裁判所被授予司法行政权、规则制定权等审判机构更大的独立性和权限。其次，又对裁判所法、刑事诉讼法和民事诉讼法进行了修改，使审判机构进一步充实、裁判官的任职资格进一步提高、各级裁判所的受案范围进一步明确。① 日本审判制度战后融进的英美法系的特点，在“明治维新”之后继承了大陆法系的法律原则和规则，这使得日本在充分考量其基本国情的基础上，实现了充分的吸收、消化和再创造，形成颇具其本国特点的“日式”审判制度。

一、审判原则

（一）司法独立

司法独立在日本具体体现为“司法与法官必须具备根据具体情境进行均衡和裁量之特权或空间”。② 其要义有三：一是司法权统一归裁判所行使。日本国宪法第 76 条第 1 款规定，一切司法权属于最高裁判所及由法律规定设置的下级裁判所。根据裁判所法之规定，宪法之下级裁判所具体包括高等裁判所、地方裁判所、家庭裁判所和简易裁判所。二是裁判所的裁决为最终之裁决。日本国宪法第 76 条第 2 款规定，不得设置特别法院，行政机关不得实施作为终审之判决。因此，在日本只存在一套普通法院系统，审理刑事案件、民事案件、行政案件并附带审查违宪案件。三是裁判官独立。审判独立之精神蕴藏于负责解决具体纠纷的特定裁判官之中，即裁判官根据法定的规则和程序独立自主地审理案件，而不受来自任何机关、团体和个人的干预。只有这样才能确保裁判官的独立性和公正性，才能使裁判官保持责任心和正义感，才能实现裁判官服从良心、遵守宪法和法律的约束下依法公正判决。如果没有裁判官的独立，诉讼程序就不可能真正实现，法律的公平正义就得不到有效保障。可见，在日本，审判的独立性，不仅包括裁判所独立，还包括裁判官独立。日本国宪法第 76 条第 3 项规定，裁判官凭自己的良心行使职权，受宪法和法律的

① 例如，1948 年修订的刑事诉讼法在关于强制处分的令状主义、起诉书一本主义、诉因制度、证据能力的限制、证据调查中的当事人主义等方面深受美国刑事司法制度的影响。参见［日］松尾浩也：《日本刑事诉讼法》（上卷），丁相顺译，中国人民大学出版社 2005 年版，第 8 页。

② 江国华：《常识与理性（二）：法官角色再审思》，载《政法论丛》2011 年第 3 期。

约束。同时，日本国宪法明确规定给予裁判官的身份保障，这些身份保障主要涵盖了裁判官的报酬、惩戒和弹劾等方面：（1）裁判官除身心障碍经裁判所确定为不适合执行职务者外，非经正式弹劾外不得罢免。（2）行政机关不得给予裁判官惩戒处分。（3）裁判官任期10年，非达到法定退休年龄，可以连任。（4）不得在任期内减损裁判官之报酬。①

（二）审判公开

审判公开原则源自日本国宪法第82条，它明确规定，“审理与裁判须在公开的法庭进行。若有损社会公共道德和良好秩序，经裁判所的裁判官一致同意，可以不公开审理。但有关政治犯罪、出版方面的犯罪以及违反宪法第三章的保障国民权利的案件，一律公开审理。”依据该条文，审判公开原则其要义有二：其一，判决一律公开。裁判所必须公开案件之判决，即使是不公开进行审理的案件，也仅限于审理不公开，不包括判决。其二，公开审理为原则，不公开审理为例外。宪法赋予了日本公民旁听裁判所案件审理的权利，只有在特定的情形之下裁判所才能拒绝公开进行审理。不公开审理应当满足以下三个要素：一是该案件公开审理有碍社会公序良俗；二是裁判所之裁判官一致同意；三是该案件不属于政治犯罪、出版等言论犯罪以及宪法第三章所保护之公民基本权利犯罪。只有具备上述之要件，裁判所才能进行非公开之审理。

（三）三审终审

在日本，案件一般会经过三次审理后终结全部诉讼程序，故日本裁判所之裁判又称为三审终审制，包括初审—控诉审—上告审。初审一般为简易裁判所（或者家庭裁判所、地方裁判所）对民事或者刑事案件进行首次司法裁判。控诉审则是当事人不服第一审之判决，而向第二审裁判所提起上诉的行为。上告审实质上是第二次上诉，是当事人不服第二审裁判，向第三审裁判所提出上告，受理的裁判所一般为最高裁判所或者高等裁判所。

每一审级审查内容也不尽相同。初审主要是事实审和法律审；控告审则是进行全面审理，即全面审查一审认定的事实和适用的法律，但是范围仅限于当事人不服所提出的那部分；上诉审是在认定二审事实的基础上，仅对法律的适用进行专门的审理，若上诉审为最高裁判所，则必须对上诉的理由进行审查，只有符合受案条件，方能受理。因此，初审和控告审实质上是事实审和法律

---

① 参见日本国宪法第78~80条之规定。

审，而第三审实质上则是专门的法律审。

当然，三审终审制原则也存在例外情形——一般以违宪等事由对裁判所作出的终审裁决再次提请最高裁判所再审的行为。例如，对于简易裁判所审理的民事案件和作为上诉审的高等裁判所的判决，如果当事人认为判决违反了宪法或者宪法解释有误，可以向最高裁判所提出特别上诉。又如，根据法律规定不能行使上诉权的裁定、命令，若当事人对于这些裁定、命令不服时，民事诉讼法赋予了当事人特别抗告的权利；对于不得不服的地方裁判所和简易裁判所作出的裁定以及高等裁判所的裁定或命令，当事人以该裁定及命令有宪法解释错误或者违反宪法的事项为由，有权向最高裁判所提出的抗告称之为特别抗告。

二、裁判所组织体系

根据裁判所法之规定，裁判所组织分为两级：最高裁判所和下级裁判所，下级裁判所又包括高等裁判所、地方裁判所、家庭裁判所以及简易裁判所。各级裁判所之间不存在上下级的监督指导关系，只是审级层面的上下级关系，即上级裁判所的裁决对下级裁判所有约束力。

（一）最高裁判所

最高裁判所是日本最高的审判机关和司法机关的最高管理机关。它设在东京都，由最高裁判所长官和 14 名最高裁判所判事（法官）组成，下设 1 个大法庭和 3 个小法庭。大法庭由最高裁判所的全体裁判官组成，审理违宪案件和与最高法院判例相抵触之案件。小法庭由不少于 3 名裁判官组成，主要审理不服下级裁判所之上告案件。最高裁判所还内设由全体裁判官组成的裁判官会议，由最高裁判所长官任会议议长，履行司法行政事务。另外还设有事务总局、司法研修所、裁判所职员综合研修所、最高裁判所图书馆等机构。

最高裁判所履行主要职权有四：一是司法裁判权。裁判所法赋予了两项主要的裁判职能，即不服下级裁判判决之上告审以及诉讼法规定之特别抗告。二是规则制定权，日本国宪法第 77 条第 1 项赋予了最高裁判所制定法律规则之权力，主要包括与诉讼相关的程序、与律师有关的规程、裁判所内部的规章制度、与司法行政处理相关联的一些事项的规章等。三是违宪审查权，即裁判所审查法律、法令的内容是否有与宪法或其上位法律相抵触的情形，特别是审查国会制定的法律是否有违宪法。① 四是司法行政权，这一权力主要有：裁判官的人事提名和裁判所其他工作人员的人事任免；裁判官及其他工作人员的薪资和事务费用的支出权；上下级裁判所行政方面的监督，办公场所的建设、办公用品的配置与管理。

（二）高等裁判所

高等裁判所是主要受理控诉审的司法机关，其组成由最高裁判所决定。目前，日本共有 8 个高等裁判所和 6 个高等裁判所分院，其中在东京、大阪、名古屋、广岛、福冈、仙台、札幌、高松等 8 个地区设立高等裁判所，在金泽、冈山、松江、宫崎、那霸、秋田 6 个地区设置了分院。高等裁判所一般采用合议庭方式审理案件，合议庭一般由 3 名裁判官组成，但在审理有关内乱罪的案件中，合议庭应由 5 名裁判官组成。

高等裁判所职能一般可以细化为审判职能和司法行政职能。审判职能有包括下列职责：（1）对地方裁判所第一审判决、家庭裁判所所作之判决以及简易裁判所的刑事判决之控告；（2）除第 7 条第 2 款之控告（诉讼法规定之特别控告）外，地方裁判所或者家庭裁判所作出的决定、命令或者对简易裁判所有关刑事案件方面的决定、命令之控告；（3）除刑事方面意外的地方裁判所所作出的民事第二审判决以及对简易裁判所判决之上告；（4）刑法第 77 条至第 79 条犯罪的第一审（有关内乱的犯罪）。② 司法行政职能有：对自己管辖内的裁判所裁判官代行监督的权力；可以召开由裁判所长官和全体裁判官组成的裁判官会议；有权制定最高裁判所授权范围的规则，等等。

（三）地方裁判所

地方裁判所原则上是受理民事、刑事案件的第一审裁判所。对一般性案件实行 1 名裁判官独任审判制，对重大案件由 3 人组成的合议庭审理。地方裁判所的审判职能包括：除法律有特别规定的以外，所有的一审案件均归地方裁判所管辖；民事案件 140 万日元以上由地方裁判所受理；除内乱罪以及罚金刑以

---

① 裁判所在审理具体案件时，可以对适用的法律是否符合宪法进行审查，最高裁判所是最终决定适用的法律是否与宪法相符进行审查的终审法院，因此，日本最高法院被国民称为“宪法番人”。所谓“番人”就是守护者和执行者的意思。参见冷罗生：《日本现代审判制度》，中国政法大学出版社 2003 年版，第 63 页。

② 参见裁判所法第 16 条。

外的所有刑事案件。司法行政职能有：对其辖区内的职员负责司法行政上的监督义务；可以召开院长在内的所有裁判官组成的裁判官会议；认为有必要制定下级裁判所的规则时，可以拥有制定权。

（四）家庭裁判所

家庭裁判所与地方裁判所并列，设地方裁判所的地方一般都设有家庭裁判所。审判以独任制为原则，以合议制为例外，只有在特别的案件中采用合议制。审判活动以调停为主、判决为辅。主要审理家庭案件、少年保护案件、少年刑事犯罪案件及其他法律规定的案件。对一般的民事、刑事案件无权审理。

家庭裁判所的职能主要体现司法审判职能。该类裁判所主要负责处理以下案件：审理和调解家事审判法规定的与家庭有关的案件；对人事诉讼法规定的人事诉讼的第一审进行裁判；少年法规定的保护未成年人案件之裁判。①

（五）简易裁判所

简易裁判所为最基层裁判所，审理案件实行独任制。简易裁判所不设裁判官会议，重要的行政事务由地方裁判所行使。简易裁判所的职能主要是负责诉讼标的额不超过 140 万日元的民事案件和轻微刑事案件的审理。② 小标的额民事案件具体包括：60 万日元以下的请求支付金钱的小额诉讼；其他 140 万日元以下的民事诉讼，但与不动产相关的案件除外；诉讼外的民事调解及和解；适用督促程序等非诉程序审理的民事案件。轻微刑事方面主要有：罚金刑以下的刑事案件；多次盗窃犯罪应该判处 3 年以下有期徒刑的刑事案件；处 50 万日元以下罚金或者罚款的案件。

三、裁判官

（一）任职资格

在日本，裁判官任职资格要求十分严格。以最高裁判所裁判官为例，裁判所法第 41 条规定，最高裁判所裁判官须见识广博、法律素养高且年满 40 周

① 参见裁判所法第 31 条。
② 参见裁判所法第 33 条第 1 款。

岁。同时，其中至少还需满足下列条件之一：曾在高等裁判所担任过裁判所长官和判事10年以上，或者任职过高等裁判所长官或者判事、简易裁判所判事、检察官、辩护士（律师）、大学法学教授或者副教授满20年以上。下级裁判所任职资格基本相同，只是在年限和候选范围上有所差异。

（二）任免程序

最高裁判所长官由内阁提名，天皇任命；最高裁判所判事由内阁任命，天皇认证；最高裁判所长官及其判事在其任命后第一次举行众议院议员总选举时，须交付国民审查，自此经过10年之后，举行众议院议员总选举时须再次交付审查。① 高等裁判所长官、判事、候补判事以及简易裁判所判事由内阁根据最高裁判所指定之名单任命。裁判所裁判官任期为10年，可以连任。

（三）身份保障

日本对裁判官身份保障进行了相当严格的规定，只有在法律规定的特定情形下身份保障才能例外。裁判所法具体规定了四种例外情形：（1）因裁判官自身身心障碍被认定不能履职。地方裁判所、家庭裁判所和简易裁判所的裁判官由高等裁判所认定，高等裁判所、最高裁判所裁判官的认定由最高法院认定。（2）被公开弹劾。具体程序为：追诉委员会受理（国会从两院中各选10名追诉委员组成）——弹劾法院审理（国会两院各选7名议员作为审判员）——2/3以上多数作出罢免决定。（3）通过国民审查被罢免。主要适用最高裁判所裁判官。日本宪法第79条规定，最高裁判所裁判官在其任命后第一次众议院议员大选时交付国民审查，每隔10年再次交付审查。投票者多数通过罢免，该裁判官即被罢免。②（4）达到法定退休年龄。裁判所法第50条规定，最高裁判所裁判官70岁退职，高等裁判所、地方裁判所、家庭裁判所裁判官65岁退职，简易裁判所裁判官70岁退职。

---

① 该制度即为国民审查制度。其作用正如日本学者阿部照哉所言，“此国民审查制，可谓是为除去独立的司法部门所可能有的专擅判断及错误，而保留于国民之手的最后手段。借由此制度，国民的确得成为‘宪法的守护者’之守护者”。[日] 阿部照哉：《宪法（上）》，周宗宪译，元照出版社2004年版，第336页。

② 参见裁判所法第48条。

四、裁判员①

作为日本司法制度改革的三大支柱之一，日本于2004年制定裁判员法，在刑事审判中实行国民参与的裁判员制度。虽然裁判员制度的引入存在着一些争议，但它对日本刑事诉讼程序的影响更为重要。裁判员制度不但带来日本刑事诉讼理念——当事人主义的回归，还给日本刑事司法的实务运作带来划时代的制度变革。在现代民主国家中，日本曾经是唯一没有设置国民参加司法制度的国家。2004年5月，日本制定关于裁判员参与刑事裁判的法律，并规定于2009年正式生效，结束了这段历史。

追根溯源，日本的法律与法律制度、法律思维，主要受到德国和美国的强烈影响，而刑事诉讼法是直接受到美国的影响。最终，日本的裁判员制度也是德国参审制与美国陪审制的混合型或中间形态。当然，也有学者认为日本裁判员制度采用了接近于法国的制度形态。

日本裁判员制度主要包括以下内容：第一，合议庭的结构。日本裁判员制度是由职业法官与随机抽取的裁判员组成合议庭进行审理裁决，这点跟德国参审制度类似。② 美国陪审制则是完全依靠非职业法官的陪审员决定事实，跟日本裁判员制度有着很大的差异。但是，日本裁判员制度跟德国参审制度也存在着显著的区别。在日本，裁判员仅限于每件案件审理时选任一次：3名法官对6名裁判员，裁判员人数众多。第二，裁判员的权限与评议方法。日本的裁判员拥有跟职业法官共同参与案件审理，根据证据认定事实，决定被告人有罪或无罪，并进行量刑的权限。对专业的诉讼程序判断和法律解释问题，只有职业法官才拥有最终的判断权。而德国参审制赋予非职业法官的参审员解释法律的权限。限于这一点，日本裁判员制度更接近于美国陪审制。应由合议庭决定的整体意见无法统一时，跟其他合议制审判体的意思决定方法一样，采用单纯多数（过半数）决定制。但此时的决定意见必须由1名以上法官和1名以上裁判员共同赞成。第三，裁判员制度的适用范围。日本裁判员评议的对象案件包括：限定在相当于死刑或无期徒刑、拘役的重罪；在法定合议案件（即规定

---

① 裁判员制度与陪审制度不同，裁判员制度是法官和裁判员一起决定刑事案件当事人的有罪还是无罪，以及量刑内容，当判决有罪而出现不同意见时，裁判员按多数决定原理而定，但至少要有1名法官赞同。陪审制度是陪审员决定有罪还是无罪，法官决定量刑内容。

② 後藤昭『裁判員制度に伴う上訴の構想』、『一橋法学』2003年2巻1号、3頁。

应由3名职业法官的合议庭进行审判的案件）中，因故意犯罪行为导致受害人死亡的犯罪案件。这是因为重大刑事案件往往给市民生活造成威胁，任何人都可能成为受害人，与全体市民的安全息息相关。采用国民信任的形式审判这类案件，使犯人受到适当的处罚，确保市民生活的安全，是关系市民生活基本条件的重要事项。第四，裁判员的资格与选任程序。裁判员的候补对象是拥有众议院议员选举权的人。裁判员制度旨在反映一般国民的正常社会常识，因而法律专家不具备裁判员资格，另外从三权分立的观点出发直接参与行政权者除外。选任程序是以每年选举人名簿为基础，随机抽取选定裁判员候选人，作成裁判员候选人名簿。第五，裁判员的义务与裁判员的保护。一方面，除有"不可抗拒"之事由经法官同意外，裁判员负有在公判日期内出庭宣誓诚实履行职务等义务，也负有守密义务，违反将被处罚。这是为确保裁判员在作为公正审判前提的评议中自由发表意见。另一方面，必须保证裁判员能以安定的状态参加审判，处罚对裁判员不当的压力，尽量保护裁判员的个人信息。第六，判决及上诉。法官基于评议的结果作成判决书。在法庭宣告判决之际，裁判员任务结束。关于上诉审，法律没有进行特定的修改。不服判决的当事人，可依据日本现行刑事诉讼法规定，以事实误认和量刑不当为由进行上（抗）诉。担任上诉审的高等法院，由3名法官组成合议庭对一审判决进行审查。

五、审判方式

日本的审判方式分为一人制和合议制两类。但是，"在以强调正当程序以及结构稳定性为主要特征的现代法官决策体系中，个体决策显然只能是以一种例外的决策方式而存在的"。① 同理，日本审判方式是以合议制为主，一人制为例外。

（一）一人制

一人制又称为独任制、独任庭，乃是由审判员一人审理案件的组织形式。裁判所法规定，独任审判一般适用于简易裁判所，有时家庭裁判所和地方裁判所也可以采用独任制的形式进行审理。该法还明确规定，除其他法律有特别规定外，判事补（相当于我国的助理审判员）不能单独审理案件。在司法实践中，对于案件的审理是否采取独任制，完全由承办案件的裁判官自主决定。但

① 钱卫清：《法官决策论——影响司法过程的力量》，北京大学出版社2008年版，第15~16页。

即使是独任审判的案件，也必须严格按法定程序来进行审理，严格遵守公开审判、回避等审判制度。

（二）合议制

合议制又称合议庭，是指由数名审判人员共同审理案件的组织形式。一般情况下，日本家庭裁判所和地方裁判所以上的裁判所审理案件适用合议制。合议庭的组成人数根据案件的具体情况可多可少，但最少不能少于3人（一般情况下以3人为宜）。最高裁判所大法庭是最大的合议体，它由15名裁判官组成；小法庭必须由3名以上的裁判官组成，通常为5人，如5人中有人不能出席庭审，也必须有3人出席才可进行案件的审理。高等裁判所的合议庭一般为3人，对于一些法定的特殊案件，合议体的裁判官人数应为5名。依据裁判所法的有关规定，采用合议体审理案件时，必须从合议庭人员中确定一人为审判长。最高裁判所小法庭审理案件时，裁判所长官出席了合议庭的，由院长担任审判长，而大法庭的审判长必然是院长。审判长的职责主要是负责组织案件的审判活动，开庭前，依法组成合议庭，做好各项庭审准备工作；开庭时，宣布案由、查明当事人是否到庭、宣布合议庭组成人员、书记官等名单、告知当事人审判过程中的各项诉讼权利、主持当事人的口头辩论以及整理当事人的辩论争议点、组织和解、召集合议庭评议案件和宣判等。裁判所法规定，部分案件可以由裁判官自行决定审判形式，但对于一些特定案件必须采用合议庭的形式进行审理。例如，不服第一审裁决而提出控诉的、不服第一审裁决而越级上告的、特别抗告的案件，等等。判事补不能独任审判，但可以参与合议庭。同时，不能同时有两名判事补参加合议庭，且不得担任审判长。案情复杂的，原合议庭裁判官有可能不能继续参与审理时，可以补充裁判官参与审理，但原先预定的顺序不得因此改变，补充裁判官后的人数也不得超过原合议庭的人数。

第三节 日本的检察制度

近代以来，日本的检察制度以第二次世界大战为界可以划分为两个阶段，即战前的审检合署阶段和战后的审检分立阶段。明治维新后，日本以法德为模板，积极推进司法体制变革。1890年刑事诉讼法和裁判所构成法颁行，规定在裁判所内设置检事局，正式确立了日本近代审检合署的司法体制，并沿用至“二战”结束。战后，日本的检察制度进行了民主化改革，引入美国的当事人主义，部分淡化了国家职权主义。1947年颁布实施检察厅法，按照裁判所的审级设置独立的检察厅，隶属于法务省，法务大臣依法享有对检察厅的指挥监督权。检察官成为了国家行政官，而非司法官，由此形成了在审检分立的基础上构建的现行检察制度。

一、检察原则

（一）检察官一体原则

"要确保司法的独立，必须保证检察权对立法权及其他行政权的独立。"①根据检察厅法规定，检察厅之间为指挥监督关系，实行检察官一体化。即对内要求检察官服从上级命令，对外则要求"检察权的行使保持整体的统一，不受外来势力特别是来自现实的政治力量的不当影响，进而实现维护公正秩序和尊重基本人权的国家目的"。②该制度赋予了上级检察机关制约下级检察机关之权力。上级检察机关对下级检察机关拥有指挥监督权，对于下级检察机关作出的不起诉决定，上级检察机关可以根据告诉人或者告发人之请求依法进行审查，并可以根据审查的结果变更下级检察机关的不起诉决定。

（二）国家追诉原则

即由检察官代表国家行使公诉权，一切公诉都应由检察官提起，其他任何组织或者个人无起诉权。该原则有效地保障了检察官统一、公平地进行公诉，但也容易导致官僚主义，出现不当起诉、不当不起诉等违背法治精神之现象。因此，在日本国家追诉原则也存在例外情形，如准起诉程序。③

（三）起诉便宜原则

所谓的起诉便宜原则是指赋予检察官一定程度的起诉裁量权，即不起诉

---

① ［日］伊藤荣树：《日本检察厅法逐条解释》中国检察出版社1990年版，第191条。转引自宋高初：《日本检察官职权行使制约机制研究》，载《法学评论》2003年第3期。

② 董潘舆：《日本司法制度》，中国检察出版社1992年版，第191页。转引自宋高初：《日本检察官职权行使制约机制研究》，载《法学评论》2003年第3期。

③ 准起诉程序见于日本刑事诉讼法第261、262条。它规定，对于公务员滥用职权罪等侵犯人权案件，如检察官作出不起诉处分，应将不起诉的理由告知告诉人或告发人。告诉人或告发人如不服检察官的不起诉处分，有权向检察官所属检察厅所在地的地方裁判所提出交付审判的请求。该项请求一经裁定允准便移送有管辖权的地方法院审判，自动产生提起公诉的效果。法院应指定一名律师充当检察官角色，由律师对所控罪行行使公诉权。

权。日本检察机关享有广泛的起诉裁量权，日本刑事诉讼法第248条规定，检察官并非必须对有充分嫌疑的案件提起公诉。即使犯罪嫌疑充分，也可以视犯罪嫌疑人的性格、年龄及境遇、犯罪轻重和情节以及犯罪后等情况决定是否起诉，在没有追诉必要时可以不提起公诉。① 日本的起诉便宜原则，基本上未加入任何限制性的条件，除法定例外情形，对案件是否提起公诉完全取决于检察官的自由裁量。②

二、检察机关的组织体系

根据检察厅法第1条、第2条之规定，检察厅的设置于各级裁判所相对应，即分为最高检察厅、高等检察厅、地方检察厅、区检察厅。最高检察厅设置在东京，与最高裁判所相对应；高等检察厅共计8个，分别设置在东京、大阪、名古屋、广岛、福冈、仙台、札幌和高松，与高等裁判所相对应；在都、道、府、县的政府机构所在地设置地方检察厅，共计50个；区检察厅设置在全日本主要的市区町，共计438个。在检察厅的内部还设有一定数量的部、局、课、室、股等工作机构，承担具体检察事务。

检察厅法等法令规定了最高检察厅、高等检察厅、地方检察厅和区检察厅等检察厅之间严密的指挥监督权。最高检察厅将高等检察厅、地方检察厅和区检察厅置于其管辖之下，高等检察厅将地方检察厅和区检察厅置于其管辖之下，而地方检察厅将区检察厅置于其管辖之下。

（一）最高检察厅

最高检察厅是日本检察系统的“总司令部”，凡重大的案件，特别是涉及政、官、财界的要案，下级检察厅都要报告到最高检察厅。③ 最高检察厅设于东京，由检事总长、次长检事、检察官、检察事务官构成。其中检事总长、次长检事由内阁任免，天皇签署委任状。检事总长是最高检察厅的首长，依法执掌最高厅的厅务，并作为首席检察官指挥监督全国检察厅的职员。次长检事隶属于最高检察厅，辅佐检事总长管理全国检察事务，检事总长因故暂时缺位

① ［日］田口守一：《刑事诉讼法》，刘迪等译，法律出版社2000年版，第103页。

② 这里的“法定例外情形”主要包括两种类型：一是准起诉程序；二是基于检察官一体原则，上级检察机关根据告诉人或告发人的请求依法进行审查，并根据审查的结果变更下级检察机关的不起诉决定。

③ 郭成伟、宋英辉主编：《当代司法体制研究》，中国政法大学出版社2002年版，第212~213页。

时，次长检事代位履职。

（二）高等检察厅

日本全国共设有 8 个高等检察厅，分别设置于东京、大阪、名古屋、广岛、福冈、仙台、高松和札幌，由检事长、检察官、检察事务官构成，其中检事长由内阁任免，天皇委任。检事长是高等检察厅的首长，掌管本高检厅及分厅的厅务，指挥监督指挥本厅职员以及本辖区内的地方检察厅和区检察厅职员的权限。

（三）地方检察厅

日本根据都、道、府、县的行政区划，都分别设置有 1 个地方检察厅，再加上位于北海道的函馆、旭川、钏路 3 个检察厅，共计 50 个检察厅。此外，还设有东京地方检察厅代王子分厅等 242 个地方检察厅分厅。地方检察厅由检事正、检察官、检察事务官构成，检事正为地方检察厅的首长，由一级检事充任，掌管厅务并指挥监督该厅、辖区内各分厅和区检察厅的职员。

（四）区检察厅

区检察厅是日本检察厅的最基层单位，由检事、副检事构成，一般只能办理简易法院有权审理的一些轻微犯罪以及交通事故等案件。区检察厅有 2 名以上的检事或者有检事和副检事，设首席检察官 1 名，掌管厅务并指挥监督该厅职员。不符合设立首席检察官条件的，由检事或副检事担任，有两名以上副检事的区检察厅，由检事正指定 1 名副检事负责该厅事务。

三、检察厅的职权

尽管日本检察厅在体制上隶属于政府机构，一般性工作受法务省指导、监督，但是检察厅不能简单地等同于政府机关，它是法务省的“特别机构”，具有相对独立性。① 各级检察官在查办具体案件中独立行使检察权，对具体案件的调查、审理或者处分，则只能由检查总长指挥进行。依据检察厅法等相关规范之规定，检察厅的职权主要有如下 5 项：

① 由于检察权与司法权具有极为密切的关系，并因而具有较强的独立性，因此在日本，法务大臣并不能对检察厅行使一切指挥权，而是行使有限的指挥监督权，即法务大臣依法对检察事务具有一般性的指挥监督权，对具体案件的调查或者处理，则只能由检察总长一人指挥。参见郭成伟、宋英辉主编：《当代司法体制研究》，中国政法大学出版社 2002 年版，第 229~230 页。

（一）侦查权

检察厅法第6条规定，检察官对任何犯罪都有权侦查。刑事诉讼法规定，“检察官认为有必要时，可以自行侦查犯罪，检察官在其管辖区域内对司法警察职员进行的侦查可以做必要的一般指示。为了要求司法警察协助侦查，还可以进行必要的一般指挥”。因此，日本检察厅的刑事侦查权限宽泛，既可以自行进行第一次侦查，也可以干预警察部门的侦查活动，还可以事后进行补充性侦查。如渎职、偷税等没有被害人申报的案件和需要高度法律专门知识的案件，一般由检察官负责直接侦查。① 但是，一般情况下，司法警察承担对犯罪进行第一次侦查的责任，原则上检察厅的刑事侦查为二次侦查。即检察官在接受警察移送的案件后，认为需要为掌握真相作出适当的处理时，可以再次进行侦查。

（二）公诉权

日本刑事诉讼法第247条规定，公诉由检察官提起。日本实行国家追诉主义，即除准起诉程序外，仅检察官享有公诉权。对于有犯罪嫌疑的案件，日本检察官享有一定的自由裁量权，有权提起公诉或者不提起公诉。如果欠缺诉讼条件、事实不构成犯罪或者证据不足，应当决定不提起公诉；在已经提起公诉后，从支持公诉至作出终审判决这一期间，如果出于特别需要而可以撤销公诉。

（三）请求裁判所正当适用法律之权

检察厅法赋予了检察官拥有请求裁判所正当适用法律之权限。质言之，在刑事案件中，检察官在裁判所审理案件时有权就犯罪事实及适用法律陈述意见；在论告、求刑和作出保释决定时陈述意见；对于违法及不当裁判，检察官可以提起控诉、上告、抗告（准抗告）、请求再审以及非常上告，其中非常上告须检事总长提起。

（四）指挥和监督裁决执行之权

检察厅法赋予检察官指挥监督刑事案件监督判决、裁定的正确执行之权力，如指挥拘留证或羁押证的执行，指挥有罪判决的执行等。

① 参见裘索：《日本国检察制度》，商务印书馆2003年版，第19页。

（五）对属于裁判所权限内的其他事项，要求裁判所通知或向裁判所陈述意见的权力

日本检察官作为公益代表人，对裁决所适用法律和执行法律，负有监督的权力。该权力不仅限于刑事案件的事项，也包括广泛关心和促进法律的贯彻执行。例如，在婚姻案件、养子过继案件、亲子关系案件之类的民事诉讼或者非讼案件中，有请求法院通知案件受理及审理日期、到场参与辩论、陈述意见等权力。①

四、检察厅职员设置

日本检察厅的职员有检察官、总检察长秘书官、检察事务官和检察技官。对于检察官，将在下面详细叙述，在此只是简单介绍检察官之外的检察厅职员，即总检察长秘书官、检察事务官和检察技官。

（一）总检察长秘书官

根据日本检察厅法第 26 条的规定，在最高检察厅设置总检察长秘书官。总检察长秘书官为二级官，其受总检察长之命，掌管有关机密事务。日本检察厅法之所以新设总检察长秘书官，不仅为了同最高法院设置的最高法院长官秘书官相对应，还因为随着日本新检察厅法的制定，最高检察厅以及总检察长的地位比以前高，其事务变得纷繁复杂，在通常的检察事务之外，需要机密且迅速处理的事务增多了的缘故。②

（二）检察事务官

日本检察厅法第 27 条规定，检察厅设置检察事务官，检察事务官为二级或三级。检察事务官受上级长官之命，掌管检察厅的事务，并辅佐检察官或受其指挥进行侦查。在检察官以外的检察厅职员中，检察事务官特别重要，其受上官之命处理检察厅的事务，辅助检察官或应检察官指挥进行侦查，因此，检察事务官也被称为检察官直属的司法警察官。区检察厅的检察事务官在检察官缺额时，可以根据法务大臣的指定处理本厅检察官的事务。

---

① 参见裘索：《日本国检察制度》，商务印书馆 2003 年版，第 19 页。

② 参见［日］安平政吉：《检察厅法概论》，国立书院 1948 年版，第 75 页。

（三）检察技官

随着科学侦查日益被重视，技术问题在刑事诉讼中变得越来越重要，从而需要更加重视拥有侦查技术的人员。基于此，日本检察厅法新设了检察技官一职。该法第 28 条规定，检察厅下设检察技术官，检察技术官分为二级或三级，检察技术官受检察官指挥，掌管技术。

五、检察官

检察官是行使检察权的主体。在日本新检察厅法之下，检察官是以检察事务，即主要侦查犯罪及行使公诉权为任务的国家机关，是有权行使检察权的官厅。在日本，各个检察官作为官厅享有行使检察权的权限，而不是只有检察厅的领导享有这一权限。也就是说，在执行检察事务方面，检察官是有权自行决定并表示国家意志的独立官厅，而不是作为上级的助手行使检察权。譬如，在刑事诉讼中，提起公诉之际，在起诉状上的署名栏内应该署检察官个人的名字，而不是署某某检察厅。正因如此，日本检察官被称为“独任制官厅”。

（一）检察官的种类和副检事制度

根据日本检察厅法第 3 条，检察官分为总检察长、副总检察长、检察长、检事和副检事 5 类。这些都是所谓的官名。总检察长、副总检察长、检察长（共有 8 名）共有 10 名，他们被特称为“认证官”，其任免由内阁进行，并由天皇作出认证。根据检察厅法，认证官与地方检察厅的检事正为一级检察官。除此之外的一般检事和副检事为二级。

总检察长是最高检察厅的长官，管理本厅事务，并指挥监督检察厅的所有职员；副总检察长协助总检察长工作，当总检察长遇有特殊情况或缺任时，执行总检察长的职务；检察长是高等检察厅的长官，掌理本厅事务，并指挥监督本厅及管辖范围内下级检察厅的所有职员。地方检察厅的长官称为“检事正”，但这不是官名，而是职名，由一级检事担任，负责掌理本厅事务，并指挥监督本厅及所辖区检察厅的职员。区检察厅有 2 名以上检事时或者由检事和副检事组成时，以 1 名检事为上席检察官，负责掌理本厅事务，并指挥监督本厅其他职员。

日本新检察厅法的特色之一是设置了副检事。之所以设置副检事，一方面是因为随着法院法的实施，以前由警察署长即决的违警罪案件（相当于拘留或者科处罚金的罪）全都需要经由检察官的起诉而系属简易法院处理，由此导致需要检察官在场的案件急剧增加。另一方面，在短时间内迅速培养出拥有和此前一样的资格的多名检察官，无论从预算上还是从人力上来说，都是非常困难的。而且，也没有必要让拥有和此前一样资格的检察官来处理如此轻微的案件。在这种情况下，就诞生了副检事制度，以此缓和严格的检事任用资格，增加多名检察官。①

（二）检察官组织

日本检察官是具有独立性的各个官厅，为防止检察权行使中的错误，使其正确反映国家意志，并且从整体上更为有效地发挥检察功能，检察官的组织就是不可或缺的。也就是说，检察官的组织既要保持检察官的独立性，又要具备对检察官的适当监督体制，实现其有效的运作，并且兼顾到检察工作中的分工与协作。② 在日本，这是通过检察官同一体原则和法务大臣的指挥监督权实现的。

所谓检察官同一体原则，是指在同一长官指挥监督之下，下属检察官所执行的事务在法律上被视为与该长官亲自执行的事务相同。比如，一个地方检察厅检察官所作出的起诉，被视为与检事正作出的起诉同一。法国学者也将此称为“检察厅的一体及从属性原理”。在检察官同一体原则之下，尽管各个检察官仍然是独立官厅，但是检察官在整体上成为一个不可分割的整体，处于金字塔形的上命下从的指挥关系之中。如此，从组织层面来看，检察厅就成为一个以最高检（总检察长）为顶点的、全国统一的中央集权化的金字塔形官僚组织。③

检察官同一体原则具体表现为上级的指挥和监督权（日本检察厅法第7条至第10条）、上级的事务调取权和转移权（日本检察厅法第12条）、上级对下级的职务代理权（日本检察厅法第11、13条）等。

一是上级对下级的指挥监督权。根据日本检察厅法的规定，总检察长是最高检察厅的首长，掌管厅务并且指挥监督所有检察厅的职员。检察长是高等检察厅的首长，掌握厅务并指挥监督本厅以及与本厅相对应的法院管辖区域内的地方检察厅和区检察厅的职员。检事正掌管厅务并指挥监督本厅以及与本厅相

① 参见［日］安平政吉：《检察厅法概论》，国立书院1948年版，第46~49页。

② 参见日本法务省刑事局：《检察讲义案》（检察资料第205号）1981年版，第26页。

③ 参见［日］安平政吉：《检察厅法概论》，国立书院1948年版，第51~52页。

对应的法院的管辖区域内的区检察厅的职员。在设首席检察官的各区检察厅，由该厅的首席检察官掌管厅务，并指挥监督该厅的职员；在其他各区检察厅，由隶属该厅的检事或副检事（副检事有两名以上时，由检事正指定的副检事）掌管厅务，并指挥监督该厅的职员。这一指挥监督权的线路如下：

在最高检察厅：总检察长—副总检察长—各部长——般检事；

在高等检察厅：检察长—次席检事—各部长——般检事；

在地方检察厅（若为采取部长制的地方检察厅）：检事正—次席检事—各部长—各副部长—主任检事——般检事—副检事—检察事务官。

需要注意的是，如果是地方检察厅的检事，不仅需要接受其所属的地方检察厅的上司的指挥监督，还要直接地且重叠性地接受分别来自该地方检察厅所属的高等检察厅检察长、总检察长的指挥监督。若以图表示，即：①

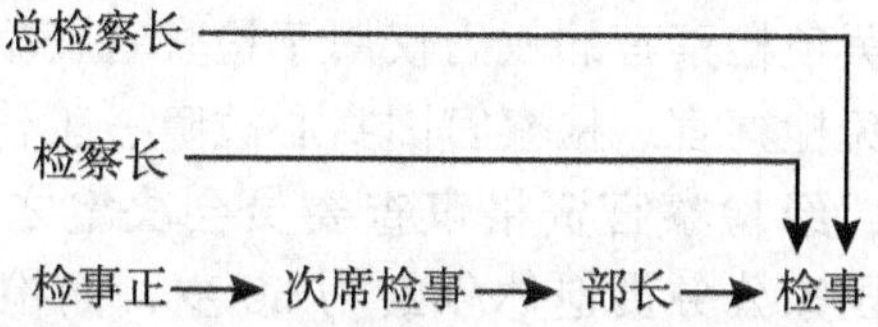

二是上级的事务承继权和事务转移权。根据检察厅法，日本的总检察长、检察长和检事正可以自行处理其指挥监督下的检察官的事务，也可以让其指挥监督下的其他检察官处理。这就是上级的事务承继权和事务转移权。

三是职务代理权。根据日本检察厅法，副总检察长于总检察长因故不能履行职务时或者总检察长缺位时，执行总检察长的职务。总检察长及副总检察长、检察长或检事正因故不能履行职务时或者总检察长及副总检察长、检察长或检事正缺位时，该厅的其他检察官依照法务大臣的顺序，临时执行总检察长、检察长或检事正的职务。掌管区检察厅厅务的检察官遇有特殊情况时，或者该检察官缺位时，由检事正指定的其他检察官临时执行其职务。这就是部下对上级的职务代理权。

日本的检察权原本就属于行政权，检察权的行使是应由内阁对国会负责的事项。所以，作为内阁成员的国务大臣，当然就应该对检察官拥有某种程度的监督权。但法务大臣的这种监督权，必须与检察官的司法属性和检察官同一体原则相协调，即在行使这一监督权时，必须注意排除政治势力对检察官的非正

① 参见［日］堂岛慧：《检察厅》，教育社 1974 年版，第 61~63 页。

当压制和干涉，还必须注意与居于构成同一体的检察官顶点的总检察长的指挥监督权相协调的问题。① 日本新检察厅法规定，法务大臣对检察官享有一般性的指挥和监督权。这里的“一般性”是和“具体性”相对的概念，即以训令、通知和会议等方法实现法令解释和案件处理的方针等的统一，或要求作出报告等。尽管在检察权的行使上，法务大臣可以一般性地指挥监督检察官，但对于各个案件的处理或处分，其只能指挥总检察长。据此，在各个案件的侦查或处分上，检察官只服从总检察长的指挥即可。日本新检察厅的这一规定巧妙地调和了法务大臣的指挥监督权和阻止政治势力介入的矛盾。

（三）身份保障

为了保障检察官能够独立行使检察权，日本对检察官进行了有效的保障，主要体现在三个方面：（1）严格的罢免限制。非因法定条件并经法定程序，检察官不得被免职。罢免检察官的权力仅属于检察官资格审查委员会，其他任何组织和个人无权罢免检察官。检察官因身心故障、工作效率低下或者其他原因不适宜执行职务的，经检察官资格审查委员会决定之后，予以免职。（2）延长退休年龄。日本国家公务员退休年龄为60岁，而检察总长的退休年龄为65岁，其他检察官的退休年龄为63岁。（3）提高检察官工资待遇。日本检察官工资法规定日本检察官的工资待遇比普通公务员高30%，使检察官能够有较为优越的物质生活，确保检察官不因物质需求而产生违法犯罪行为。

第四节 日本司法制度变革之趋势

战后，日本司法制度为本国经济社会高速发展发挥了重要的作用，但是不能否认，在日本经济泡沫化、司法体制僵化等内外因素的共同作用下，其制度本身存在的缺陷逐渐放大，司法制度改革也成了日本社会求变的突破口。

一、战后日本司法的问题

战后，经过西方民主，特别是美式民主的洗礼，毋庸置疑，日本司法制度充斥着现代司法文明的一切基本要素，但是日本司法制度仍然存在以下问题：

① 参见日本法务省刑事局：《检察讲义案》（检察资料第205号）1981年版，第27~28页。

（一）司法效率低下

战后，日本经济迅速恢复，并逐步发展成为资本主义经济强国。随之而来，环境破坏、经济纠纷、民事纠纷等社会问题逐渐增多，法律纠纷大幅增加，且呈多样化、复杂化之趋势。但是，日本的司法发展并未与社会发展相适应，仍固守战后初期的司法审判模式，诸多案件屡屡推迟审理，重大案件的判决久拖不决，日渐与国民要求司法机关发挥人权保障功能、迅速公正解决纠纷的司法诉求产生了极大的落差。以律师数量和民事纠纷数量为例：1931 年日本全国有律师 6800 人，至 1989 年日本的律师数和人口总数均增加了 2 倍多，但民事审判件数（地方法院和简易法院一般事件的受理件数）却从约 257000 件下降到约 223000 件，减少了近 35000 件。①

（二）司法体制僵化

为了消除各种保护、利益诱导为交换的企业、业界、地方团体转嫁的非正式生活保障机能，重建不依存于政治力量，具有普遍意义的公平性社会保障系统是十分必要的。② 因而，作为一种重要的公平性社会保障体系，“司法制度设计的关键在于切实保障审判独立，裁判官必须是一种远离政治活动和社会利害的内向型职业——‘两耳不闻窗外杂事，一心只读法规全书’，奉禁欲主义和司法消极主义为圭臬”。战后，一套确保日本司法真正得以独立的自我封闭式的法院系统正式建立起来。这种独立的司法体制很大程度上有效地保障了日本司法的清廉公正，但其代价是裁判官逐渐脱离市民社会。法院与百姓日常生活的状态是“鸡犬之声相闻，老死不相往来”。洁身自好的审判人员为了避嫌，大有把一切好友故旧的酒会邀请都当做凶险“鸿门宴”的架势。久而久之，职业裁判官的正义感就与一般老百姓的正义感发生了不同程度上的游离和隔阂。③

（三）监督制约弱化

日本裁判所追随行政机关决定的倾向逐渐明显，对行政机关的制约逐步

① ［日］大川真郎：《司法改革》，朝日新闻社 2007 年版，第 19 页。参见曾尔恕、赵立新：《面向 21 世纪的日本司法制度改革》，载《比较法研究》2009 年第 3 期。

② 神野直彦、金子勝『福祉政府への提言』岩波書店 1996 年，第 25-27 頁。

③ 季卫东：《世纪之交日本司法改革的述评》，载《环球法律评论》2002 年第 1 期。

削弱，国民诉权难以获得有效的保障。日本律师联合会曾做过统计：在行政诉讼方面，国民的全部胜诉率（即国家全部败诉率）在20世纪60年代约为10%，70年代则降为5%至6%，进入80年代进一步降为2%至3%；在刑事诉讼方面，逮捕、拘留、搜查扣押等强制手段过度行使致使令状主义逐渐空洞化，无罪判决率逐年降低，到1988年仅为0.11%（指全部无罪，如加上部分无罪为0.19%）；在民事诉讼方面，民事诉讼之拖延已经到了令人无法忍受之程度；① 在违宪审查方面，最高裁判所采取了消极态度，经常回避作出宪法判断或者作出行政机关合宪之判决。

二、日本司法制度的革新

面对日益突出的司法窠臼，日本进行了两次司法改革。其中，第一次司法改革始于20世纪60年代，但是这次改革中途夭折，并未有显著的司法改革成果。第二次司法改革始于20世纪80年代，成熟于世纪之交，它也是在现今日本国内影响最为广泛之司法革新。其最为显著之成果为《日本司法制度改革审议会意见书——支撑21世纪日本的司法制度》。第二次司法改革无论从司法理念到司法体制都取得了一系列的改革成果。

（一）革新司法理念

作为司法审议会的最终报告，《日本司法制度改革审议会意见书——支撑21世纪日本的司法制度》所阐述的两大基本理念，即“过度事前限制、调整型社会转换为事后监视、救济型社会”和“国民之统治客体意识转换为统治主体意识”。实质上，其核心要义有二：（1）缓和法律规制，从“法的支配”转变为自我责任社会，促进社会自发性解决纠纷，法律不必事必躬亲。例如，日本2006年出台了《关于促进利用审判外解决纠纷程序的法律》（ADR法），推动发挥司法、诉讼之外的纠纷解决机制来更加快捷、公正地解决纠纷。（2）司法民主化，发挥国民在司法中的主体地位，推进国民参与司法。这种参与“决不是附加性的，而是在通过它们来实现法的支配这个意义上，是决定性的重要因素”。

① ［日］大川真郎：《司法改革》，朝日新闻社2007年版，第20页。参见曾尔恕、赵立新：《面向21世纪的日本司法制度改革》，载《比较法研究》2009年第3期。

（二）革新审判方式

为提高审判效率，2003 年 7 月，日本制定了关于审判迅速化的法律，提出了“一审要在两年内结束”的目标，规定了国家、律师联合会、法院、当事人等作为迅速化主体的责任和义务，最高法院就迅速化状况进行检查，每两年公布一次检查结果。2004 年 5 月，日本制定了关于裁判员参加刑事审判的法律。根据该法，从 2009 年起，法官和由市民出任的“裁判员”一起审理刑事案件。裁判员制度是市民参加司法的核心制度，它使市民可干预审判。裁判员制度主要适用于刑事案件中的死刑或无期徒刑以及相当于禁锢罪的案件、法定合议案件、因故意犯罪使受害人死亡的案件，由 3 名法官和 6 名从市民中选任的裁判员一起进行审判。① 该制度的实施还需今后解决相关课题，如需要确立保障被告人防御权的程序等。

过去，对起诉前逮捕、拘留阶段的嫌疑人没有“国选辩护制度”，为此各地律师会创设了“值班律师制度”以推进辩护活动。2004 年 5 月，日本修改刑事诉讼法，创设了国选辩护制度。该制度分 2006 年和 2009 年两个阶段实施。刑事诉讼法的修改还包含刑事审判迅速化改革，如：（1）连日开庭的法定化；（2）扩大证据公开范围；（3）创设迅速裁决简单案件的即决审判程序，等等。

（三）出台或修订体现革新司法理念的法律或者制度

目前，日本司法制度改革已经取得阶段性成果，出台或者修订了一系列具有革新司法理念的法律制度，这些法律主要有：一是在司法审判方面，制定了关于审判迅速化的法律（2003 年），提出了“一审要在两年内结束”目标，并规定由最高裁判所每两年检查公布各迅速化主体履责情况；制定了关于裁判员参加刑事审判的法律（2004 年），规定 2009 年起市民出任裁判员一起审理刑事案件；颁布了劳动审判法（2004 年颁布，2006 年 4 月 1 日施行），规定审判主体由 1 名裁判官和代表劳资双方的专业经验之审判员组成；修订了民事调停法（2003 年）、家事调停法（2003 年），创设了律师被指定为民事调停裁判官、家事调停裁判官的律师任官制。二是在诉讼方面，集中管辖知识产权诉讼案件，对专利等技术性诉讼之一审管辖权限定在东京、大阪两个地方法院，并

① 对自首案件、检察官和辩护人没有异议且法院认为适当的案件，由 1 名法官和 4 名裁判员进行审判。

在东京高等法院特别支部设定知识产权高等法院专门管辖该类型案件的控告审；修订了行政诉讼法（2004年），扩大了救济范围，延长了起诉时间，扩展了管辖抗告诉讼裁判所的范围；颁布了促进利用审判外纷争解决程序法（ADR法）（2004年颁布，2007年6月1日施行），搭建了更加简洁、快速、低廉的纠纷解决渠道；修订了刑事诉讼法（2004年），制定了连日开庭法定化、扩大证据公开范围、迅速裁决简单案件的即决审判程序等刑事审判迅速化改革制度。三是在司法援助方面，制定了综合法律援助法（2004年），推动司法援助制度建立，2006年设立司法援助中心，并随后在全国各法院所在地以及缺少律师地方设立事务所，提供法律援助服务；修订了关于民事诉讼费用的法律，扩充民事法律援助预算，加大扶助力度。①

（四）革新法律人才培养

正如有日本学者所指出，战后司法改革并非司法民主化改革，只是与新宪法相适应的一种改动。② 这在一定程度上弱化了司法系统民主性质，促进司法官僚体系形成。加之，裁判官任用制度和最高裁判所控制，法曹（裁判官、检察官、辩护士）数量明显不足。为了改变这种现状，培养大批高质量的法曹，提供充分的法律服务，改革法曹培养制度：一是提升司法考试通过率。2004年以后司法考试每年合格者人数在1500人左右，至2020年增加到2000人，从而使从事司法实务的法律工作者在2020年左右达到5万人规模，实现法官和检察官人数大幅度增加。二是改革法学教育，推进法学教育、司法考试、司法研修有机结合。2004年4月，先后在68所高校设立法科大学院（类似于研究生院），培养、筛选法律人才，并赋予法科大学院毕业生参加司法考试的资格，合格者再经司法研修，从而获得法曹资格，推动法曹一元体制形成。③

纵观战后第三次司法体制改革，它起始于20世纪80年代，主体工程完成于21世纪初（2004年11月30日司法改革推进本部解散）。此次改革涉及面广，成绩显著，基本上完成了新司法体制法律制度层面构建。据不完全统计，

---

① 参见范纯：《当代日本司法制度改革评析》，载《日本学刊》2007年第3期。

② 上石圭一『過去の司法制度改革との比較で見た今回の司法制度改革の評価』、『法律時報』2005年77巻8号，32頁。

③ 铃木贤：《日本司法改革的现状和成果》，http：//www.civillaw.com.cn/article/default.asp？id=49736.

期间日本共制定或者修订了 24 部司法改革相关法律。① 但是，改革过程中也产生了一些问题。例如，日本新司法考试的现状是合格率远低于预期，且呈降低的趋势，2012 年的合格率为 25.1%，2013 年为 26.8%，2014 年为 22.6%；② 法科大学院在职人员入学人数比例逐年递减，2004 年为总人数的 48.4%，2005 年为 37.7%，2006 年为 33.3%，2007 年为 32.1%。③ 正如有的日本学者所言，在以新观念推行改革的问题上，尚未凝聚足够的支持，裁判所系统内部就有不关心改革的群体，学者中也有不少改革旁观者。④

总之，日本此次司法改革实际上是由政府发动的制度安排，属于对应市场经济体制的深化法治型改革，是迎合西方潮流的新自由主义司法改革⑤，目的在于将过去的依靠行政统治的行政国家⑥转变为真正意义上的法治国家，建立一个与 21 世纪相适应的司法制度。需要强调的是，政府的主观愿望与社会现实之间事实上还存在差距。作为经济发达国家，司法制度改革应基于国民实际体验的反复积累，实行自下而上的民众推动的制度变迁，仅凭政府力量强制推行制度改革，反而会带来一些负面效果。因此，可以认为，日本司法改革立法阶段的成就转为司法实际运行成果的"时滞"是一个较长过程，要想实现改革设计的目标，还需要付出长期努力。

---

① 参见范纯：《当代日本司法制度改革评析》，载《日本学刊》2007 年第 3 期。

② 参见日本法务省网站：http：//www.moj.go.jp/jinji/shihoushiken/jinji08_00026.html。

③ 大島眞一『法科大学院と新司法試験』、『判例タイムズ』2007 年 1252 号，90-91 頁。

④ 馬場健一『裁判官制度改革の到達点と展望』、『法律時報』2005 年 77 巻 8 号，51 頁。

⑤ 土田和博『新自由主義的司法制度改革と憲法原理』、『法律時報』2001 年 73 巻 6 号，20 頁。

⑥ 田村次朗『脱・行政国家への法制度改革』、竹中平藏：『強い日本の創り方 PHP 研究所』2001 年，153 頁。

第七章　韩国司法制度

韩国作为与中国山水相连的近邻，古代受到繁盛、发达的中华文明的巨大影响，在政治、经济、法律文化等诸多方面大量学习和模仿中国，从而建立起了适合韩国国情的一整套社会制度，这其中当然也包括了审判、检察等司法制度。到了近现代，随着大陆法系国家对东亚的殖民活动不断加剧，韩国开始吸收和引进大陆法系的司法制度；1945年，韩国在美国的支持下建国，又不可避免地学习和吸收了以美国为代表的英美法系司法制度。

一般来说，狭义的司法制度是指有关对法律秩序违反行为具有判断能力的法院的构成、职能及运用的制度。在韩国，广义的司法制度包括狭义的司法制度以及与其有密切联系的检察制度和辩护士制度。

韩国的司法制度分为法院、检察庭、辩护士三个模块，这与中国是比较类似的。但是，韩国的审判制度和检察制度和中国相比，还是有很多不同之处的。比如，“在审判组织体系方面，韩国除了有最高法院——大法院，还设有被赋予违宪审查权等一定审判权的宪法法院；另外，与裁判管辖相联系来认定土地管辖以外的事物管辖等体系与运用方面，与中国也有很大的差异”。①

第一节　韩国的审判制度

同日本类似，古代的韩国审判制度受到中国的深远影响，其审判机关的组织体系和审判模式都学习甚至完全模仿中国；到了近现代，伴随着社会性质的根本改变，韩国开始建立起一系列的资本主义社会制度，既学习法德等大陆法系的审判制度，也引进和吸收了先进的英美法系元素。

韩国实行三审终审制。地方法院为一审法院，地方法院对大多数案件进行初判；高等法院为二审法院（抗诉、抗告审法院），在一审法院败诉的当事人

---

① 黄鹰、李万守：《韩国司法制度》，http：//www.chinacourt.org/html/article/200209/12/10742.shtml，2010年5月30日。

可以向上级法院——高等法院上诉，高等法院通过行使中级上诉裁判权，审理不服地方法院和家庭法院所作出的判决、决定或命令的上诉案；大法院为三审法院，在二审法院败诉的当事人可以上诉至最高法院——大法院，同时，“专利法院审查专利局所作出的决定，大法院是裁决专利纠纷的最高法庭”。①

一、法院组织体系

韩国的法院有普通法院、专门法院和特别法院三种，分别负责有关刑事、民事、行政、选举和其他法律事务的裁决，同时负责有关不动产登记、人口普查登记、提存等方面的事务。普通法院包括大法院、高等法院和地方法院。目前全国共设置了1个大法院、5个高等法院、60个地方法院。专门法院包括家庭法院、行政法院和专利法院。特别法院包括宪法法院和军事法院。

（一）普通法院

从职务管辖的划分上，地方法院、高等法院及大法院分别负责案件的第一审、第二审和第三审，大法院还统一负责法令解释。

1. 大法院

大法院为韩国最高一级审判机关，“该法院由包括院长在内的13名大法官组成。另有20名裁判研究官，根据不同的专业分工为大法官提供裁判帮助，主要负责与案件的审理及审判有关的研究、调查业务。每位大法官还配有5名助手，负责与案件审理有关的辅助工作。为了审判的便利，大法院将除院长以外的12名大法官平均分成无专业划分的3个部直接审理案件。大法院的判决为终审判决，当事人对大法院的判决必须服从，不能要求重审。大法院的案件受理范围是：对高等法院、抗诉法院或者专利法院的裁判提出的上告案件；对高等法院、抗诉法院或者专利法院的决定或者命令提出的再抗告案件。大法院设有行政处，负责有关法院的人事、预算、会计、设施、统计、诉讼业务、登记、户籍、提存、执行官、法令调查及司法制度事务的处理。司法行政处设有一名处长，由一名大法官兼任，日常工作由次长负责。司法行政处下辖计划部、司法政策研究室、人事管理室、总务局、建设局等部门，计划部负责法院的经费预算及编制并提交国会审议，并对各级法院的预算进行审核并拨付；人事管理室负责全国法院的人事安排，并对法官进行考核；法政策研究室主要负责地方和高等法院的法官在审理案件中存有疑问的各种问题的研究和解答总务

① 陈宜芳：《韩国审判制度》，载《山东审判》2008年第2期。

局负责法院的日常行政工作；建设局负责全国法院的法院建设，全国法院的建设由地方法院提出要求，经大法院审核，交由建设局具体负责建设”。①

2. 高等法院

韩国共分 9 个道（韩国的道相当于我国省一级的行政单位），另有首尔特别市及 5 个直辖市。但只在首尔、釜山、大邱、光州和大田设有 5 个高等法院。高等法院院长为高等法院的负责人，管理法院的司法行政事务，指挥并监督所属公务员。高等法院内设有部，各部由一名部长法官和若干法官组成，部长法官为该部的审判长。

高等法院审理案件实行 3 人合议制。高等法院受理的案件包括：不服地方法院独任法官判决的标的额为 5000 韩元以上 1 亿韩元以下的第一审判决的抗诉案件，不服地方法院合议部、家庭法院合议部及行政法院作出的第一审判决的抗诉案件；不服地方法院合议部、家庭法院合议部及行政法院作出的决定、命令的抗告案件。

3. 地方法院

地方法院设置于韩国全国各市郡，是最基层的审判机关。在该级法院内部设有专门处理民事和刑事案件的部门。其内部的审判组织又可分为合议部和独任审判两种。一些地方法院还设有分院，分院履行的职能与地方法院基本一致。“地方法院及其分院的合议部的管辖范围是：合议部决定在合议部审理的案件、诉讼标的 1 亿韩元以上的案件、非财产权诉讼，或者虽属于财产权诉讼但难以计算诉讼标的的案件、对合议部审理的案件提出反诉或与第三人案件有牵连的案件、死刑、无期以及短期 1 年以上的徒刑或监禁案件、对地方法院法官申请回避的案件、其他法律规定由地方分院合议部处理的案件。为方便当事人诉讼，在地方法院下面另外还设有市、郡法院履行地方法院的一些审判任务，不作为一个审级。每个市、郡法院只有一名法官，负责审理适用小额审判法的民事案件（2000 万韩元以下）及和解、督促、调解的案件，根据户籍法确认协议离婚的案件，诉讼标的在 20 万韩元以下的处以拘留、罚款的案件等。为了处理市郡法院辖区内的大量案件，法院聘有多名调解员，从辖区内的教师、公务员、医生等专业人员中选任，调解员分成 4 组，每组一天可以处理 6 至 8 件，只有在双方分歧过大时，才交由法官进行审理。”②

① 陈宜芳：《韩国审判制度》，载《山东审判》2008 年第 2 期。

② 陈宜芳：《韩国审判制度》，载《山东审判》2008 年第 2 期。

（二）专门法院

1. 家庭法院

家庭法院是设在首尔的一种专门法院，家庭法院下面也设有分院及在地方设置的相应法院。在其他地区，通常由地方法院的家事部审理一审家事案件。

2. 行政法院

行政法院仅在韩国首都首尔存在，但其级别与地方法院相同。主要审理行政诉讼法规定的行政案件和其他法律规定由行政法院管辖的案件。

3. 专利法院

“专利法院设在大田，与高等法院级别相同。专利案件的审理实行两审终审制，但是专利案件非经设置于属于行政机关的专利局内的专利审判院的审理程序，不得直接向专利法院提起诉讼。”①

（三）特别法院

韩国宪法法院设立于 1988 年 9 月，是负责宪法监督的司法机关，它在国家司法系统中居最高地位。宪法法院由 9 名法官组成，这些法官当中有 3 名由总统任命，3 名由大法院院长任命，另外 3 名由国会任命，即三个国家机构平等地分享宪法法院法官任命权。之所以如此规定，一方面是因为宪法法院管辖事项更多具有政治性质，因而通过法官任命权的分隔方式达到维护政治上的中立性的目的；另一方面能够发挥宪法法院的严正守护宪法的作用。

宪法法院的经费独立，单独列入国家预算。宪法法院法官与大法院法官享受同样的薪俸待遇，且宪法法院院长与大法院院长享受相同的薪俸待遇。宪法法院的组织体系包括：宪法法院院长、裁判官会议和宪法研究官。

二、普通法院的审判职权

最高法院管辖对高等法院作出的判决或者规定的上诉，以及地区法院或者家庭法院的上诉法庭判决的上诉。同时，最高法院也有权对军事法院作出的判决进行复审。最高法院对总统或者国会议员的选举是否有效享有排他性的管辖权。对于法律的合宪性的审查则由宪法法院负责。最高法院对司法管理享有专权，负责对法官和法院其他官员的人事管理、日常管理、负责律师和法院官员的培训、教育等。因此，法院管理部和司法研究、培训中心设在最高法院。

① 陈宜芳：《韩国审判制度》，载《山东审判》2008 年第 2 期。

最高法院有权制定法院的内部纪律、司法事务的管理规则和审判程序规则。法官委员会行使这一权力，该委员会由最高法院的所有法官组成。

高等法院的职权。韩国有 5 个高等法院，分布在韩国的 5 个大城市。每个高等法院又分成若干分支机构，每个机构由 3 名法官组成。高等法院受理地区法院、家庭法院和专利法院受理的案件的上诉。

地区法院。韩国的地区法院共有 13 个，分布在首尔和其他的 12 个较大城市，其中大多数是省会城市。地区法院，通常情况是由一个法官审判案件。但在有些情况下，如果民事案件的争议标的额超过 5000 万韩元或者被告人将判处 1 年以上有期徒刑的刑事案件，将由 3 名法官组成合议庭进行审判。

地区法院通常是原审法院。但是，"它也受理本院、本院的分支法院 1 名法官独审案件的上诉，上诉案件由该院 3 名法官组成的合议庭审理。地区法院有权管辖商业公司没有争议的重组和清算案件、不动产的登记和破产案件等"。①

三、宪法法院的职权

韩国宪法法院具有如下主要职权：

(1) 法律合宪性审查权。韩国宪法法院法第 41 条规定，"当某一法律是否合宪的问题关乎另一件可能适用该法律审理的案件时，普通法院（含军事法院）可依据职权或经当事人申请并由法院决定，提请宪法法院对其合宪性进行审查。经审理后，宪法法院仅有权决定被审查的法律或法律条款是否违宪，并于作出判决当日起 14 日内将判决书通过大法院送达提请审查的普通法院。该判决对普通法院、政府部门或地方政府均具有约束力；被认定违宪的法律或法律条款自违宪决定作出之日起失效，但有关刑罚的法律与条款溯及既往地失效"。在这种情况下，对原先依据被认定违宪而失效的法律，所作出的有罪判决，可以按照刑事诉讼法的规定进行重审。

(2) 弹劾案件的审判权。韩国宪法法院法第 48 条规定："相关国家公务员在执行职务时若违反宪法或法律，国民大会可根据宪法和国民大会法的规定投票决议是否对其弹劾，同意弹劾的决议将提交至宪法法院审理属于被弹劾的高级别的公务员范围。"

在审判程序中，"国民大会立法与司法委员会主席作为起诉人代表国民大会向宪法法院提起弹劾诉讼，被弹劾者是被诉人。起诉人应向宪法法院提交弹劾决议的书面原件，请求审判，同时在审理过程中讯问被诉人。国民大会的弹

① 刘福谦：《韩国司法制度简介》，载《人民检察》2002 年第 5 期。

劾决议作出之后，被弹劾者即中止行使职权直至宪法法院作出判决。在弹劾案件审理的同时，若因同一事由而引起的刑事审判程序正在进行，则审判庭可暂停弹劾案的审理。若起诉人或被诉人任何一方于审理当日未能出庭，则审判庭应另行确定开庭审理日期，若在另行确定的日期该当事人仍未能出庭，即可缺席审理”。①

（3）政党解散案件的审判权。韩国宪法法院法第55条规定，“如果政党的目的或活动与民主的基本秩序相违背，则行政部门提出并经国务委员会审议后，有权提请宪法法院判决宣告解散该政党”。

（4）权限争议案件的审判权。韩国宪法法院法第61条规定：“若国家机关之间、国家机关与地方政府之间以及地方政府之间就各自的职权有无及其范围发生争议时，所涉国家机关或地方政府可以向宪法法院提起针对另一国家机关或地方政府的权限争议的诉讼，但是，只有当被诉方的作为或不作为侵害了起诉方由宪法和法律授予的职权或使其职权处于显而易见的被侵害危险时，宪法法院方得受理。”

所谓权限争议，是指国家机关之间以及地方自治团体之间，就权限的存在与否或范围发生的积极性或消极性的纷争。而权限争议审判制度是指由具有独立地位的第三人对这一纠纷进行裁决的制度。设立这一制度的目的，是为了明确国家机关或地方自治团体之间的权限及范围，使国家机关或地方自治团体的机能得到顺利发挥，并实现它们之间在权力上的相互制约和平衡。对此，韩国宪法规定，“当国家机关或地方自治团体向宪法法院请求权限争议审判时，宪法法院的法官应以过半数通过的形式作出最后的裁判”。

（5）宪法诉讼审判权。在韩国，所谓宪法诉讼，是指因公权力的行使或不行使违反宪法规定，直接侵害公民宪法上的基本权利时，权利人向宪法法院请求对其进行违宪审查，从而获得救济的制度。目前，在大陆法系法律发达国家中，德国及奥地利也实行这一制度。不过，在诉讼对象、内容及程序上，韩国的宪法诉讼制度存在较大的差别。从提出宪法诉讼的主体来看，凡是因公权力的行使或不行使致使宪法所保障的权利受到侵害的公民都有权提起宪法诉讼。这里所说的公民，包括自然、法人和没有根据宪法法院法的规定，在两种情形下可以提起宪法诉讼。一种情形是，因公权力的行使或不行使而致宪法上保障的基本权利受到侵害时，当事人可以向宪法法院提起宪法诉讼。另一种情形则为，在具体案件中，某一项法律是否违反宪法成为该案裁判的前提，而当

① 刘福谦：《韩国司法制度简介》，载《人民检察》2002年第5期。

事人所提出的法律合宪性审查申请被该案的管辖法院否决时，该当事人可以向宪法法院提起宪法诉讼。后者并非本来意义上的宪法诉讼，而是一种兼有个人基本权利保护和客观性规范双重意义的制度。这为那些要求违宪审查但被普通法院拒绝的人提供了一个法律合宪性审查的替代程序。①

第二节　韩国的检察制度

一、检察机关的性质及组织体系

（一）检察机关的性质

根据法律的规定，检察厅是统辖检事事务的官署，设置于法务部长官的属下。也就是说，“检察厅是复数的官厅（检事）指挥复数的辅助者（一般职员），决定并表示国家意思的公务所和官署。所谓检事，其一方面作为一种公务员，是属于行政机关（法务部）的公务员，区别于作为司法府所属公务员的法官。另一方面检事又不同于一般的行政公务员，每个检事都是单独制的官厅，即国家机关。简而言之，检事就是在从侦查程序到执行程序的整个刑事诉讼程序中行使检察权的官厅”。②

检事具有双重性质。检事虽然是行政公务员和单独制的官厅，但同时又具有准司法官的性质。检事所行使的检察权属于行政权的一种，与司法权有区别。但是对犯罪的侦查、公诉的提起和履行、裁判执行的指挥和监督等检察权的行使，在其内容上同司法权有着密切的联系。如果检察权无法公正地行使，就不能期望刑事司法的正确实现。为此韩国现行法对检事的任命资格、任命程序和权限做了严格的限制性规定，也给予检事以充分的身份保障。检事的任命资格与法官基本相同。因为在韩国，经全国统一而严格的司法考试后合格而取得司法资格的人员，再经两年以上的司法研修考核后方能申请取得法官任命资格和检事任命资格，或者取得辩护士资格。

（二）检察机关的组织体系

根据韩国检察厅法，韩国的检察厅有大检察厅、高等检察厅、地方检察厅

---

① 吴东镐：《论韩国宪法法院的权限和功能》，载《延边党校校报》2007 年第 3 期。
② 金昌俊：《韩国现行检事制度评述》，载《延边大学学报》2000 年第 4 期。

三个种类。大检察厅对应于大法院，高等检察厅对应于高等法院，地方检察厅对应于地方法院和家庭法院。“在设置地方法院的支院的地域，设置对应的地方检察厅支厅。全国有大检察厅 1 个、高等检察厅 5 个、地方检察厅 18 个、地方检察支厅 37 个。各级检察厅有统辖其厅事务的检事长 1 人，在检事长下有辅助检事长，有分管处理事务的部长检事若干人，各部设置检事。另外，检察厅有支持和辅助检事的一般职公务员。一般职公务员直属于各部或事务局，根据近检事的命令负责处理侦查事务，制作和保存刑事卷宗，辅助检事的讼务，以及有关检察行政的业务。”①

1. 大检察厅

按照韩国大检察厅法规定，大检察厅由检察总长和大检察厅次长检事、检察研究官、部、事务局及课，以及公报官、犯罪情报企划官、检察总长秘书官组成。“检察总长负责处理大检察厅事务，统辖全国的检察事务，指挥监督所属公务员。大检察厅次长检事辅助检察总长，在检察总长因故不能履职时，代理检察总长的职务。大检察厅设有企划调整部、中央侦查部、刑事部、强力部、麻药（毒品）部、公安部、公判讼务部、监察部 8 个部，由作为部长的大检察厅检事指挥监督其部署课的事务。中央侦查部对国家的重要案件进行侦查，监察部对下级机关、检事和检察职员进行监察，其他部门对下级部门的有关业务进行制订计划和进行总结。”②

2. 高等检察厅

根据韩国检察厅法规定，高等检察厅由检事长、次长检事、部长检事、检事、部、事务局及课组成。高等检察厅处理抗诉案件的支持公诉、抗告案件处理、以国家为当事者的诉讼案件的诉讼及其指挥监督等事务。也就是说，高等检察厅对犯罪案件不进行首次侦查，而是对不服地方法院的审判而提出抗诉、抗告的案件，不服地方检察厅和支厅作出的不起诉决定而提出抗告的案件，进行审查，判断其决定的正确性。如果判断为不正确，则向地方检察厅或支厅发出再侦查或提起公诉的命令。

3. 地方检察厅及其支厅

根据韩国检察厅法的规定，地方检察厅由检事长、次长检事、部长检事、检事、部事务局及课组成。地方检察厅是检察官比例最高的检察机关，大约有 2/3 的检察官，在这一级机构中任职，其所承办的案件占到韩国全国侦办案件

① 马相哲：《韩国检察制度（下）》，载《国家检察官学院学报》2006 年第 2 期。
② 马相哲：《韩国检察制度（下）》，载《国家检察官学院学报》2006 年第 2 期。

总数的3/4以上。由此可见，韩国地方检察厅是行使检察权的最基层也是最直接的重要组成部分。

二、检察职权

广义的检察权是指检事作为公益代表着所具有的所有权限。根据检察厅法第4条第1款规定，检察权有以下6种：侦查犯罪、提起和支持公诉的权限；有关侦查犯罪，对司法警察官吏的指挥、监督权；对法院正确使用法律的请求权；对执行裁判的指挥、监督权；执行以国家作为当事人或参加人的诉讼和行政诉讼，或者有关其执行的指挥、监督权；其他根据法律规定属于检事的权限。狭义的检察权是指上述6个方面权限中，除了第五项和第六项以外的所有权限。

犯罪侦查的权限。检事作为侦查机关的重要职能人员，有侦查开始即犯罪认知的权限，拥有讯问被疑者、调查参考人等任意侦查的权限，也拥有逮捕被疑者、现行犯人，拘束、押收、搜索、检证被疑者等强制侦查的权限。检事的证据保全请求权、对参考人的证人讯问请求权、对被疑者的鉴定留置权、鉴定处分许可请求权，均属于检事这一侦查机关的权限。

就犯罪侦查，对司法警察官的指挥、监督权。检事在侦查犯罪的时候，有权对司法警察官进行指挥、监督。因此司法警察官应当服从检事就犯罪侦查作出的命令。为了保障检事对司法警察官指挥监督权的制度化，刑事诉讼法赋予地方检察厅检事长交替任用要求权和侦查中止命令权。

公诉权。公诉权可分为提起公诉的权限和履行公诉的权限。“公诉的提起是检事的权限，只是即决审判的请求属于警察署长的权限。检事作为诉讼当事者拥有履行公诉的权限。韩国现行刑诉法比起旧刑诉法强化了检事作为诉讼当事者的权限。检事的公判庭出席权、公判期日变更申请权、忌避申请权、被告人讯问权、证据提出权、证据调查申关于裁判执行的权限。检事有权指挥、监督裁判的执行。”①此外，韩国刑事诉讼法为了保证执行自由刑的高效和灵活，规定了检事送达刑罚执行状的权限。

关于法令适用的权限。检事作为法律适用和实施的监督者，应当时刻关注法院对现有法律的适用，负有监督和协助法律得以正确实施的。刑事诉讼法规定了法院作出保释、撤销羁押或者停止和执行羁押决定时，“应当听取检事的意见”；被逮捕或羁押的犯罪嫌疑人或其他关系人可以向法院提出审查逮捕或

① 金昌俊：《韩国现行检事制度评述》，载《延边大学学报》2000年第4期。

羁押当否的请求，除了非请求权人请求或明显属于以妨碍侦查目的的情形，“法院可以不经审问，决定驳回请求”以外，法院“应当立即审问被逮捕或羁押的嫌疑人”，“认为请求有理由时，即以决定命令释放被逮捕或羁押的嫌疑人”。这时，检事可以“审问，陈述意见”；在公判程序上，“审问被告人和调查证据结束时，检事应当对事实认定和法律适用陈述意见”；此外，对于违法或不当裁判，法律还规定检事可以采取上告、再审请求、非常上告等方法，以求纠正。

国家作为当事人或参加人的诉讼和行政诉讼的执行及指挥、监督权。“在国家作为当事人或参加人的诉讼和行政诉讼中，检事具有直接进行诉讼或指挥、监督该诉讼业务的权限。根据相关法律规定，在以国家作为当事人或参加人的诉讼中，法务部长官代表国家，在行政诉讼中，原则上由作出处分决定的行政厅作为被告。但是，因为检事既是公益的代表者又是法律专家，所以把对于这类案件的诉讼和指挥、监督诉讼业务的权限赋予检事。”①

三、检察制度的特色

（一）领导和统筹侦查活动

和美国、日本不同，韩国的检察机关被赋予了更大更多的权限，几乎囊括了侦查活动的全过程。根据刑事诉讼法的有关规定，“检事认为有犯罪嫌疑时，应当侦查犯人、犯罪事实和证据”，而且具有指挥司法警察官吏进行侦查的权限，“侦查官、警务官、总监、警监、警卫作为司法警察官应当受检事的指挥进行侦查”，“警察、巡警作为司法警察受检事或司法警察官应当受检事的指挥协助进行侦查”。对于侦查犯罪，“检事不仅要一般性地，而且要具体指挥、监督司法警察官吏”；“司法警察官吏要服从检事职务上的命令”；只有“检事可以请求逮捕、羁押、扣押、搜查等令状”，司法警察官只“可以向检事申请”，并通过检事的请求获得上述令状。在美国，检察官一般不行使侦查权；在日本，检察官和司法警察官吏的关系不是下级服从上级而是协助关系。可见，在犯罪侦查上检察机关是具有最高、最终权限和责任的机关，司法警察官吏受检事的指挥进行侦查，这是韩国检察制度具有的重要特点之一。

① 马相哲：《韩国检察制度（上）》，载《国家检察官学院学报》2006年第1期。

（二）起诉独占主义

在韩国，公民、法人和其他组织等私主体是没有追诉权的，只有国家才有权追诉，而代表独自享有追诉权的就是检察机关。这种起诉独占主义，也是韩国检察制度的重要特点之一。起诉独占主义可以保障提起公诉的适当性，从制度上保障作为公益代表者的检事能够站在非个人立场的国家立场上进行公平统一的追诉。起诉独占主义与起诉便宜主义相结合，通过赋予起诉、不起诉标准的统一性，发挥保障公正行使公诉权的机能，为实现刑事司法的实质正义而起到制度上的保障作用。

但是，起诉独占主义也有可能与官僚主义或政治权力相结合，容易带来检察权政治权力化的副作用。因此，韩国刑事诉讼法规定了裁判上的准起诉程序和即决审判制度等例外。该法明确规定：在检事作出不起诉决定时，应当立即通知嫌疑人，通知告诉人或告发人；告诉或告发的人在接到检事的不提起公诉的通知，认为不起诉不当时，可以以书面形式向检事所属的地方检察厅检事长或支厅长，向与该检事所属的高等检察厅相对应的高等法院，申请裁定不起诉当否；受理裁定申请的检事长或支厅长认为申请有理由时应当立即提起公诉，认为申请没有理由时，在其卷宗上附上意见送交有管辖权的高等检察厅检事长；高等检察厅检事长认为申请有理由时，向所辖地方检察厅检事长下达提起公诉命令书，认为申请没有理由时，将其卷宗送交有管辖权的高等法院。可以说，这些规定都是为了防止发生起诉独占主义所产生的负面问题。

（三）起诉便宜主义

韩国检察制度的另一个特点，即是采取起诉便宜主义。“尽管有充分证据可以提起公诉和支持公诉而具备追诉要件，但检事根据裁量也可以不起诉。许多国家立法例中，基本上采取以起诉法定主义为原则，加以一定程度的起诉便宜主义。但韩国与日本一样，没有限制地全面承认起诉便宜主义。”①

第三节 韩国司法制度的改革

一、司法考试制度的“渐进式”改革

韩国的司法考试，也堪称该国的“天下第一考”。“由于难度大、合格率

① 马相哲：《韩国检察制度（上）》，载《国家检察官学院学报》2006 年第 1 期。

极低，所以如果有考生通过司法考试，他们中学的母校都会在学校门口甚至大街上挂出横幅以示庆贺。据汉阳大学法学院院长李哲松介绍，每年司法考试考生近3万人，但仅有1000人通过。这一数量远远无法满足韩国法律市场的需求。韩国250多个市、郡、区中有120个地区一名律师都没有。2002年的一个数据显示，韩国共有5073名律师，平均一名律师需要向9564名国民提供服务。目前这个比例变化也不大。"①

目前韩国法学教育面临的最大问题是，法学教育集中于本科课程。受司法考试的冲击，多数法律系学生把全部精力都花在一考定终身的司法考试上。而且长期以来，司法考试应试资格没有学历要求，非法律专业的学生可以报考司法考试，又不可避免地影响了他们本科专业的学习。同时，大量的考生年复一年地为司法考试劳心费力，为此浪费了大量的时间、精力和选择其他职业的机会。更严重的是，考生大多为考试而学习，只注重填鸭式的死记硬背和考试技巧训练，即使合格也无法适应社会环境的变化。

针对司法考试制度中存在的固有问题，韩国1993年成立了司法制度发展促进委员会，就消除司法考试制度弊端展开了讨论。最终于2005年制定立法草案，决定彻底改革法学教育与司法考试制度，引进美国式注重职业训练的"法学研究院"模式，成为法学教育及法律培训制度改革的一大转折点。2007年7月初韩国国会通过了法学专门大学院法，该法案规定引进"法律研究生院制度"，为对以司法考试为中心的法学教育和选拔制度实施大变革奠定了基础。长期以来，韩国法学教育的一个弊端是，本科教育在实际上沦为一切围绕司法考试为中心，多数法律系学生自入学起，就把全部精力花在一考定终身的司法考试上。而对于其他专业的学生而言，由于并无准入资格要求，往往通过死记硬背和考试技巧训练也能通过司法考试，但入行之后却难以胜任职业需求。此次以新法为基础的改革，将司法考试提升至"研究生教育"阶段。这一方面将使法学本科教育解脱出来，成为真正的法学基础教育；另一方面，今后任何人不论本科学历为何，也都必须在完成法学研究生教育后，才能报考司法考试，从而保证了法律行业的执业水准。②

通过司法考试的人数只占国家总人口很少的一部分，因为司法考试过于困难，需要考生极大的精神意志以及花费大量的时间，这同时也造成了人力的极

---

① 刘贤贞：《韩国的司法改革》，载《人民司法》2006年第11期。

② 《十年论证出台新法除弊端 韩国改革司法考试制度》，http：//china.findlaw.cn/info/sfks/skzc/59522.html，2010-5-8。

大浪费。

通过司法考试的人则被看做非同一般的人，在社会上会得到很高的正面评价。法律和舆论都承认他具备判断所有认知的权限，可以行使所有人事权限的判断，并且也不允许他人对这些判断作出质疑。这样的司法制度被少数精英所统治，所以他们的司法服务不能说是一种服务或者职责，而是一种国家权力的活动，这不是“大众的司法”，与韩国的司法发展似乎有些格格不入。

所以增加通过司法考试的人数，意味着律师人群的扩大，这一举措受到了民众的欢迎。韩国现在每年通过司法考试的人数从最初的 300 人增加到 1000 人。因此，国民更容易接受律师的服务；并且律师人群的扩大加剧了律师之间的竞争，使法律服务的质量得到一定提高。

韩国的律师不应以“超人”来标榜自己，而是要自觉地与同行进行生存竞争。现在，律师在大城市集中的现象依然十分明显。可是仅仅增加律师的数量，也与司法改革的宗旨不符，并且即使增加了律师的数量，但因要向律师支付高额的定金和胜诉后的酬金。同时，随着普通百姓国际间的法律诉讼逐渐增多，因外国律师越来越多地加入到韩国的诉讼活动中。

二、司法的日常化

司法被少数人员所垄断，并且因为司法机关常常和执法机关有较多的业务往来，关系密切，司法机关几乎成了执法机关的下属部门。而在司法机关内部，因为少数人的垄断，整个部门变得越来越封闭和保守。国民对司法漠不关心，从而使得司法离国民的日常生活越来越远。

为了提高司法部门的业务修养和司法的日常化，“韩国司法界又提出一种代行方案：一是在增加陪审团制度，让民间团体和老百姓参与司法的过程中，让他们提出自己的意见和看法，从而提高国民对司法的关心和信任度。二是实行律师许可证制度。律师职业在发达社会中是为国民服务的工作，但是因为在韩国通过司法考试困难重重，通过司法考试的法官、检察员和律师几乎没有人会转入其他的行业。以后通过司法考试的人通过一定的审查，有能力的律师将在法律界有更大的发展。三是反驳制度。这是指国民加入到审判的过程中，对于法律的适用、量刑和法官的审判结果提出不同的意见。反驳制度能摒弃少数法官的官僚主义在审判结果中的主观性，同时还能给国民提供法律教育和普及法律常识”。①

---

① 刘贤贞：《韩国的司法改革》，载《人民司法》2006 年第 11 期。

第八章　巴西司法制度

第一节　巴西的审判制度

在法律传承上，巴西法律体制在历史上受到诸多欧洲国家如葡萄牙、法国、德国和意大利的影响，而在宪法、竞争法、证券法、环境法、税法的制定方面又较多受到美国的影响。在今天的拉丁美洲，巴西是拉丁美洲加勒比地区面积最大的国家，也是人口最多和经济规模最大的国家。① 作为一个典型的多种族国家，巴西人口组成包括巴西土著居民的后代，由非洲的安哥拉和尼日利亚来的黑人，由葡萄牙、意大利、德国、西班牙和波兰来的欧洲人，还有日本人、中国人和韩国人。种族多样性和种族地区性集中分布给法院受理案件带来一定的压力。② 在20世纪90年代之后，随着巴西民主的不断推进，各类社会和政治活动家也开始积极地卷入对政府的诉讼，从而施加压力使得司法权限逐渐扩大，巴西也逐渐演化为一个诉讼频繁的国家。③

一、法院组织体系

巴西独立以来的法院组织制度，受到美国宪法的广泛影响，其所制定的各部宪法均将司法作为重要内容予以规定。④ 在1889年废除君主制以后，巴西的司法机构便具有了“法律多元主义”特征。1891年2月颁布的巴西共和国宪法被称为“自由联邦共和国宪法”，在其制定过程中深受美国宪法的影响。

---

① 参见赵雪梅主编：《巴西商务环境》，对外经济贸易大学出版社2014年版，第1页。

② 参见杨俭译：《巴西的法律体制》，载《国际商报》2002年4月10日第1版。

③ 参见马库斯·法罗·德卡斯特罗：《巴西的法院、法律与民主》，载《国际社会科学杂志》1998年第2期。

④ 参见何勤华、冷霞主编：《拉丁美洲法律发达史》，法律出版社2010年版，第47页。

该宪法确立了巴西的联邦制和普选制度，各州也据此确立了各自的司法职能。

1946 年，巴西在欧里克·加斯帕尔·杜特拉总统的领导下召集制宪大会，颁布了一部民主宪法，即 1946 年宪法。1891 年宪法和 1946 年宪法都深受美国宪法的影响，保障法官的薪水不可以被削减，确保法官不被调到异地任职，甚至对行政机关的命令和立法机关批准的法律拥有广泛的司法审查权。根据 1988 年 10 月 5 日颁布的新宪法，联邦最高法院、联邦上诉法院、高等司法院、劳工高等法院、高等选举法院、军事高等法院和各联邦地区法院行使司法权。在巴西法院的司法实践中，许多联邦法官都明确地引用美国的司法惯例，这使得巴西的司法机构在拉美主要国家中独树一帜，特点鲜明：

其一是审判层级制度设计科学。巴西法院分为联邦法院和地方法院两个系统，① 即全国设立一个联邦最高法院，联邦最高法院由 11 名大法官组成，平均每个工作日判决 30 个案件。② 在任职方面，大法官必须是 35 岁以上、65 岁以下的巴西公民，由总统提名，经参议院批准后任命。在职权方面，联邦最高法院负责对宪法的实施和解释，有权对总统、内阁部长、议会议员、高等法院法官以及外交使团团长提起诉讼，负责联邦政府、州政府或联邦与外国纠纷的诉讼，以及对联邦政府与州政府、州政府之间的争端进行裁决。高级法院负责与宪法无直接联系的案件，负责对联邦法律的统一性进行解释，主要负责州长和联邦区长官的一般犯罪、法院法官的一般犯罪和渎职罪，以及联邦区选举法院、劳工法院和州审计法院法官的一般犯罪和渎职罪。联邦法院负责审理联邦与自治机构或联邦公共企业之间的案件，但企业倒闭和与劳工法院和选举法院有关的案件除外。

与联邦法院不同，州法院主要负责审理与在联邦任职的人员无关的州、市违法案件以及上述人员的民事和商事案件的审理。州法院的具体职能由州宪法确定。在组织架构方面，州法院下设地区法院和法官，还设有巡回法庭。实践中，巴西法院的上诉制度十分复杂。在法律规范方面，巴西民事诉讼法规定了两种民事上诉途径，即普通的上诉途径和特别的上诉途径。③ 在司法实务方面，巴西法院对案件的一审多为独任审判。一审判决作出后，如果案件当事人

---

① 成都法院考察组：《巴西、秘鲁司法制度考察报告》，http：//cdfy. chinacourt. org/article/detail/2011/04/id/577806. shtml，2015 年 11 月 8 日。

② 参见杨俭译：《巴西的法律体制》，载《国际商报》2002 年 4 月 10 日第 1 版。

③ 参见李小鹤、武丹、万艳红：《巴西民事上诉制度介评》，载《宜宾学院学报》2004 年第 2 期。

不服初审法院判决，则可上诉至州高等法院。高等法院接到当事人的上诉申请后，会由3名法官组成法庭进行审理，若3名法官均一致决定维持原判，当事人不服则可直接上诉至联邦法院；若其中1名以上的法官不同意维持原判，则由5名法官重新组成法庭进行审理，若当事人对法庭的判决仍然不服，也可上诉至联邦法院。① 这实际上是将两级法院变成了三级审理。这种设置不仅发挥了独任审判的作用，而且强化案件质量管理，穷尽救济手段，将矛盾化解在基层，同时也方便当事人诉讼，有利于诉讼效率的提高。②

其二是审判公开化程度非常高。在巴西，某些法院的法庭审理乃至决定案件结果都是公开的。法庭决定案件结果时，由诉讼双方当事人、律师、检察官参加，先由主审法官陈述案情并提出判决意见，然后请其他法官表态，如果其他法官认为事实不清楚，可以向主审法官提问，也可以调阅案卷。同时，法官可以请律师澄清某些事实，律师有新的情况也可以在法庭介绍。检察官也可以当庭就某些问题向当事人、律师提问，发表自己的不同意见。法庭审理的整个过程除当事人提出秘密审判以免损害名誉以及未成年人名字不公开外，其他一律公开，包括法官、检察官对案件所发表的意见以及案件的全部流程都向社会公开，置于双方当事人、律师的监督之下，民众在网络上即可查询到案件审理的流程以及判决的内容。而有的国家对案件的评议决定是秘密进行的，主要考虑可能因一方当事人不服造成打击报复法官的情况。而巴西打击报复法官的现象并不多见。在巴西人看来，案件实行公开审理，法官只需要站在公正的立场根据法律条款对案件发表意见。不是法官而是法律把罪犯送到监狱，法官只是在执行法律，无可指责。③

其三是独具特色的巡回审判、调解及小额诉讼制度。巴西位于南美洲东南部，北邻法属圭亚那、苏里南、委内瑞拉和哥伦比亚，西邻秘鲁、玻利维亚，南接巴拉圭、阿根廷和乌拉圭，东濒大西洋。面积851.49万平方公里，是拉丁美洲面积最大的国家，为世界第五。作为拉美第一经济大国，巴西拥有较为

---

① 成都法院考察组：《巴西、秘鲁司法制度考察报告》，http：//cdfy.chinacourt.org/article/detail/2011/04/id/577806.shtml，2015年11月8日。

② 参见江必新：《巴西阿根廷司法制度考察归来的感想（上）》，载《人民法院报》2006年9月19日，第6版。

③ 成都法院考察组：《巴西、秘鲁司法制度考察报告》，http：//cdfy.chinacourt.org/article/detail/2011/04/id/577806.shtml，2015年11月8日。

完整的工业体系，相关产业在世界居于领先水平。①

但作为南美洲面积最大、人口最多、经济最发达的国家，巴西同时又是贫富两极分化、社会矛盾尖锐的国家，社会治安形势严峻、社会矛盾丛生。为了妥善地化解矛盾，巴西法院十分重视调解和巡回审判工作，并根据实际情况创设了各类巡回审判方式。② 比如，亚马逊高等法院就针对该州河流众多而陆地面积狭小、国民居住分散等特点，充分利用内河交通发达等条件，创设了船舶巡回法庭，安排了专门的船只进行巡回审判。该船只内配置了各类审判设施，既方便了法官开庭审判，也方便了当事人的诉讼。联邦层面的巡回法庭，是世界上为数不多的经过 ISO9002 认证的法院，无论当事人身居巴西国内还是国外，都可以通过电子方式提交诉状，后续的司法程序也可以通过电脑操作方式来完成。③ 此外，为了提高司法效率，巴西根据诉讼标的的大小设立了小额债务法庭，实现了案件的繁简分流。巴西规定一定诉讼标的额以下的案件（约合 2 万元人民币）由小额债务法庭进行审理，并对审理的程序等作了特殊规定，确保案件高效审结。

二、法官制度

在巴西，法官的职业训练高度理论化。法官的职业准入要求十分严格，这意味着巴西司法领域只允许极少数具有类似专业背景要求的人才能够进入该职业。与职业准入的严格相适应的是，巴西法官的职业保障制度也相对较为完善。

在法官选任方面，巴西的法官选任制度较为周密、严格。为了选拔合格的法官，巴西成立了司法委员会。司法委员会成员的组成，不仅有法院和议会的代表，还有律师、政府的代表。对入选法官进行全面严格的道德水准、合作能力、利益平衡能力和司法能力的评价，入选法官必须经过严格、系统的法律知识教育。一名法官的选任，司法委员会的提名必须有 3 个候选人，然后进行分别考察，从中确定 1 个提交议会表决。一旦候选人获得议会表决通过，地方法

---

① 中华人民共和国驻巴西联邦共和国大使馆，http：//br. china-embassy. org/chn/bxwx/bxjj/t578137. htm，2015 年 11 月 7 日。

② 成都法院考察组：《巴西、秘鲁司法制度考察报告》，http：//cdfy. chinacourt. org/article/detail/2011/04/id/577806. shtml，2015 年 11 月 8 日。

③ 参见杨俭译：《巴西的法律体制》，载《国际商报》2002 年 4 月 10 日，第 1 版。

院法官由州政府颁发任命状，联邦法院的法官由总统颁发任命状。① 同时，在法官的职业过程中，其晋升也主要以资历和能力为根据。法官可以从小城市法官（正式法官一级）晋升到重要城市法官（正式法官二级），再晋升到首府法官（正式法官三级），还可以晋升到州法院法官 。②

与巴西法官选任制度相适应的是，巴西法院的地位、法官的待遇很高。法官的薪俸具有绝对保障。比较国家公务员而言，法官属于高薪阶层。比如，最高法院法官的工资比总统的工资至少高 1/3 甚至一半，这在世界上是少有的。一审法院法官的平均工资为国家最低工资标准的 30 倍。法官的职业有可靠保障，法官实行终身制，除因犯罪外不得剥夺其法官资格，直至 70 岁退休。法官的退休金甚至超过了其服务期间的水平。以 1994 年为例，一审法院法官在任时月薪为 2993 美元，而在其退休之后达到了月薪 3559 美元，③ 联邦最高法院法官的工资比总统的工资至少高 1/3 甚至一半。④

除了丰厚的薪资收入和退休金之外，法官们还享有一套同样丰厚的福利体系。所有的联邦法院法官每年享受 60 天的带薪休假，享有一套免费装潢的公寓、一辆配有司机的汽车及汽油免税待遇、每年 4000 美元的医疗费。法官的家属享有类似的医疗补助，⑤ 高级法院的法官也享有大致类似的公共福利。⑥

第二节　巴西的检察制度

由于人们对检察机关所行使权力的属性存在定性方面的争议，检察机关的性质归属一直处于相对尴尬的境地。正因为如此，才有学者将检察官形象地比

① 成都法院考察组：《巴西、秘鲁司法制度考察报告》，http：//cdfy.chinacourt.org/article/detail/2011/04/id/577806.shtml，2015 年 11 月 8 日。

② 参见郭晓清：《论司法人员之独立人格与司法制度的合理设计》，苏州大学 2011 年硕士学位论文。

③ 参见杨建民：《拉美国家的法治与政治——司法改革的视角》，社会科学文献出版社 2015 年版，第 151 页。

④ 成都法院考察组：《巴西、秘鲁司法制度考察报告》，http：//cdfy.chinacourt.org/article/detail/2011/04/id/577806.shtml，2015 年 11 月 8 日。

⑤ 参见胡建华：《法官的级别和工资待遇——外国法官制度简介之五》，载《人民司法》1994 年第 5 期。

⑥ 参见杨建民：《拉美国家的法治与政治——司法改革的视角》，社会科学文献出版社 2015 年版，第 150~151 页。

喻为奇怪的"半人半马兽"，抑或来路不明的"特洛伊木马"。① 同时，由于经济的快速发展引起了整个社会结构的变化，各国民事诉讼中以个人诉讼为主的诉讼结构在发生变化，公益诉讼和团体诉讼案件的上升成为普遍的趋势。检察机关的角色也在发生变化。

在世界各国的检察监督制度中，巴西的检察监督制度独树一帜。以消费者集团诉讼为例，有资格起诉的原告就包括检察机关、政府机关、具有法人资格的社会团体等，而消费者个人并不能提起集团诉讼。之所以如此规定，主要是解决法院审查诉讼能否以集团诉讼方式进行以及诉讼原告是否符合诉讼代表人条件等而带来的诉讼迟延问题，也能够使得消费者集团诉讼成为纯粹的公益诉讼。此外，在证据收集方面，巴西消费者集团诉讼的规定也能够最大限度避免了原告收集证据的难题，检察机关具有较强的调查收集证据之权力，拒绝检察机关提交证据命令的被告将被判处有期徒刑之刑罚；在非检察机关为原告的诉讼中，检察机关可以帮助原告调查搜集证据，减轻原告举证负担。②

巴西检察机关之所以能够实现上述变化，在于巴西持续多年的检察改革。自 20 世纪 80 年代以来，巴西就通过修改宪法以及出台一系列法律进行了深入的检察改革。借助于以上法律及改革，巴西改变了检察机关单一的公诉机关地位。

一、检察机关的组织架构

巴西 1988 年宪法明确规定了检察机关是社会利益的维护者，并赋予其较高的独立性。1988 年宪法规定了检察机关在职权、行政以及财政方面均独立于国家政权结构中传统的三个分支。

在巴西，检察院有"第四权力"之誉，可以独立调查一切违反公共利益的案件。③ 在其职责方面，检察机关的职责甚至包括为了保护公共财产、社会性财产、环境以及集团的财产以进行民事调查和提起民事诉讼的权力。④ 每个检察官都享有相对独立的权力，他有权选择如何展开民事调查和采取何种司法

① 参见林钰雄：《检察官论》，学林文化事业有限公司 2000 年版，第 66 页。

② 参见李锐、陶建国：《巴西消费者集团诉讼制度及其启示》，载《人民论坛》2012 年第 26 期。

③ 参见郭存海：《巴西的反腐败机制与反腐绩效评估》，载《拉丁美洲研究》2007 年第 6 期。

④ 参见李锐、陶建国：《巴西消费者集团诉讼制度及其启示》，载《人民论坛》2012 年第 26 期。

措施。

为了保障检察官的独立性，宪法还规定其职业的终身性，并在降级、调任和降薪方面给予特殊保护。检察机关在财政和行政上也很独立，它有权独立设置新职位，安排自己的预算以及决定自己的薪资水平。尽管检察长由州长任命，但州长只能够从其他检察官推荐的三名检察官名单中选择。因此，从宪法层面来看，巴西检察机关已经上升为一个权力强大并且独立的机构，这也是其被称为“第四权力”的原因。

检察机关在其新角色中的成功表现反过来又进一步扩大了其权力范围。在保护公共权益方面，检察机关的积极参与对于巴西公益诉讼制度每个方面的发展都起着重要作用，尤其是在相关法律的起草、推动、先例的发展以及学理解释等方面。事实上，巴西检察机关的人员在一系列公益诉讼法律的起草过程中一直扮演着非常活跃的角色。因此，检察官是公益诉讼最为积极的实践者，同时还是公益诉讼法律解释中最为权威的学者。在与政府的关系中，巴西检察官也表现出很大的独立性。巴西检察机关将自己视为社会利益的代表，而不是政府利益的代表。以民事公益诉讼为例，为了确保未参加诉讼的群体成员的权益能够得到充分的代表和公正的对待，巴西法律要求任何民事公益诉讼的提起都应当通知检察院并邀请其作为监督者参加诉讼。甚至，在提起诉讼的合法社团缺失充分理由而放弃诉讼的情形下，会由检察院或其他具有合法资格的主体继承其原告资格而继续诉讼。① 检察机关之所以坚持社会利益而非政府利益立场，主要是因为政府利益有些时候和社会利益并不一致。

二、检察机关的职权

在规范层面，巴西 1988 年宪法对检察机关的职能进行了界定。具体来说，该法用三个条文即第 127 条、第 128 条、第 129 条规定了检察机关的职责、权限。其中，第 127 条规定检察机关的属性，明确指出检察院是实现国家的司法功能以及维护法律秩序、民主政体和社会与个人的重要权益所必不可少的永久性机构。第 128 条规定检察官的职务保障内容。第 129 条则列举了检察机关的 9 项职能。综合来看，除了传统的检控犯罪的专有职能外，保护扩散性权益和提起民事公益诉讼这一新的职能也被予以宪法化，即该条明确地将

① 参见刘学在：《巴西检察机关提起民事公益诉讼制度初探》，载《人民检察》2010 年第 21 期。

"采取调查和民事公益诉讼的方式来保护社会公共财产、环境和其他扩散性或集合性的权益"界定为检察院的法定职责。① 如此，巴西检察机关不仅在传统的刑事诉讼领域，而且也在民事诉讼、尤其是涉及社会利益的公益诉讼中扮演着极为重要的角色。

其一是民事调查权。传统上，检察机关承担特定刑事案件的调查权，并不享有民事案件领域的民事调查权。但随着社会经济的不断发展，巴西赋予了检察机关民事案件的调查权。在规范层面，巴西 1988 年宪法第 129 条第 3 款规定了民事调查权。在目的上，检察机关进行民事调查主要是为了确定侵犯公共权益的事实，认定损害的范围和严重程度，明确应当承担责任的主体。在调查的具体工作方面，检察机关进行调查的要点在于收集可能提起公共民事诉讼所必需的证据材料，尽管启动民事调查程序并非提起公共民事诉讼的必经程序。在巴西检察机关的职权范围内，民事调查可分为两类：一类是正式的民事调查；另一类是预备性调查，后者的目的是为了确定是否需要展开正式的民事调查。检察机关在调查时，有权要求有关私人或公共机构提供相关信息资料和文件，被调查的个人和机构不得拒绝。如果被调查对象拒绝提供相关资料或不配合检察机关的调查，或者被告拒绝检察机关的提交证据命令，将被判处有期徒刑之刑罚。②

其二是提起诉讼权。巴西 1988 年宪法第 129 条第 3 款明确规定了提起公共民事诉讼属于检察机关的职权范围。宪法新的授权以及机构职责的扩大使检察机关能够代表社会利益提起公共民事诉讼，并致力于保障公共利益法律的实施，检察机关因此被誉为国家的"第四权力"。③ 从宪法上规定检察机关的该项职权并非偶然，它表明了检察机关以往在保护社会利益方面的巨大努力和投入。

在提起公共民事诉讼时，检察机关首先必须确定所指控损害的类别以及应当负责的当事人。检察官在起诉中可以针对已经造成的损害，也可以针对潜在

① 参见刘学在：《巴西检察机关提起民事公益诉讼制度初探》，载《人民检察》2010 年第 21 期。

② 参见李锐、陶建国：《巴西消费者集团诉讼制度及其启示》，载《人民论坛》2012 年第 26 期。

③ 参见郭存海：《巴西的反腐败机制与反腐绩效评估》，载《拉丁美洲研究》2007 年第 6 期。

的损害。如果损害已经发生，法院可以命令侵害人进行赔偿，赔偿款交入国家设立的相关基金，或者命令侵害人采取一定的补救措施或发出禁令禁止作出某种行为。如果被告的行为有造成侵害的危险并且情况紧急，检察官可以在法院作出最终判决前请求法院采取保全措施，命令被告采取或者不得继续某种行为。检察官申请保全措施必须证明案件有充足的法律依据，并且证明所要保护的公共利益将受到不可弥补的损害，如果不采取保全措施则提起该公共民事诉讼的目的可能落空。

在巴西，尽管有关政府机构和民间社会团体也被授予提起民事公益诉讼的权利，但在实践中，大约 90% 的民事公益诉讼是由检察机关提起的。有权提起民事公益诉讼的私人团体和政府机构通常选择向检察机关投诉或者向其发出通知，诉讼更多的是由检察机关提起。以环境公益诉讼为例，行政机关和民间环保组织按照法律的规定都有提起环境公益诉讼的资格，检察机关也可以刑事起诉环境犯罪案件，但实践中检察机关提起的民事环境公益诉讼起着最为主要的作用。①

其三是参与诉讼权。尽管检察机关提起的公益诉讼案件占大多数，还是有一部分案件是由公益团体或者公民个人提起的。在此类案件中，检察机关仍然起着重要的作用，主要体现在登记备案制度和检察机关的参与诉讼制度。前者是指其他团体提起公益诉讼时原告应当向检察机关备案，后者是指检察机关作为法律监督者介入他人已经提起的公益诉讼中。根据巴西民事公益诉讼法第 5 条的规定，检察机关应参加那些不是由其提起的民事公益诉讼以便代表和维护公共利益。巴西消费者保护法第 92 条也规定，诉讼如果并非由检察机关提起，则检察机关总是充当法律监督者。因此，为了确保未参加诉讼的群体成员的权益能够得到充分的代表和公正的对待，巴西法律要求任何民事公益诉讼的提起都应当通知检察机关并邀请其作为监督者参加诉讼。而且，在提起诉讼的合法社团没有充分的理由而放弃诉讼的情况下，则由检察机关或者其他具有合法资格的主体继受原告地位而承担诉讼。

巴西 1988 年宪法第 127 条至第 130 条规定检察机关是“对于国家司法功能至关重要的永久性机构，负责维护法律秩序、民主体制和不可剥夺的社会和个人权益”。宪法之所以使用“永久性机构”的概念，是为了强调该条款内容

① 参见肖建华、杨恩乾：《巴西检察机关在公益诉讼中的角色简评》，载《人民检察》2010 年第 11 期。

的稳定性，即该职能不能被其他的机关所取代。此外，“至关重要”意味着在一些案件中，如果检察机关的介入是强制性的，那么检察机关没有被通知介入时，该案件的程序就是绝对无效的。该条款同时也是从宪法上规定了检察机关作为法律监督机关的地位，即维护法律的秩序。该条款所规定的维护民主体制则是检察机关参与选举案件的宪法依据。

另外，根据巴西民事诉讼法第 82 条的规定，检察机关在民事诉讼中首要的职责就是法律监督，因此只有在法律明确规定和授权的时候，检察机关才能作为当事人提起民事诉讼。在检察机关作为当事人起诉的案件中，检察机关其实也同时具有法律监督者的身份。因此，检察机关作为当事人参加诉讼并不排斥其在诉讼中同时作为法律监督者的身份。所以在检察机关提起诉讼的案件中就不能认为检察机关仅仅是一方当事人。事实上，检察机关参加诉讼本身就和其法律监督的职能是连在一起的。

三、检察官制度

自巴西 1988 年宪法修正以来，为了适应公共民事诉讼的新职能，检察机关在机构上也经历了重新调整和改革。新的检察机关在规模和专业性方面都有明显的增强，检察机关对新招聘人员的要求越来越高，检察机关职位的竞争也日趋激烈。检察机关已经成为一个在保护公共利益方面人员配备素质很高、人员薪酬丰厚又充满朝气的机构。在人员上，尽管巴西公共机构在 20 世纪 90 年代很少招收新人，但检察机关新招聘的人员确有大幅度的上升。

检察机关人员的扩大也使得检察机关的业务水平更加专业化，尤其是在公共利益保护方面。成为检察官必须通过竞争激烈的公务员考试，被录用后的前两年是实习期，在基层检察机关跟随检察官学习。两年实习期满，就可以获得职位有保障的正式检察官资格，然后被分派至人口较为稀少的地区，一般是去农村地区作为该地区唯一的检察官。因为是唯一的检察官，因此要负责该地区包括刑事起诉以及保护公共利益在内的所有检察职责。之后，如果职位得到升迁，就会被调到人口更多、检察官也更多的地区，从而有机会使自己的工作更加专业化。几次提升后，检察官也有可能被提拔至首府城市。在首府城市，检察官会更加专注于一个更窄的领域，譬如专注于环境保护领域。最后，经过多年的职业生涯，检察官或能升任至“上诉法院检察官”，仅负责处理到上诉法院的案件，但案件涉及的法律领域更广。通常这个层级的检察官一般也担任机构的领导职务，如机构委员会的成员、秘书长、检察长等职务。检察官招录考试竞争非常激烈，录取比例在1%到3%左右。而检察官的收入在公务员中是很高的，经过两年实习期的检察官，工资是刚进入政府工作公务员工资的4倍，是当地最低工资标准的35倍，而且随着工作年限的增加和职位的提升，工资水平的增长更快。工资水平从一定程度上也说明了检察官职业在巴西的社会地位很高，而且随着检察官门槛的提高，更进一步提高了检察官的社会地位。

第九章　南非司法制度

南非地处南半球，位于非洲大陆的最南端，有“彩虹之国”之美誉。南非是一个多种族国家，黑人、有色人、白人和亚裔四大种族，分别约占总人口的79.6%、9%、8.9%和2.5%。南非是非洲第二大经济体，国民在非洲拥有很高的生活水平，是非洲经济最发达的国家。自1961年南非共和国成立以来，与非洲其他国家相比，南非的政治较为稳定。南非是世界上唯一同时存在三个首都的国家：立法首都为开普敦（Cape Town），是南非国会所在地；行政首都为比勒陀利亚（Pretoria），现已更名为茨瓦内（Tshwane），是南非中央政府所在地；司法首都为布隆方丹（Bloemfontein），是南非最高上诉法院所在地。南非实行立法、行政、司法三权分立的体制，立法机构由国民议会和地方议院组成，政府分为中央、省和地方三级，司法体系也与之对应而且统一，司法机关包括审判机关和检察机关。

第一节　南非司法制度的源与流

南非现代司法制度源于西方。荷兰人和英国人都曾经在南非统治多年，南非司法制度深受荷兰和英国法律制度的影响。南非最早的土著居民是桑人、科伊人和后来南迁的班图人。1652年，荷兰人开始入侵非洲最南端的开普半岛，对当地黑人发动多次殖民战争。19世纪初，英国开始入侵，1806年夺占“开普殖民地”，荷裔布尔人被迫向内地迁徙，并于1852年和1854年先后建立了“奥兰治自由邦”和“德兰士瓦共和国”。后来英国通过“第二次布尔战争”（1899—1902年）赶走了荷兰人，并且于1910年5月将开普省、德兰士瓦省、纳塔尔省和奥兰治自由邦合并成南非联邦，成为英国的自治领地。众所周知，荷兰法律属于大陆法系，而英国法律则属于英美法系。在荷兰人独占南非的时代，荷兰人将其本国的法律制度也带到了开普，当时开普的司法制度基本上是根据荷兰的司法制度而设立的，具有罗马—荷兰法律制度的特点，法的主要渊源为成文法典，法官严格依据成文法断案，判例不是法的渊源。在英国人统治南非时期，并没有完全废除荷兰统治南非时期的法律制度，在保留罗马—荷兰法律制度的基础上，将英国法律制度植入其中，在司法制度方面最明显的变化表现为：采取英国法院模式，任命英国法官，培训英式律师，使用英语为法院正式语言，接受英国的法律推理，引入陪审团制度，确立了判例法的法源地位。由此可见，南非的司法制度源于荷兰和英国，但又不完全照搬荷兰和英国的司法制度，而是在长期殖民统治过程中，罗马—荷兰法和英国普通法相互融合，形成了具有南非特色的混合法律制度。① 正如有学者指出："经过在南非的长期存在，原来的罗马—荷兰法'两层蛋糕'已经加进了第三层——英国法。"② 德国法学家哈罗和卡恩也曾指出："今天南非的罗马—荷兰法，像一个胸针上的宝石，它镶嵌在英国制造的底座上闪闪发光。"③

1961 年 5 月 31 日，南非退出英联邦，成立了南非共和国。这意味着南非摆脱了英国的殖民统治，成为了一个独立的主权国家。南非共和国起初是由白人执政，白人长期在南非国内以立法和行政手段推行种族歧视和种族隔离政策。南非人民在以曼德拉为首的非洲人民大会（简称非国大）的领导下，为推翻种族隔离制度，进行了英勇的斗争，并最终取得胜利。1991 年，非国大、南非政府、国民党等 19 方就政治解决南非种族矛盾问题举行多党谈判，并于 1993 年就政治过渡安排达成协议。1994 年 4 月，南非颁布了历史上第一部体现种族平等的临时宪法。1996 年 5 月，南非制宪议会通过了在临时宪法基础上所起草的新宪法。新宪法于同年 12 月由南非首任黑人总统曼德拉签署，1997 年 2 月 4 日正式生效。新宪法规定，宪法具有至高无上的地位；不分种族、性别、宗教，法律面前人人平等；保留临时宪法中的权利法案、三权分立体制、联邦制、现行司法体系的重大制宪原则和内容。新宪法的实施，并不意味着南非与过去的司法制度完全断裂，而是沿袭了白人执政时期种族隔离时期的司法制度。种族隔离时期的司法制度在本质上是为种族主义统治服务的，歧视黑人，黑人难以获得公正的司法保护。因此，

---

① 夏吉生：《新南非司法制度初探》，载《西亚非洲》1997 年第 2 期，第 49~55 页。

② ［美］约翰·杜加德：《人权和南非的法律制度》，普林斯顿大学出版社 1978 年版，第 8 页。

③ ［德］茨威格特、海因·克茨：《比较法总论》，贵州人民出版社 1992 年版，第 419 页。

随着南非民主政权的建立，司法制度也进行了相应的改革，彻底消除种族歧视，以适应新时期的需要。南非政府于1994年推出了“重建与发展计划”，该计划对南非司法制度的改革提出了六大政策目标：（1）保证对所有人民的公正；（2）促进社会的和平与安全；（3）保护基本人权；（4）在种族上和性别上更具有代表性；（5）促进对法律的尊重；（6）促进可信赖性、可接近性和恢复合法性。该计划特别强调，新南非的司法制度在全社会的心目中应该是可以信赖的和合法的。为此，要建立一个合法和负责的司法行政机制。它对于整个南非社会是正直、透明、可接近和具有代表性的，并且能够有效行使其权力和职责及培育人权思想。在这一过程中，通过简化法院语言和程序、规范社区和习惯法庭来加强法定手续和机构。1994年9月16日，南非同美国国际开发署签订了司法行政协定。这是为期5年的计划，从事以下几项工作：（1）培训条件差的开业律师和司法人员；（2）运用法律和司法制度；（3）实行法律和司法改革；（4）对工人和学龄儿童进行宪法和人权教育；（5）社区人员参与司法工作。此外，司法部长发起法律评议系列论坛，第一次论坛于1994年11月举行。论坛的主要目的是探讨改革司法制度的途径，并提出意见和建议。1995年起草了司法方面的《法律合理化法案》，从事现行法律的合理化和统一工作，并于1996年年初提交议会审议。1995年还成立了法院规章局和法律委员会等机构。法律委员会的任务是对南非所有各类法律进行研究，对它们的发展、改进和改革提出建议。①

近几年来，南非加大了司法改革的力度，对司法体制着手进行全面的改革。例如，南非司法和立宪部副部长、刑事司法体制改革小组组长德兰加在2009年3月29日接受新华社记者专访时指出，南非将对现行刑事司法系统存在的问题和面临的挑战进行全面梳理和改革，提高政府预防和打击犯罪的水平，增强民众对社会治安的信心。刑事司法体制改革将包括刑事司法机构调整、减少积案、改革保释制度、提高法院审结率、加强监狱管理等，涉及公安部、财政部等多个政府部门。南非司法体制改革的主要目标和内容主要包括四个方面：一是加快信息化建设，建设一个涵盖所有刑事司法部门的电子信息系统。二是进一步规范刑事司法活动。加强警、检、法三方协作，减少积案，加

① 夏吉生等：《当代各国政治体制：南非》，兰州大学出版社1998年版，第192~193页。

快案件审理速度。三是改革监狱管理制度。四是增加刑警和刑侦技术人员数量。① 又如，2011年7月8日，南非首席大法官桑代尔·尼科博在南非第三次全国司法会议上的演讲中指出：自2009年10月桑代尔·尼科博担任首席大法官以来，桑代尔·尼科博的团队一直在考虑司法机构的改革，核心是建立一个独立的首席大法官办公室，研究探索适应司法独立要求的法院管理模式。现在，建立真正独立的首席大法官办公室的第一步已经迈出。2010年9月，南非总统签署公告，宣布首席大法官办公室为国家部级机构，并赋予其充分的自主权，研究制定必要的司法改革措施。首席大法官办公室也在致力于探索适合法院的管理模式。司法和宪法事务部部长在2010年8月发表关于司法预算的讲话时说，该部正在研究制定建立在权力分立基础上的法院管理工作框架。②此外，为了与2012年通过的第17宪法修正案相适应，2013年南非国会通过了《高级法院法》，该法于2013年8月12日由总统签署，8月23日正式生效，其适用范围为南非宪法法院、最高上诉法院和高等法院。《高级法院法》对南非所有的高等法院进行了重组，并且对南非所有高级别法院（即宪法法院、最高上诉法院和高等法院）的行政管理和财政体制进行了变革，法院和法官的独立地位获得了财政上的保障。

在南非，除西方法系外，当地土著人原有的习惯法在他们中间一直起着作用，世代沿用。因此，南非还有专门实施习惯法的法院——酋长法庭，我们在下文将予以介绍。南非在大规模移植外来司法制度的同时，还保留了本国传统的司法制度，并使其相互融合，形成了具有南非特色的混合司法制度。

第二节 南非法院体系与审判制度

一、法院体系

南非的法院体系包括宪法法院和普通法院体系，普通法院体系具体又包括最高上诉法院、高等法院、治安法院、专门法院、军事法院和酋长法庭。

① 李建民：《南非司法和立宪部副部长：南非将大力改革刑事司法体制》，http：//news.xinhuanet.com/world/2009-03/29/content_11095590.htm，2009-3-29。

② ［南非］桑代尔·尼科博：《把正义分配给每一个南非公民——从现实出发的南非司法改革》，蒋惠岭、蒋丽萍译，载《人民法院报》2012年第6期。

（一）宪法法院

宪法法院（The Constitutional Court）是南非历史上第一部体现种族平等的民主宪法即1994年临时宪法的产物。在英国人统治南非时期，法律制度深受英国的影响，其政权体系沿袭了英国的议会制度，奉行议会至上的原则，议会具有最高的权威性，当时没有宪法，也就没有维护宪法权威的机关——宪法法院。1961年南非共和国成立后，长期由白人执政，推行种族隔离政策，法律主要是为种族隔离政策服务，司法审查在实质上和形式上都受到很大的限制。1991年，非国大、南非政府、国民党等19方就政治解决南非种族矛盾问题举行多党谈判，并于1993年就政治过渡安排达成协议。1994年4月，南非颁布了历史上第一部体现种族平等的临时宪法。为了确保新宪法的有效实施，在临时宪法的指导下，南非建立了宪法法院，选址在南非东北部的约翰内斯堡。1995年2月14日，宪法法院正式投入运转。①

宪法法院由1名院长、1名副院长和9位大法官组成，这些大法官都是由司法服务委员会遴选产生的。当时其中一部分原为高等法院法官，一部分从律师和法学教授中遴选产生。为确保遴选过程中的公正性，当时专门成立了一个多领域多党派性质的特殊主体——司法服务委员会（该委员会一直保留了下来），该委员会由南非首席大法官担任主席，遴选候选人。候选人确定之后，"其中院长和副院长由总统和司法服务委员会及国民议会中的党派领袖会商任命，法官则由总统与院长及国民议会中的党派领袖会商任命"。② 1994年临时宪法规定，宪法法院的大法官任期为7年，不可连任。1997年生效的正式宪法将宪法法院法官的任期延长到12年，不可连任，或者未满12年但其年龄达到70岁，也不能再担任宪法法院的法官。因为人们意识到，要把一个普通人——即便曾经从事过法律工作——变成精通业务的宪法法官，7年的任期太短了。但是如果采用可以连任的方式，那么就难以排除政治对司法的干涉：考虑到有的人可以连任，有的人不可以连任，宪法法官就会患得患失，政治利益交换就不可避免。因此，正式宪法规定的宪法法院大法官12年任期且不可连任的改革得到了普遍的认可。2001年的宪法修正案又将宪法法院法官的任期延长至15年或者未满15年但其年龄达到75岁，并且明确规定宪法法院的院

① 胡建淼：《世界宪法法院制度研究》，浙江大学出版社2007年版，第382~396页。

② 江必新：《埃及、南非司法制度见闻（下）》，载《中国审判》2007年第11期，第70~72页。

长是南非国家的首席大法官。宪法法院11名大法官的地位是独立平等的，他们不能是议会议员、政府官员或政党的成员，他们必须是中立的、无偏见的、正直的，并且勇于维护正义。①

宪法法院是为解释、保护和实施宪法而设立的司法机构，在涉及宪法解释、宪法保护、宪法适用等宪法问题时，宪法法院是国家的最高法院，具有最终的裁决权。根据南非宪法第167条第4款的规定，宪法法院对下列事项享有专有权限：(1) 在国家或省级范围内，解决国家机关之间就其宪法地位、权限、职能等方面引起的争议；(2) 判定总统或省长提交的即将签署的议会法案或省级法案的合宪性；(3) 就宪法第80条及第122条的规定，决定是否受理国民议会成员或省立法机构成员提起的合宪性审查申请；(4) 判定各种宪法修正案的合宪性；(5) 判定议会或总统是否有宪法上的失职；以及根据宪法第144条的规定，对各省宪法的合宪性进行审查。②

在南非宪法法院的违宪审查程序的启动主要有四种途径：第一，对高等法院或最高上诉法院的上诉判决涉及宪法事项而不服；第二，因紧急事项直接请求宪法法院作出一审终审判决；第三，其他法院在案件审理过程中发现案件所依据的法律涉及合宪性问题，而向宪法法院提交违宪审查请求；第四，议会就法律条文的合宪性向宪法法院提出审查请求。虽然宪法规定宪法法院的庭审必须由至少8名大法官组成的合议庭进行，但在司法实践中通常是由11名大法官组成合议庭，一起出庭听审每个案件。如果某位大法官缺位或长时间缺席，那么需要另外由总统任命1名临时执行法官。全体大法官参与听审之后，集中商议案件的判决结果，判决最终通过投票由大多数意见来决定，判决书要充分说理。宪法法院的判决具有很高的权威性，对所有公民和立法、行政、司法机关都具有约束力。③

（二）最高上诉法院

最高上诉法院（The Supreme Court of Appeal）的前身是上诉法院，1910年英国人创立南非联邦时就建立了上诉法院，1996年正式宪法将上诉法院的名称改为最高上诉法院，位于布隆方丹。根据南非宪法的规定，最高上诉法院是除宪法事务外普通法院体系内的最高司法机构，仅仅履行上诉审职能，可以

① 胡建淼：《世界宪法法院制度研究》，浙江大学出版社2007年版，第382~396页。
② 胡建淼：《世界宪法法院制度研究》，浙江大学出版社2007年版，第382~396页。
③ 胡建淼：《世界宪法法院制度研究》，浙江大学出版社2007年版，第382~396页。

裁决来自高等法院和地方法院的任何上诉案件。最高上诉法院由 1 名院长、1 名副院长和若干名由议会法案决定数目的上诉法官组成，目前有 22 名上诉法官。起初，最高上诉法院的院长是南非首席大法官，但后来的宪法修正案规定宪法法院的院长为南非首席大法官。院长和副院长由总统和司法服务委员会会商任命，其余法官则由总统根据司法服务委员会的建议任命，高等法院的资深法官都有机会被任命为最高上诉法院的法官，但总统和司法服务委员会在任命法官时需要考虑到法官的组成必须反映南非整个国家的种族和性别结构。根据上诉案件性质的不同，由 5 名或者 3 名法官组成合议庭审理上诉案件，由资深法官担任庭长。在案件最后裁决的阶段，当合议庭法官的意见不一致时，按照多数人的意见作出裁决。①

根据南非宪法的规定，最高上诉法院仅仅履行上诉职能，可以裁决任何上诉案件，除非涉及宪法问题并且应当由宪法法院裁决的案件。最高上诉法院的上诉案件具体管理范围是：来自地方高等法院的民事、刑事和行政上诉案件；同上诉案件有关的问题；由议会法案规定由它受理的任何其他问题。此外，最高上诉法院也有宪法审查权，可以裁决国会的法案、省议会的法令以及总统行为合宪，但没有权力裁决这些法案或总统行为违宪，这应当由宪法法院来裁决。最高上诉法院虽然也有宪法审查权，但是宪法法院是涉及宪法问题的最高法院，最高上诉法院对涉及宪法案件的判决，当事人可以上诉到宪法法院。为了确保刑事案件判决的准确性，维护法律的统一性，司法和宪法发展部长在任何时候对高等法院在刑事案件中关于法律适用问题的准确性持有疑问时，或者当一个高等法院在刑事案件判决中的法律适用问题与另外一个高等法院的判决相冲突时，就可以将高等法院的这些刑事案件提交给最高上诉法院进行审查。为了确保在民事案件中同案同判，当不同高等法院在民事案件中的判决相互冲突时，司法和宪法发展部长在与法律改革委员会协商之后，可以将不同高等法院民事案件判决的冲突问题提交最高上诉法院裁决。②

最高上诉法院根据下级法院庭审材料和案件当事人提交书面意见裁决上诉案件，在对上诉案件进行审查期间，目击证人和案件双方当事人都不需要到庭。因此，在最高上诉法院的庭审程序中没有陪审团审判。但为了更好地查明

① *Supreme Court of Appeal of South Africa*，http：//www. justice. gov. za/sca/about-sca. htm.

② *Supreme Court of Appeal of South Africa*，http：//www. justice. gov. za/sca/about-sca. htm.

案件事实，大法官们必须查阅下级法院的整个庭审记录，通常，1 名大法官每年需要查阅 3 万多页下级法院的庭审材料。①

（三）高等法院

高等法院（High Courts）是设在各省的各级法院。2013 年 8 月 23 日，南非高级法院法正式生效，该法对南非高等法院进行了重组。2013 年之前，南非有 15 个高等法院，在南非高等法院法生效之后，将原先的数个高等法院合并为一个高等法院，基本上是在每个省设立一个高等法院。目前已经设立了 7 个高等法院，2 个高等法院正在筹建的过程中，在不久的将来，南非将会有 9 个高等法院。由于南非有 9 个省，目前正在运行的 7 个高等法院并不是完全按照省的地域范围来设置的，有些高等法院的管辖范围超过了一个省的地域范围。在其他 2 个高等法院筹建完成之后，每个高等法院的管辖范围就是一个省的地域范围。由于南非实行判例制度，高等法院的判决对其管辖区域内的所有治安法院均具有法律上的约束力。除法律规定的以外，高等法院受理一审案件的范围没有限制，高等法院对其管辖范围的所有案件都具有无限制的初审管辖权，但它通常对诉讼标的金额超过 100000 南非兰特（1 南非兰特约合 0.7873 人民币元）的民事案件和性质严重、下级法院无权判处刑罚的刑事案件行使初审管辖权。高等法院也对其管辖范围内的行政案件行使初审管辖权。同时高等法院也是治安法院和其他下级法院的上诉法院，对这些法院裁决的案件有复审权。高等法院的巡回法庭从事高等法院首席法官指定地区的巡回审判，遍及全国各地区，巡回法庭每年至少要在广大农村地区巡回开庭 2 次。依照南非的法律规定，所有的法庭，一般来说，在初审时由 1 名法官组成，审理上诉案件则是由 2 至 3 名法官组成。治安法院对于严重刑事犯罪案件审结后，不论是否有上诉或抗诉，治安法院都应该将案件提交高等法院复审。②

（四）治安法院

治安法院（Magistrate's Court）是南非普通司法体系中级别最低的法院。治安法院对除性质严重的刑事案件以外的所有刑事案件和诉讼标的低于一定金

---

① *Supreme Court of Appeal of South Africa*，http：//www.justice.gov.za/sca/about-sca.htm.

② *High Court of South Africa*，http：//en.wikipedia.org/wiki/High_Court_of_South_Africa.

额的民事案件行使初审管辖权。南非整个领土划分为大约 350 个基层治安地方，每个基层治安地方都设有至少 1 个普通治安法院，多个基层治安地方组成 1 个治安地区，每个治安地区又设立 1 个地区治安法院。南非治安法院的机构设置和职能划分较为复杂，目前有 1914 名治安法官。治安法院又分为地区治安法院（Regional Magistrate's Courts）、普通治安法院（Ordinary Magistrate's Courts）和巡回治安法院（Periodical Magistrate's Courts）。南非共有 716 个治安法院，其中地区治安法院 79 个，普通治安法院 384 个，普通治安法院派出法庭 18 个，巡回治安法院 235 个。

在刑事案件中，普通治安法院对除叛国、谋杀和强奸之外的刑事犯罪案件行使管辖权，可以判处金额不超过 100000 南非兰特的罚金和不超过 3 年的有期徒刑；而地区治安法院则对除叛国之外的刑事犯罪案件行使管辖权，可以判处金额不超过 300000 南非兰特的罚金和不超过 15 年的有期徒刑，甚至在特定的案件中可以判处终身监禁。在民事案件中，普通治安法院可以对诉讼标的金额不超过 100000 南非兰特的民事案件行使管辖权；而地区治安法院对诉讼标的金额在 100000 南非兰特至 300000 南非兰特之间的民事案件行使管辖权，同时地区治安法院也对离婚案件行使管辖权。对于治安法院没有初审管辖权的所有刑事案件和民事案件，都由高等法院行使初审管辖权。对治安法院一审判决不服的案件，当事人可以向有管辖权的高等法院提起上诉。①

（五）专门法院

为了处理一些特定类型的案件和相关法律问题，南非国会创设了一些专门法院。专门法院对一些特定类型的案件享有专属管辖权，也就意味着排除了高等法院和治安法院对这些特定类型案件的管辖权。南非专门法院具体包括劳工法院与劳工上诉法院、土地诉求法院、税务法庭、选举法院、税务法院和平等法院等。

1. 劳工法院和劳工上诉法院（Labour Courts and Labour Appeal Courts）。劳工法院是根据 1995 年劳工关系法而设立的，其地位类似于高等法院的一个法庭，位于约翰内斯堡，在开普敦、伊丽莎白港和德班设有分支机构。劳工法院的法官必须是高等法院的法官或者是具有代理劳工纠纷经历的执业律师担任，由总统任命，同时也是司法服务委员会、国家经济发展和劳工委员会的顾

① *Magistrate's Court of South Africa*, http://en.wikipedia.org/wiki/Magistrates%27_Courts_of_South_Africa.

问。劳工法院由1名院长、1名副院长和9名法官组成。每个案件都是由1名法官主持庭审。劳工法院是专门处理劳工纠纷案件的法院，也即，专门处理雇主、雇员和工会之间发生的纠纷。劳工法院对涉及1995年劳工关系法的案件享有专属管辖权，这些案件主要涉及工人集体谈判、工会、雇主闭厂（以逼迫工人接受新的薪资和工作条件）、不公正的解雇、不公平的劳工条例；劳工法院对涉及1997年就业基本条件法的案件享有专属管辖权，这些案件主要涉及工作时间、休假与酬金；劳工法院对涉及1998年平等就业法的案件享有专属管辖权，这些案件主要涉及种族歧视和反歧视行动；劳工法院对涉及2001年失业保险法的案件享有专属管辖权，这就意味着排除了普通高等法院对这类案件的管辖权。对劳工法院的判决不服的，当事人可以上诉到劳工上诉法院，劳工上诉法院是涉及劳工争议的最高法院，换言之，劳工上诉法院的判决具有终局性法律效力。①

2. 土地诉求法院（The Land Claims Court）。土地诉求法院成立于1996年，其地位类似于高等法院的一个法庭，主要受理涉及土地归还原主或以赔偿替代土地归还原主的案件；根据具有种族歧视性的法律而剥夺人们或社区的土地的案件。土地诉求法院也受理涉及农业劳工佃户和其他一些人对其赖以生存的土地不能享有确获保障的权利案件。尽管土地诉求法院位于约翰内斯堡的兰德堡，但是为了给当事人提供接近司法的便利，土地诉求法院可以在南非任何地方开庭，并且诉讼程序尽可能简便、快捷。②

3. 水务法庭（The Water Tribunal）。水务法庭是一个独立的机构，其地位也类似于高等法院的一个法庭，由1名主席、1名副主席和其他成员组成。水务法庭的法官必须同时具备法律、水务工程、水务资源管理等相关领域的知识。水务法庭的法官由司法部长根据司法服务委员的建议任命。水务法庭对南非各省发生的水务纠纷享有专属管辖权。对水务法庭的裁决不服，当事人可以上诉到最高上诉法院。③

4. 选举法院（The Electoral Court）。选举法院是南非监督独立选举委员会和选举行为的法院，它是根据1996年选举委员会法而设立的，其地位类似于高等法院的一个法庭。选举法院由1名来自最高上诉法院的大法官（担任主

---

① *Labour Court of South Africa*, http://en.wikipedia.org/wiki/Labour_Court_(South_Africa).

② *The Land Claims Court of South Africa*, http://www.justice.gov.za/lcc/.

③ *The Water Tribunal*, http://www.justice.gov.za/about/sa-courts.html.

席)、2 名高等法院法官和 2 名其他法官组成，所有法官都是由总统根据司法服务委员会的建议而任命。2012 年选举法院的主席是来自最高上诉法院的副院长。选举法院专门处理涉及选举方面的争议，尤其是对独立选举委员会的裁决不服而提起上诉的案件。选举法院的所有案件均由 5 名法官组成合议庭，按照少数服从多数的规则作出裁决。①

5. 税务法院（Special Income Tax Courts）。税务法院的地位类似于高等法院的一个法庭，由 1 名高等法院法官、1 名不低于 10 年执业经历的会计师和 1 名商业委员会代表组成。税务法院专门处理涉及纳税人和南非税收服务当局之间的税收评估争议，争议涉及税收评估的金额必须高于 100000 南非兰特，对于税务评估的金额低于 100000 南非兰特的争议则由税务局处理。对于税务法院的判决不服，当事人直接上诉到最高上诉法院。②

6. 平等法院（Equality Courts）。南非设立平等法院旨在帮助那些认为自己遭受了不公正的歧视的人们，维护人们之间的平等地位。只要南非公民确信自己遭受了他人或组织的歧视，就可以向平等法院提起诉讼。平等法院主要受理涉及不公平的歧视、骚扰的言论和憎恨的案件。如果南非公民确信其基于种族、性别、怀孕、婚姻状况、出身、皮肤颜色、经济地位、文化、语言、残疾、宗教及宗教信仰等因素而受到歧视或憎恨，就可向平等法院提起诉讼。平等法院尽可能地为那些遭受歧视的人们提供接近司法的便利，当事人可在离他们最近的平等法院提起诉讼，平等法院的诉讼程序也较为简便、快捷。③

（六）军事法院

南非军队实行不同于平民的军事司法制度。南非军事司法管辖制度包括人员管辖和案件管辖两种。军事法庭管辖的人员主要是现役军人和正在从事训练或执勤的预备役军人，非军人犯罪一般不受军事审判。军事法庭管辖的案件，限于武装力量纪律法所规定的犯罪，包括单纯的军事犯罪和纳入该法的普通犯罪，但对于军人在国内涉嫌叛国、谋杀、强奸和应受刑事处分的自杀等犯罪，则由普通法院行使管辖权。1997 年修订的武装力量纪律法对军事法庭的设置

---

① *Electoral Court of South Africa*, http：//en. wikipedia. org/wiki/Electoral_Court_（South_Africa）.

② *Special Income Tax Courts*, http：//www. westerncape. gov. za/general-publication/courts-south-africa#5.

③ *Equality Courts*, http：//www. justice. gov. za/about/sa-courts. html.

及人员组成、管辖制度、辩护制度以及复核程序进行了调整和完善。①

在南非，军事犯罪案件由军事法庭和军事上诉法院专属管辖。起初，南非的军事法庭是非常设的，并且是由军官裁决案件。1997年修订的武装力量纪律法设立了常设军事法庭，军事法官由精通法律的职业法官担任。军事法庭的常设化和审判法官的专业化，对于提高军事审判专业水平，加强被告权利保障，有显著的促进作用，同时也有利于判决推理和判例形成。在南非，军人轻微的违法犯罪案件，由指挥官主持庭审，指挥官可以判处罚金、禁闭和附加义务。而军人严重的违法犯罪案件，则由常设军事法庭管辖。军事法庭由1名军官出身并且精通法律的主审法官和2名军官或准尉出身的助理法官组成。法律问题由主审法官裁决，事实问题则由主审法官和2名助理法官一起通过少数服从多数的形式来裁决。起初，即决审判的军人被告传统上不享有委托辩护权，他们难以在指挥官主导的审判中通过自行辩护充分实现其辩护权，后来，新法规定涉及军人刑事犯罪的即决审判，当事人可以委托辩护律师。

当事人对军事法庭的裁决不服，可以上诉到军事上诉法院。军事上诉法院一般由1名职业法官、1名精通法律的军官、1名具有指挥经验的军官组成合议庭。在一些特殊的案件中，则由3名职业法官组成合议庭。军事上诉法院的案件，基于程序的不公正和违宪的理由，当事人还可以分别上诉到最高上诉法院和宪法法院。②

（七）酋长法庭

南非还存在传统的固有习惯法和酋长制度。临时宪法和新宪法对土著部族领导人的地位和作用及固有习惯法的有效性都予以承认。这是南非司法制度的一个特色。实施固有习惯法的法庭称为酋长法庭。一个受到委任的黑人酋长或其代理人可以根据固有习惯法在其管辖区域内审理黑人之间的民事诉讼案件，这种诉讼程序是非正规的。同时，诉讼当事人也可以就酋长法庭或治安法院作出选择；如果对酋长法庭的判决不服，还可以向治安法院申诉。在刑事诉讼方面，除法律规定的某些严重犯罪外，酋长法庭也有权审判并作出判决，但不能影响其他适格法院对刑事案件的审判。南非的固有习惯法主要在广大农村地区

① 吴新元、罗明：《南非军事司法制度及其最新发展》，载《法制日报》2006年第2期。

② *Courts of South Africa*, http: //en. wikipedia. org/wiki/Courts_of_South_Africa#Military_courts.

施行，一些黑人部族成员在婚姻、继承和监护等方面仍然遵循古老的习惯法。①

二、审判制度

（一）法院应遵循的基本原则

1. 司法独立原则。南非实行立法、行政、司法三权分立的政治体制，奉行司法独立原则。1994年的临时宪法就司法独立原则规定了三项基本内容：（1）司法权由根据宪法和其他法律建立起来的法院行使。（2）司法是独立的、公正的，仅服从于宪法和法律。（3）任何个人和国家机关都不得对司法人员行使职权进行干预。1996年的正式宪法在保留临时宪法有关司法独立原则三项基本内容的基础上，又增加了两项基本内容。（4）国家机关必须采取立法和其他手段，来协助和保护法院，以保证其独立、公正、尊严、可接近性和有效性。（5）法院发布的命令或判决，对其适用的个人和国家机关具有约束力。这就使得司法独立原则的内容更加全面和完善。司法独立并不意味着法院可以任意行使审判权，而是必须遵守宪法和法律，以宪法和法律为依据行使审判权。法院本身严格依法行使审判权是独立行使审判权的前提；法院独立行使审判权是严格依法办事的保证。

2. 法律面前人人平等原则。鉴于南非存在较为严重的种族歧视现象，1994年临时宪法和1996年正式宪法都特别强调法律面前人人平等原则，把平等权列为人民的第一项基本权利。1996年南非正式宪法序言中郑重宣告：政府建立在人民的意志之上，法律面前人人平等，并在宪法正文中明确规定：人人在法律面前都是平等的，都得到法律的平等保护；任何人不得因种族、性别、民族或社会出身、肤色、年龄、宗教、文化、语言、身残等而直接或间接地受到歧视；平等包括充分和平等地享有一切权利和自由，对于因受到歧视而处境不利的个人或某一类人，应采取法律和其他措施加以保护或改进。法律面前人人平等原则要求法院在行使审判权的过程中应保持不偏不倚的公正立场，公正对待案件双方当事人，尤其不能进行种族歧视。②

---

① 夏吉生等：《当代各国政治体制：南非》，兰州大学出版社1998年版，第192~193页。

② 夏吉生等：《当代各国政治体制：南非》，兰州大学出版社1998年版，第192~193页。

（二）法院的审级制度和审理期限

南非法院一般实行三审终审制，对治安法院的判决不服，当事人可以上诉到高等法院，对高等法院的上诉判决不服，还可以上诉到最高上诉法院，如果涉及宪法问题，最后还可向宪法法院申诉。

从南非审理案情相对复杂案件的效率情况看，一般来说，普通地方治安法院审结一个案件需要 6 个月，地区治安法院审结一个案件需要 15 个月，高等法院审结一个案件需要 16 个月；普通地方治安法院的法官每个月可审结 24 个案件，地区治安法院的法官每个月可审结 7 个案件，高等法院的法官每个月可审结 3 个案件。①

（三）判例制度

由于英国人在南非统治多年，南非独立之后依然沿袭了英国的判例法制度，许多法律规定都源于实际案例而非法典。南非法院在判案时需要遵循先例，上级法院的判决对下级法院具有拘束力。南非最高上诉法院的判决对所有下级法院都具有约束力，高等法院的判决则对它所管辖区域内的治安法院具有约束力。高等法院的判决对其他高等法院不具有约束力，但在司法实践中具有较强的说服力。各级法院先前的判决对其自身也具有约束力。但是南非法院的遵循先例原则没有英国那么严格，这可能是因为英国普通法本身建立在判决的基础上，而南非的普通法所依赖的原则主要来自于罗马—荷兰法中的经典著作。

（四）诉讼参与人权利保障制度

南非是一个多种族的国家，公民使用的语言有十余种，为了客观公正地审理案件，高等法院设立了专门的翻译部门，供职的翻译人员必须同时精通几种语言，法庭上设置有翻译席。无论是刑事案件还是民事案件，都有翻译人员出庭翻译，避免因语言障碍而影响诉讼参与人诉讼权利的正常行使，维护其合法权益。此外，南非法院对性犯罪未成年被害人的询问很有特色。为了保护性犯罪未成年被害人的隐私，使他们幼小的心灵不至于因出庭而进一步被刺激和伤害，同时使开庭庭审顺利进行，保障被告辩护权的充分行使，法院设置了专门

① 江必新：《埃及、南非司法制度见闻（下）》，载《中国审判》2007 年第 11 期，第 70-72 页。

的询问室。询问室由未成年人心理专家主持，未成年人父母可以陪同，法庭法官或律师的询问通过闭路电视传达到未成年人心理专家佩带的耳机，但未成年人听不到，然后，未成年人心理专家将法庭的法言法语转换成未成年人能理解的语言询问被害人，被害人的回答通过闭路电视再传到法庭上。这些设施虽然成本较高，但对于文明诉讼，充分保障诉讼参与人享有的各项诉讼权利，具有积极的促进作用。①

第三节　南非国家检察总局和检察制度

1996年南非宪法创设了国家检察总局（National Prosecution Authority），1998年制定了国家检察总局法。国家检察总局在各个地方设立了检察总局办事处和一些下属机构。根据宪法和国家检察总局法的规定，国家检察总局代表国家对刑事案件提起公诉，同时负责对某些重大案件的侦破，如袭击性恐怖事件、金融领域重大犯罪案件等。此外，国家检察总局还负责没收非法财产、保护证人、引渡犯人等工作。国家检察总局是相对独立的司法机关，但要接受司法部长指导。

国家检察总局由多个职能部门组成。（1）国家公诉部门。它是国家检察总局的主要职能部门，由多个公诉办公室和下属机构组成，负责对南非全国每天发生的刑事案件提起公诉。国家公职律师负责在高等法院就刑事案件提起公诉，隶属于各个治安法院的公诉人则在这些治安法院就刑事案件提起公诉。（2）资产没收部门。它是根据1998年预防有组织犯罪法第121条的规定，于1999年5月设立的，主要负责罪犯资产的没收。一旦罪犯的资产被没收，这些资产将会变卖用于补偿刑事案件中的受害者。（3）专门处理性犯罪和社区事务的部门。该部门于1999年10月设立，其主要职责是铲除各种形式的针对女性和儿童的性犯罪或暴力行为，它具体又由4个机构组成，专门处理性犯罪的机构、专门处理家庭暴力的机构、专门处理赡养或抚养争议的机构、为儿童伸张正义的机构。（4）专门处理商业犯罪的公诉部门，其主要职责是对严重的经济犯罪提起公诉。（5）目击证人保护部门，其主要职责是对那些可能受到人身危害的刑事案件中的目击证人提供必要的保护。在目击证人保护方面，这个部门也负责与其他国家、国际法庭和一些特殊的法院提供援助或合作。

① 伍载阳、周冕：《广西法院考察团赴埃及、南非考察报告》，http：//gxfy. chinacourt. org/public/detail. php？ id＝6309，2009-2-12。

(6) 针对一些犯罪优先提起公诉的部门，它于2003年3月23日根据总统的宣言而设立，其主要负责对一些犯罪进行侦查和提起公诉：触犯罗马成文法的犯罪、针对国家实施的犯罪（包括国家和国际恐怖主义犯罪）、军人实施的犯罪。(7) 事务协调部门，它是一个新成立的机构，其主要职责是协调各个部门的事务，确保国家检察机关的整体性和一致性。它负责监督各个部门之间的协调性，一旦部门之间发生冲突，它就必须进行相应的协调。①

国家检察总局由1名检察总长、4名副检察总长、高级检察官、检察官组成。高级检察官由总统任命，但总统不能罢免，只能由议会罢免，一般检察官由司法部任命。检察总长领导国家检察总局的检察工作，副检察总长协助检察总长的工作，高级检察官进一步协助检察总长的工作。在南非每个高等法院都配有1名高级检察官，在高等法院管辖的区域内决定对刑事案件提起公诉。高级检察官办理刑事案件的公诉工作由一些特别检察官和专门履行侦查职能的检察官提供协助。南非的各类检察官独立行使职能，在管辖范围内可以对任何人提起公诉，不受行政机关干预，仅向议会报告其履行职责的方式。检察官授权公诉人代表他们出庭提起公诉。检察官授权国家公职律师负责在高等法院就刑事案件提起公诉，授权隶属于各个治安法院的公诉人在这些基层法院提起公诉。在检察官对某一被指称的罪行拒绝提出公诉的情况下，案件当事人也可按照公诉方式提出自诉。但如果自诉失败，自诉人将承担全部或部分被诉人进行辩护的费用。总检察长在司法部长的同意下，发布起诉过程遵守的政策指令；对未遵守政策指令的起诉过程进行干预。②

第四节　南非司法服务委员会

司法服务委员会（Judicial Service Commission）起初是根据1994年临时宪法临时设立的一个机构，当时是出于任命宪法法院法官的需要。由于司法服务委员会在对宪法法院法官的人选推荐上发挥了积极作用，1996年正式宪法为其设立了一个固定的机构，其主要职责是为中央政府在涉及法官人选和司法事务提供建议，同时负责调查对法官提起的控诉。司法服务委员会组织由下列人

① *National Prosecuting Authority*, http://en.wikipedia.org/wiki/National_Prosecuting_Authority.

② *National Prosecuting Authority*, http://en.wikipedia.org/wiki/National_Prosecuting_Authority.

员组成：首席大法官（即宪法法院的院长）、最高上诉法院的院长、大法官委员会所指定的大法官、司法和宪法发展部部长或其指定的代理人、由出庭律师协会提名的2名执业出庭律师、由诉状律师协会提名的2名执业诉状律师、1名法学教授（法学教授是由南非大学法学教授委员会所指定的，通常是某一法学院的院长）、6名国会议员（其中3名议员是来自反对党）、4名省议会议员、总统在与国会所有党派会商之后所指定的4名成员或更多的成员。司法服务委员会会议由首席大法官主持。某些司法服务委员会的成员任期不能超过5年，但一些固定的成员除外，如首席大法官、最高上诉法院院长等，如果指定的成员任期届满，必须重新指定。当司法服务委员会所讨论的问题涉及某一地方高等法院时，那么该高等法院的院长或其指定的代理人、该省的省长或其指定的代理人也是司法服务委员会的成员。当司法服务委员会开会协商的事务不涉及法官的任命时，则国会议员和省议会议员均不能参加会议。司法服务委员会的权力和职责由宪法和1994年司法服务委员法所规定。①

司法服务委员会在南非法官的任命方面扮演着重要角色，它可以就各级法院法官的任命和罢免事项提出建议；也可以就有关司法或司法行政的问题向中央政府提出意见，同时也负责调查对法官提起的控诉。当需要任命法官时，司法服务委员会首先发布一个公告，详细阐述空缺的岗位并征集提名，然后，司法服务委员会初步筛选合适的候选人，并对他们进行面试。一些职业团体和社会公众有机会在面试之前对这些候选人进行评议，就法官候选人向司法服务委员会提出意见和建议。面试公开进行，面试结束之后，司法服务委员会成员秘密进行商讨，作出决议，并将其决议交给总统，由总统根据司法服务委员会的建议正式任命法官。②

第五节 南非律师制度

律师制度是南非司法制度的重要组成部分。由于英国在南非统治多年，南非律师制度深受英国的影响，很多方面都与英国律师制度具有相似之处。在南非，律师也分为两大类：出庭律师（Advocates）和诉状律师（Attorneys）。出庭律师是高级律师，具有严格的专业学历和资历，有资格在最高法院和其他各

① *Judicial Service Commission*, http://en.wikipedia.org/wiki/Judicial_Service_Commission_(South_Africa)#Judicial_Service_Commission.

② *Judicial Service Commission*, http://www.justice.gov.za/faq/faq-jsc.html.

类法院出庭；也可以在接受诉状律师的援请后在法院出庭辩护。诉状律师是初级律师，学历和资历都较浅，主要从事起草契约、遗嘱、财产和土地转移等一般法律业务工作，但也可以代表当事人在低级法院出庭。出庭律师的数目远远少于诉状律师，南非所有执业律师当中，出庭律师大约只占13%。①诉状律师必须经历见习期。但是，自1995年5月起，成为诉状律师的条件有所放宽。1993年的诉状律师修改法提供了成为诉状律师的其他途径，其中之一是，如果能够具有该法要求的某种学位，则可免除见习期的服务。但即使如此，也还需要至少5年的法律工作经验。1995年11月国会通过的出庭权利法除认可出庭律师可在任何法院出庭外，也将此种权利扩大到某些诉状律师在规定的情况下可以在高级法院出庭。对于从国外回到南非的人，根据1993年承认外国法律资格和实践法的规定，司法部长在专家小组的建议下，可以免除资格和其他一些要求，让他们担任出庭律师和诉状律师。以上两类律师都有不同的组织。出庭律师的组织是各个律师协会，其上是律师总理事会，起协调作用。诉状律师的组织是各省的律师公会，其上也有律师公会联合会作为协调组织。② 南非的法官几乎无一例外地从出庭律师中挑选。近年来，出庭律师和诉状律师有相互融合的趋势，2002年颁布的律师职业法案规定，得到律师执业委员会资格承认并登记在册的诉状律师，可以要么选择作为出庭律师执业，要么选择作为诉状律师执业；出庭律师也可以选择作为诉状律师执业。

依据1964年颁布的出庭律师资格法，获得出庭律师执业资格必须满足下列条件：（1）必须年满21周岁，并具备良好的品格；（2）必须具备法律服务能力；（3）必须是南非公民或者在南非有合法永久居住权并经常居住在南非的人；（4）在南非共和国法院或南非任何地区法院获得律师执业准许，且其名字已记载于法院的律师名单之上。③ 出庭律师是个体执业者，不挂靠任何律师公司或律师事务所，这有利于确保出庭律师的独立地位，能避免利益的冲突。此外，出庭律师作为个体执业者在律师服务市场不需要额外的管理费用。④ 而诉状律师则必须受雇于一家律师事务所。律师事务所大致分为三个层

---

① David J. McQuoid Mason, *The Delivery of Civil Legal Aid Services in South Africa*, *Fordham International Law Journal*, 2000.

② 夏吉生等：《当代各国政治体制：南非》，兰州大学出版社1998年版，第201~202页。

③ 张立平：《南非律师制度初探》，载《河北法学》2008年第2期，第171~175页。

④ *The Advocate in South Africa*, http://www.sabar.co.za/advocates.html.

次：第一层次的律师事务所是由 4 人甚至更少的合伙人组成的小所，占整个行业的 80%，他们主要服务于私人客户以及小型商业企业；第二层次的律师事务所是由 4 至 40 名合伙人组成的中型律师事务所，以提供贸易、商务法律服务为主要业务；第三层次的律师事务所通常由 40 名以上的合伙人组成，主要服务对象为国际客户。南非执业律师也有严密的行业管理。在南非，设有出庭律师公会和诉状律师协会，要取得出庭律师资格必须具有高等院校法律专业教育的背景，同时获得学位，并通过南非高等法院举行的考试。诉状律师协会一般称律师协会，诉状律师接受律师协会 6 个月的课程教育，经过考试合格或者是在律师事务所实习 1 至 2 年，通过律师协会的考试，才能正式执业。南非的出庭律师公会和诉状律师协会有他们的章程和一系列规章制度，严格按规章制度实施行业管理。出庭律师公会和律师协会都印有律师守则，发给每个执业律师，要求他们自觉遵守，并对违反职业纪律的律师予以处理。①

第六节 南非法律援助制度

根据 1969 年法律援助法，南非确立了以政府为主导、非政府组织为补充的法律援助制度。为了实现正义，提升法律和司法的公信力，国家财政出资设立了法律援助委员会（The Legal Aid Board，LAB），它是一个独立的法定组织，是南非司法制度的重要组成部分，负责向贫穷的人或社会弱势群体（如妇女、儿童、失去土地的人、伤残者和依靠养老金生活的老人）提供法律援助，每年大约有 25 万人接受法律援助委员会的援助。起初，法律援助委员会没有雇用专职律师，而是通过向私人律师事务所购买律师服务来提供法律援助，其费用非常高昂，导致其不堪负重，后来通过改革，不再通过购买律师服务的形式来提供法律援助，而是以支付工资的形式雇用专职律师来提供法律援助，大大减少了法律援助的成本。为了向南非全体贫穷人员和社会弱势群体提供法律援助，法律援助委员会在全国设立了 58 个法律援助中心、35 个卫星办事处。随着种族隔离政策的结束，法律援助委员会要向全国范围内贫穷的人提供法律援助，为此，政府增加了对法律援助委员会的财政投入。为了防止法律援助委员会出现 20 世纪 90 年代因资金紧张而宣告破产的局面，该机构在提供服务和充分有效地运用预算资金方面，要对司法与宪法发展部部长负责，并最终对议会负责。根据 1999 年公共财政管理法的规定，法律援助委员会的预算

① 张立平：《南非律师制度初探》，载《河北法学》2008 年第 2 期，第 171～175 页。

分配要依照该法规定的框架予以安排。1996年，南非出台了法律援助法修正案，对法律援助委员会进行了重组，明确规定了其在权力范围内应当履行的职责。该修正案于1998年正式实施。现在法律援助委员会也接受私人的捐赠。①

2004年1月，南非法律援助委员会采用了一项影响性服务政策，法律援助委员会抓住机遇，通过承担或者资助诉讼和其他法律工作，积极地影响一大批贫困人口的生活，而不是仅仅为个人提供法律服务。南非法律援助委员会在以下三个领域赋予影响性服务政策以实际内容：（1）确立一项判例、法律制度或者解释涉及贫困人口方面的法律；（2）通过开展集体诉讼或者处理少部分事务从而能够解决大量的群体性纠纷，具备了处理群体性纠纷或者潜在纠纷的能力；（3）通过战略性干预或者非诉法律服务，具备了促进一个群体或者该群体中重要人群生活的潜力。南非建立影响性诉讼部门，是为了保护一些边缘弱势群体而致力于将宪法规定的内容变成活生生的现实。它为南非法律援助委员会提供承担并资助诉讼或者其他法律工作的机会，并对一个群体或者该群体的重要部分产生深远的影响。影响性诉讼部门通过诉讼，可以确立法律判例或者为法律的未知领域确立一个标准。此外，通过办理集体诉讼和战略性诉讼，影响性诉讼部门能够在单一事务中，确立解决群体性纠纷的有效方式。②

在南非，还有其他各种不同的非营利组织可以提供法律援助。这些组织包括：（1）法律资源中心。法律资源中心为非营利的律师事务所，总部在约翰内斯堡，并在其他城市设有办事处，总部与各办事处之间经济和工作是彼此独立的，总部会协调各办事处的关系。该中心既有本所雇佣的律师，也聘请大学诊所的见习律师，还挑选那些在学校没有锻炼机会的大学生。其主要从事土地改革、劳动配给、宪法诉讼、环境问题、住房与行政赔偿方面的法律帮助。他们每年服务约1.8万位客户。（2）法律咨询室。在全国欠发达地区，尤其是农村、城镇设立了大约136家咨询中心，这些法律咨询中心考试录用一些准法律工作者，他们不一定学过法律，由准法律工作者接受一定期限的培训后开展工作，主要是在民事方面提供咨询和其他法律服务。每一个咨询中心每月处理200个左右的案件。（3）大学法律诊所。南非的大学共有10家法律诊所，每个法律诊所都配有专职人员，其中数名专职律师，其他人是法学院的见习生，见习生作为助手，只有在律师的指导下才能出庭。学生见习期满之后就离开，新的见习人员又加入进来。法律诊所的资金主要来自国外基金组织的资助，法

① *Legal Aid South Africa*, http://www.legal-aid.co.za/?p=16.

② 许兵：《南非法律援助制度简介》，载《中国司法》2013年第3期，第85~86页。

律诊所接办的案件大多是外国基金组织要求办理的案件，如青少年的案件、行政案件，一般不办理刑事案件。① （4）社区法律服务中心。该中心是由教会发起的，现在在全国主要城市设立了10个社区法律服务中心，中心内有一些准律师工作者，对工作人员进行一些培训。准律师不能代表当事人出庭，只能提供咨询服务。其资金来源主要是国外组织的资助、本国企业的资助和社区的捐款。②

① 许兵：《南非法律援助制度简介》，载《中国司法》2013年第3期，第85~86页。

② 高贞：《南非法律援助制度介绍及思考》，载《中国司法》2001年第12期，第58~59页。

参考文献

一、中文著作

1. 周威．英格兰的早期治理［M］．北京：北京大学出版社，2008.

2. 李龙．法理学［M］．武汉：武汉大学出版社，2011.

3. 程汉大．英国法制史［M］．济南：齐鲁书社，2001.

4. 何勤华．外国法制史（第三版）［M］．北京：法律出版社，2005.

5. 齐树洁．英国司法制度（第二版）［M］．厦门：厦门大学出版社，2007.

6. 毛玲．英国民事诉讼的演进与发展［M］．北京：中国政法大学出版社，2005.

7. 徐昕．英国民事诉讼与民事司法改革［M］．北京：中国政法大学出版社，2002.

8. 徐昕．英国民事诉讼规则［M］．北京：中国法制出版社，2001.

9. 屈文生．普通法令状制度研究［M］．北京：商务印书馆，2011.

10. 牛淑贤．英国近现代司法改革研究［M］．济南：山东人民出版社，2013.

11. 齐树洁．英国民事司法制度［M］．厦门：厦门大学出版社，2011.

12. 王建新．英国行政裁判所制度研究［M］．北京：中国法制出版社，2015.

13. 宋冰．读本：美国与德国的司法制度及司法程序［M］．北京：中国政法大学出版社，1998.

14. 韩苏琳．美英德法四国司法制度概况［M］．北京：人民法院出版社，2008.

15. 王希．原则与妥协：美国宪法的精神和实践［M］．北京：北京大学出版社，2005.

16. 齐树洁．美国司法制度［M］．厦门：厦门大学出版社，2010.

17. 最高人民法院中国应用法研究所．美国法官制度与法院组织标准［M］．北京：人民法院出版社，2008.

18. 张鸿巍．美国检察制度研究［M］．北京：人民出版社，2009．

19. 何家弘．当代美国法律［M］．北京：社会科学文献出版社，2001.

20. 陈业宏，唐鸣．中外司法制度比较研究［M］．北京：商务印书馆，2000．

21. 孙谦．中国检察制度论纲［M］．北京：人民出版社，2004.

22. 白绿铉．美国联邦民事诉讼规则、证据规则［M］．北京：中国法制出版社，2000.

23. 汤维建．美国民事司法制度与民事诉讼程序［M］．北京：中国法制出版社，2001.

24. 沈达明．比较民事诉讼法初论［M］．北京：中国法制出版社，2002.

25. 齐树洁．民事司法改革研究［M］．厦门：厦门大学出版社，2000.

26. 何帆．大法官说了算：美国司法观察笔记［M］．北京：法律出版社，2010.

27. 高陈．接近正义：美国纽约州法院司法改革项目研究［M］．北京：中国政法大学出版社，2015.

28. 于秀艳．美国法官制度与法院组织标准［M］．北京：人民法院出版社，2008.

29. 范进学．美国司法审查制度［M］．北京：中国政法大学出版社，2011.

30. 韩阳，高咏，孙连钟．中美刑事诉讼制度比较研究［M］．北京：中国法制出版社，2013.

31. 金邦贵．法国司法制度［M］．北京：法律出版社，2008.

32. 王名扬．法国行政法［M］．北京：北京大学出版社，2007.

33. 沈宗灵．比较宪法——对八国宪法的比较研究［M］．北京：北京大学出版社，2006.

34. 方立新．西方五国司法通论［M］．北京：人民法院出版社，2000.

35. 程春明．司法权及其配置：理论语境、中英法式样及国际趋势［M］．北京：中国法制出版社，2009.

36. 徐昕．司法（第 8 辑）：法国司法前沿［M］．厦门：厦门大学出版社，2013.

37. 刘林呐．法国检察制度研究［M］．北京：中国检察出版社，2015.

38. 徐美君．司法制度比较——以英、美、德三国为主要考察对象［M］. 北京：中国人民公安大学出版社，2010.

39. 邵建东．德国司法制度［M］. 厦门：厦门大学出版社，2010.

40. 张彩凤．比较司法制度［M］. 北京：中国人民公安大学出版社，2007.

41. 谢怀栻．德意志联邦共和国民事诉讼法［M］. 北京：中国法制出版社，2001.

42. 刘飞．行政诉讼制度专题研究：中德比较的视角［M］. 北京：法律出版社，2016.

43. 辜恩臻．澳大利亚 ADR 的发展与启示（上）．//广州仲裁委员会主编．仲裁研究（第十二辑）［M］. 北京：法律出版社，2007.

44. 季美君．中澳检察制度比较研究［M］. 北京：北京大学出版社，2013.

45. 朱应平．澳美两国司法审查原告资格比较研究［M］. 北京：北京大学出版社，2013.

46. ［日］川岛武宜．日本人的法律意识［M］. 岩波书店，1967.

47. 华夏，赵立新，［日］真田芳宪．日本的法律继受与法律文化的变迁［M］. 北京：中国政法大学出版社，2005.

48. 何勤华．外国法制史（第四版）［M］. 北京：法律出版社，2006.

49. 牧英正，藤原明久．日本法制史［M］. 青林书院，1999.

50. 冷罗生．日本现代审判制度［M］. 北京：中国政法大学出版社，2003.

51. 钱卫清．法官决策论——影响司法过程的力量［M］. 北京：北京大学出版社，2008.

52. 董潘舆．日本司法制度［M］. 北京：中国检察出版社，1992.

53. 郭成伟，宋英辉．当代司法体制研究［M］. 北京：中国政法大学出版社，2002.

54. 裘索．日本国检察制度［M］. 北京：商务印书馆，2003.

55. ［日］安平政吉．检察厅法概论［M］. 国立书院，1948.

56. ［日］堂岛慧，检察厅［M］. 教育社，1974.

57. 徐尉．日本检察制度概述［M］. 北京：中国政法大学出版社，2011.

58. 李立丰．司法民主与刑罚适用：以日本裁判员制度为研究视角［M］. 北京：中国政法大学出版社，2015.

59. 何勤华，冷霞．拉丁美洲法律发达史［M］．北京：法律出版社，2010.

60. 中国社会科学院拉丁美洲研究所编．拉丁美洲历史词典［M］．上海：上海辞书出版社，1993.

61. 张家哲．拉丁美洲：从印第安文明到现代化［M］．北京：中国青年出版社，1999.

62. 郝名玮，徐世澄．拉丁美洲文明［M］．北京：中国社会科学出版社，1999.

63. 李春辉．拉丁美洲史稿（上册）［M］．北京：商务印书馆，1983.

64. 姜士林．世界宪法全书［M］．青岛：青岛出版社，1997.

65. 赵雪梅．巴西商务环境［M］．北京：对外经济贸易大学出版社，2014.

66. 杨建民．拉美国家的法治与政治——司法改革的视角［M］．北京：社会科学文献出版社，2015.

67. 夏吉生，等．当代各国政治体制：南非［M］．兰州：兰州大学出版社，1998.

68. 胡建淼．世界宪法法院制度研究［M］．杭州：浙江大学出版社，2007.

二、中文译著、译文

1. ［美］马丁·夏皮罗．法院：比较法上和政治学上的分析［M］．张生，李彤，译．北京：中国政法大学出版社，2005.

2. ［美］罗斯科·庞德．普通法的精神［M］．唐前宏，廖湘文，高雪原，译．北京：法律出版社，2000.

3. ［英］梅特兰．普通法的诉讼形式［M］．王云霞，马海峰，彭蕾，译．北京：商务印书馆，2009.

4. ［美］亨利·J. 亚伯拉罕．司法的过程：美国、英国和法国法院评介［M］．泮伟江，宦盛奎，韩阳，译．北京：北京大学出版社，2009.

5. ［美］琼·雅各比．美国检察官研究［M］．周叶谦，译．北京：中国检察出版社，1990.

6. ［美］迈克尔·罗斯金，等．政治科学［M］．林震，译．北京：华夏出版社，2001.

7. ［美］耳卜尔·卡米萨，韦恩·R. 拉费弗，杰罗尔德．H. 伊斯雷尔．

美国刑事诉讼程序概述［J］. 朱文英，译. 环球法律评论，1980（1）.

8. ［美］乔治·P. 弗莱彻，史蒂夫·谢泼德. 美国法律基础解读［M］. 李燕，译. 北京：法律出版社，2008.

9. ［美］乔耳·歇沃尔兹. 美国民商事争端之选择性争端解决方式评介［J］. 李启欣，译. 现代法学，1997（6）.

10. ［美］理查德·A. 波斯纳. 联邦法院：挑战与改革［M］. 邓海平，译. 北京：中国政法大学出版社，2002.

11. ［美］本杰明·卡多佐. 司法过程的性质［M］. 苏力，译. 北京：商务印书馆，2009.

12. ［美］安吉娜·J. 戴维斯. 专横的正义：美国检察官的权力［M］. 李昌林，陈川陵，译. 北京：法律出版社，2012.

13. ［法］皮埃尔·特鲁仕. 法国司法制度［M］. 丁伟，译. 北京：北京大学出版社，2012.

14. ［德］托马斯·魏根特. 德国刑事诉讼程序［M］. 岳礼玲，温小洁，译. 北京：中国政法大学出版社，2004.

15. ［德］弗里德赫尔穆·胡芬. 行政诉讼法［M］. 莫光华，译. 北京：法律出版社，2003.

16. ［日］松尾浩也. 日本刑事诉讼法（上卷）［M］. 丁相顺，译. 北京：中国人民大学出版社，2005.

17. ［日］伊藤荣树. 日本检察厅法逐条解释［M］. 中国检察出版社，1990.

18. 宋高初. 日本检察官职权行使制约机制研究［J］. 法学评论，2003（3）.

19. ［日］田口守一. 刑事诉讼法［M］. 刘迪，等，译. 北京：法律出版社，2000.

20. ［日］大川真郎. 司法改革［M］. 朝日新闻社，2007.

21. ［英］莱斯利贝瑟尔. 剑桥拉丁美洲史（第一卷）［M］. 中国社会科学院拉丁美洲研究所组，译. 北京：经济管理出版社，1995.

22. 杨建民. 拉美国家的司法制度研究［J］. 拉丁美洲研究，2010（6）.

23. ［巴西］M. C. 达库尼娅. 巴西新宪法与印第安人的权利［J］. 世界民族，1990（4）.

24. ［美］约翰·杜加德. 人权和南非的法律制度［M］. 普林斯顿大学出版社，1978.

25. ［德］茨威格特，海因·克茨．比较法总论［M］．贵州人民出版社，1992.

26. ［南非］桑代尔·尼科博．把正义分配给每一个南非公民——从现实出发的南非司法改革［J］．蒋惠岭，蒋丽萍，译．人民法院报，2012（6）.

三、中文论文

1. 江国华，朱道坤．世纪之交的英国司法改革研究［J］．东方法学，2010（2）.

2. 项焱，张烁．英国法治的基石——令状制度［J］．法学评论，2004（1）.

3. 尹超．英国学徒制法律教育与普通法传统的存续［J］．环球法律评论，2010（2）.

4. 王婧．论14世纪至19世纪英国上议院司法权的变迁［J］．政治与法律，2011（2）.

5. 武增，蔡定剑．英国上议院作为司法机关的组织和职能［J］．人大研究，2004（6）.

6. 尤雪云．英国《1998年人权法》［J］．人权，2002（3）.

7. 金鑫．英国刑事司法政策改革对我国构建和谐社会的启示［J］．法商研究，2006（5）.

8. 张亚辉．英国陪审团的没落——小议英国司法改革中的陪审制度改革［J］．山东公安专科学校学报，2004（11）.

9. 李晓明．英国21世纪的刑事司法改革——兼论对我国的借鉴与启示［J］．中国法学，2005（4）.

10. 郑磊，沈开举．英国行政裁判所的最新改革及其启示［J］．行政法学，2009（3）.

11. 杨欣．转型后的英国裁判所：中国行政诉讼的新镜像［J］．中国政法大学学报，2016（6）.

12. 陈莉，向前．英国家事审判制度及其启示［J］．法律适用，2016（11）.

13. 王亚明．陪审制度的比较与借鉴［J］．福建法学，2016（3）.

14. 张鸿巍．美国检察官职业刍议［J］．法学杂志，2011（1）.

15. 郝茂成．美国律师管理工作简况［J］．中国司法，2011（8）.

16. 王文锦，余学杰．美国律师制度对我国的借鉴与思考［J］．中国司法，2008（3）.

17. 冀祥德．借鉴域外经验，建立控辩协商制度——兼与陈国庆先生商榷［J］．环球法律评论，2007（4）.

18. 詹王镇，张荷．美国民事诉讼程序［J］．英语知识，2007（3）.

19. 祁建建．美国律协《刑事司法标准》之《有罪答辩标准》评析［J］．中国刑事法杂志，2016（5）.

20. 李秀红．历史与现实的有机结合：论美国联邦法院的建立［J］．燕山大学学报（哲学社会科学版），2016（3）.

21. 徐汉明，王玉梅．司法管理体制改革研究述评［J］．现代法学，2016（5）.

22. 王永风．司法公正与法官制度改革［J］．河北广播电视大学学报，2008（5）.

23. 张卫平．法国民事诉讼中的诉权制度及其理论［J］．法学评论，1997（4）.

24. 郑自文，王伟，刘丽平，许冷，王军．法国法律援助制度概述与启示［J］．中国司法，2013（1）.

25. 王亚明．审判公开的价值权衡与路径选择［J］．法律适用，2013（3）.

26. 张晋红．审判公开思想与修订《民事诉讼法》的几个基本关系定位［J］．现代法学，2005（4）.

27. 刘新魁．法国的检察体制［N］．人民法院报，2004年7月23日.

28. 李玉林．论法国特殊商事审判制度——以商事法院与商事法官为中心［J］．山东审判，2008（3）.

29. 刘新魁，张凝．法国最高法院的机构设置与职能［J］．法律适用，2003（12）.

30. 肖宇．法国律师在司法体制中的作用［J］．中国社会科学院研究生院学报，2012（1）.

31. 曲广娣．德国司法行政制度的构造和职能探析——兼谈对我国司法行政制度的改革［J］．天津法学，2015（1）.

32. 董开军．澳大利亚联邦司法制度研究报告（上）［J］．中国司法，2005（3）.

33. 高丽蓉，阮丹生．澳大利亚司法制度及刑事诉讼程序［J］．国家检察官学院学报，2002（2）.

34. Nicholas Cowdery．澳大利亚司法制度概况［J］．检察风云（法制新闻月刊)，2000（5）.

35. 季美君．澳大利亚的检察制度［J］. 人民检察，2004（1）.

36. 冉云梅．澳大利亚检察机构及检察官的设置与管理［J］. 北京政法职业学院学报，2007（1）.

37. 董开军．澳大利亚联邦司法制度研究报告（下）［J］. 中国司法，2005（4）.

38. 胡志斌．域外司法问责制度的考察与启示——以美国、加拿大、澳大利亚、德国、法国、日本为样本［J］. 湖南警察学院学报，2014（1）.

39. 丁相顺．日本“裁判员”制度建立的背景、过程及其特征［J］. 法学家，2007（3）.

40. 季卫东．世纪之交日本司法改革的述评［J］. 环球法律评论，2002（1）.

41. 江国华．常识与理性（二）：法官角色再审思［J］. 政法论丛，2011（3）.

42. 曾尔恕，赵立新．面向21世纪的日本司法制度改革［J］. 比较法研究，2009（3）.

43. 范纯．当代日本司法制度改革评析［J］. 日本学刊，2007（3）.

44. 江国华．司法立宪主义与中国司法改革［J］. 法制与社会发展，2016（1）.

45. 陈宜芳．韩国审判制度［J］. 山东审判，2008（2）.

46. 刘福谦．韩国司法制度简介［J］. 人民检察，2002（5）.

47. 董茂云，宋永华．韩国宪法法院审判权述评［J］. 法治论丛，2008（1）.

48. 吴东镐．论韩国宪法法院的权限和功能［J］. 延边党校校报，2007（3）.

49. 金昌俊．韩国现行检事制度评述［J］. 延边大学学报，2000（4）.

50. 马相哲．韩国检察制度（上）［J］. 国家检察官学院学报，2006（1）.

51. 马相哲．韩国检察制度（下）［J］. 国家检察官学院学报，2006（2）.

52. 刘贤贞．韩国的司法改革［J］. 人民司法，2006（11）.

53. 马库斯·法罗·德卡斯特罗．巴西的法院、法律与民主［J］. 国际社会科学杂志，1998（2）.

54. 杨俭．巴西的法律体制［J］. 国际商报，2002年4月10日，第1版.

55. 李小鹤，武丹，万艳红．巴西民事上诉制度介评［J］. 宜宾学院学报，2004（2）.

56. 江必新．巴西阿根廷司法制度考察归来的感想（上）[J]．人民法院报，2006年9月19日，第006版.

57. 李锐，陶建国．巴西消费者集团诉讼制度及其启示 [J]．人民论坛，2012（26）.

58. 郭存海．巴西的反腐败机制与反腐绩效评估 [J]．拉丁美洲研究，2007（6）.

59. 刘学在．巴西检察机关提起民事公益诉讼制度初探 [J]．人民检察，2010（21）.

60. 肖建华，杨恩乾．巴西检察机关在公益诉讼中的角色简评 [J]．人民检察，2010（11）.

61. 夏吉生．新南非司法制度初探 [J]．西亚非洲，1997（2）.

62. 江必新．埃及、南非司法制度见闻（下） [J]．中国审判，2007（11）.

63. 张立平．南非律师制度初探 [J]．河北法学，2008（2）.

64. 许兵．南非法律援助制度简介 [J]．中国司法，2013（3）.

65. 高贞．南非法律援助制度介绍及思考 [J]．中国司法，2001（12）.

66. 冯冬渊．英国行政裁判所研究 [D]．中国政法大学2010年硕士学位论文.

67. 聂施恒．美国检察制度研究 [D]．吉林大学2011年博士学位论文.

68. 许胜萍．民事诉讼简易程序研究 [D]．中国政法大学2003年博士学位论文.

69. 薛茜茜．法国行政法院制度研究 [D]．中国地质大学（北京）2011年硕士学位论文.

70. 薛曙光．战后日本司法制度改革评述 [D]．西南政法大学2015年硕士学位论文.

71. 刘波．拉丁美洲政治发展进程研究 [D]．中国社会科学院研究生院2014年博士学位论文.